Modern Chinese grammar

현대 중국어 어법

오경희 저

學古房

Modern Chinese grammar

현대 중국어 어법

오경희 저

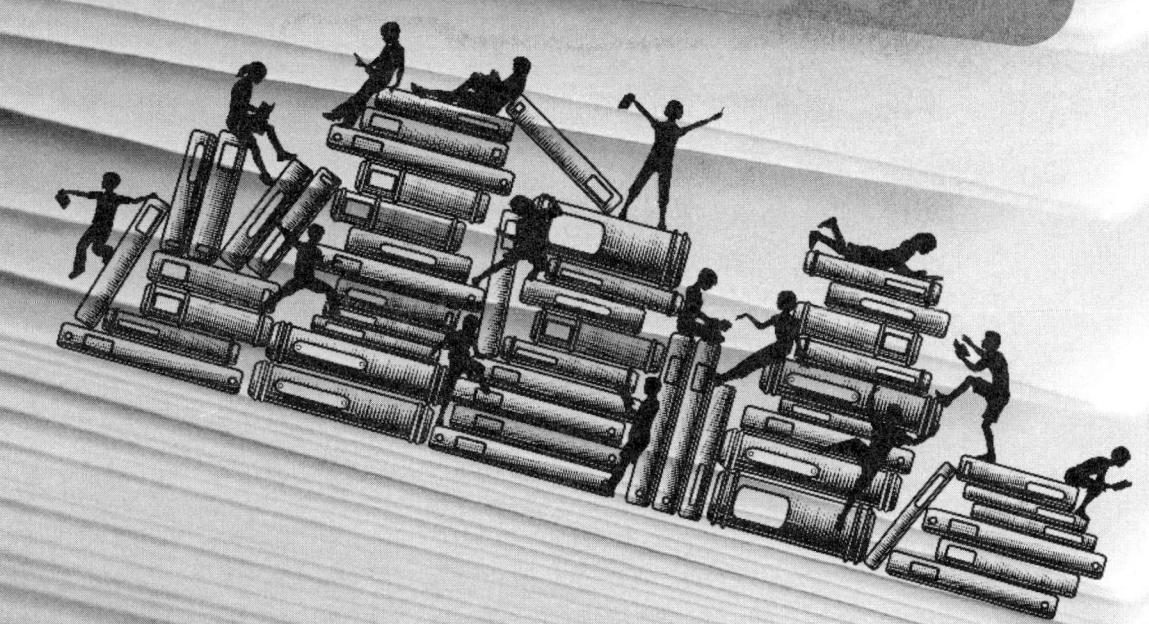

學古房

머리말

중국어 어법은 중국어를 말하는데 있어 필요한 규칙이다. 문언(文言)와 구어(口语)의 구분이 비교적 명확한 중국어에서는 문법(文法)이라는 표현대신 어법(语法)이라는 표현을 사용한다. 말을 하는데 단순한 요구의 전달을 위한 것이라면 몇 개의 단어와 몸짓만으로도 내 요구사항은 전달될 것이다. 실제로 우리는 언어생활을 하는데 있어 왜 이렇게 사용하는지 모르는 설명하기 어려운 어법을 말 속에서 매우 능숙하게 구사하고 있다. 한국어 문법을 따로 공부하지 않은 사람들에게 설명을 요구한다면 "계속 사용해 왔기 때문에", "그냥", 혹은 "다르게 말하면 좀 이상하잖아." 정도가 할 수 있는 말의 전부일 것이다.

중국어 말하기도 마찬가지이다. 교육 수준과도 관련이 있겠지만 왜 그런지 모르면서 말하는 사람들이 더 많고, 어법에 맞지 않게 이야기를 한다고 해서 의사소통이 안 되는 것도 아니다. '어법'을 '말하는 법'이라고 정의한다면, 말해서 의사소통이 되었으면 그게 다 '어법'이 아니겠는가? 그러나 분명 정확한 언어구사에 있어 최소한의 어법은 필요하고 중국어가 외국어인 만큼 우리는 그것을 언어생활이 아닌 책을 통해, 학습을 통해 익혀야만 한다.

이 책에서 제시한 어법들은 그야말로 논리적이고 정확한 중국어 구사에 있어 필요한 최소한의 어법들이라고 할 수 있다. 회화책에 제시된 어법으로는 아쉽고, 전문 어법서적으로는 감당하기 벅찬 내용을 조금은 익숙한 단어들과 단순한 구문들로 어법 자체가 쉽게 이해되도록 제시하고자 노력했다.

책의 구성은 제1장 중국어 어법의 기본 성격에서 중국어 어법의 특징과 구성요소들을 이해하고, 제2장 품사에서 각 품사들의 특징을 파악하며 제3장 중국어의 문장성분에서 각 문장성분들이 문장 내에서 어떤 역할들을

머리말

하는지를 살폈다. 제4장 중국어의 문장에서는 단문과 복문에서부터 비교적 자주 사용되며 중국어의 특징적인 용법의 문장들을 제시했다. 부록에서는 우리말과는 다른 중국어의 문장 부호를 살펴보았고, 틀린 문장 고치기를 통해 익힌 어법 지식을 확인하는데 도움을 주고자 했고, 관용어구를 통해 조금은 고급의 표현들을 익힐 수 있도록 하였다.

이 책의 학습 대상에 있어 입문 과정을 끝냈거나 초급 과정에 있는 학습자라면 교수자와 함께 진행할 때 효과적이라 생각하며, 중급 과정의 학습자라면 혼자서도 비교적 쉽게 어법을 정리해 볼 수 있다.

저자도 대학에 들어와서야 중국어를 접한 만큼 기존 연구자들의 다양한 연구 결과를 통해 중국어 어법을 학습했으며, 저자의 그간의 학습 경험과 강의경험이 바탕이 되어 이 책에 함께 녹아들어 있음을 부인하지 않는다.

중국어 학습자에게 도움이 되고자 나름은 오랜 시간을 공들였지만 그래도 아쉬움은 남는다. 이 책과 관련된 모든 부족한 부분은 모두 저자의 한계에서 오는 것이며, 이후 부족함을 채워가고자 하는 노력과 함께 이 책의 진화도 기대해 본다.

끝으로 이 책이 출판되기까지 아낌없는 도움을 주신 출판사 하운근 사장님과 김우영 편집장님을 비롯한 여러 편집진들께 감사를 드린다.

2012년 6월

저자 씀

목 차

제1장 중국어 어법 기초

제1절 중국어의 어법특징__1
1. 고정된 어순/2
2. 다양한 허사(虛詞)의 사용/4
3. 표현의 유연성/5
4. 모호한 품사의 종류/6
5. 다양한 조사와 양사의 사용/8

제2절 중국어의 기본단위__9
1. 형태소/9
2. 단어/10
3. 구/15
4. 문장/18

제2장 중국어의 품사

제1절 명사__28
1. 명칭표시명사/29
2. 방위사/31
3. 시간사/32
4. 장소사/33

제2절 대명사__35
1. 종류/35
2. 용법/36

제3절 수사와 양사__38
1. 수사/38
2. 양사/47
3. 수량사/50

제4절 동사(動詞)__55
1. 동사의 분류/55
2. 동사의 기능과 특징/58
3. 특수 동사의 용법/63
4. 조동사/66

제5절 형용사__75
1. 기능/75
3. 형용사의 중첩/76

제6절 부사(副詞)__77
1. 기능/78
2. 상용부사의 용법/79

목차

제7절 개사__85

    1. 기능/85　　　　　　　　2. 사용개사의 용법/87

제8절 접속사(連詞)__93

    1. 접속사의 용법/94

제9절 조사(助詞)__98

    1. 조사의 유형/98
        1) 구조조사/98
        2) 어기조사/100
        3) 동태조사/105

제10절 감탄사와 의성어__112

    1. 감탄사/112
    2. 의성어(象聲詞)/113

제3장 중국어의 문장 성분

제1절 주어와 술어__115

    1. 주어와 술어의 특징/115
    2. 주어의 구성/116

제2절 목적어__120

    1. 목적어의 구성/120
    2. 단순 목적어문과 이중 목적어문/123

제3절 관형어__125

    1. 관형어의 구성/125　　　　2. 관형어의 배열순서/130

제4절 부사어__132

    1. 용법/132　　　　　　　　2. 부사어의 종류/135

목차

제5절 보어__139

1. 정도보어/139
2. 가능보어/142
3. 결과보어/149
4. 방향보어/157
5. 수량보어/164

제6절 독립성분__171

제7절 복지성분__174

제4장 중국어의 문장 유형

제1절 단문(單句)의 유형__175

1. 동사술어문/175
2. 형용사술어문/180
3. 주술술어문/182
4. 명사술어문/183
5. 비주술문/185

제2절 복문__189

1. 연합복문/189
2. 주종복문/195

제3절 의문문__201

제4절 특수한 동사술어문__209

1. '是'자문/209
2. '有'자문/211
3. 연동문/213
4. 겸어문/216
5. 존현문/218
6. '把'자문/220
7. '被'자문/225

제5절 동작 상태의 표현__229

1. 진행의 '正在…呢'/229
2. 지속의 '着'/234
3. 완료 실현의 '了'/238
4. 경험의 '过'/244
5. 임박의 '要…了'/247

목차

제6절 비교의 방식__250

    1. '比'를 사용한 비교/250
    2. '有' 또는 '没有'를 사용한 비교/253
    3. '跟…一样'을 사용한 비교/254
    4. '最' 또는 '更'을 사용한 비교/256

제7절 강조문__259

    1. '是…的'문/259
    2. 반문을 사용한 강조/262
    3. '连…都(也)'문/263
    4. 부사 '是'를 사용한 강조/263
    5. 부사 '就'를 사용한 강조/265
    6. 이중부정을 사용한 강조/265

부록1. 틀린 문장 고치기_268

부록2. 중국어문장부호_284

부록3. 관용어구_285

중국어 어법 기초

제1절 중국어의 어법 특징

중국어 어법의 가장 대표적인 특징이라면 엄격한 의미의 형태 표지와 형태 변화가 결여되어 있다는 점이다. 형태표지는 성, 수, 격, 시제 및 품사 등의 표지로서 한국어에는 부분적으로 존재하며 영어, 프랑스어, 독일어, 스페인어와 같은 유럽 언어에서는 상당히 다양하고 보편적으로 존재하는 데 중국어에는 거의 없다고 하겠다. 예를 들면 '我认识这个学生。(나는 이 학생을 알아요)'와 '我认识那些学生。(나는 그 학생들을 알아요)'의 '学生'은 복수인지 아닌지가 상관없이 이 단어의 형태가 똑 같고 또한 '去年我不认识那个学生，今年才认识。(작년에는 그 학생을 몰랐고 올해야 알았다.)'라는 말을 통해 알 수 있듯이 격과 시제가 상관없이 '认识'라는 단어의 형태가 똑같다는 것을 알 수 있다. 다음에 열거하는 중국어의 어법의 특징도 형태 표지, 형태 변화의 결여와 밀접한 관련이 있다.

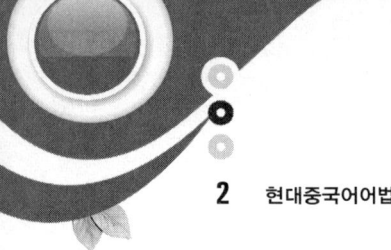

1 고정된 어순

중국어의 어순은 비교적 고정적이고 문장구성에 있어 중요한 어법의미를 가지고 있다. 중국어의 가장 일반적인 어순은 '주어(S) + 동사(V) + 목적어(O)' 순으로 우리말과는 차이가 있다. 그러나 수식어와 피수식어의 순서, 또는 부사의 위치 등은 우리말과 같다.

[예1]

① 나는   밥을   먹는다. → 我   吃   饭。[Wǒ chī fàn.]
　주어 + 목적어 + 동사　　　주어 +동사 + 목적어

② 红花 [hóng huā] (붉은 꽃: 수식어 + 피수식어)
　花红了 [huā hóng le] (꽃이 붉다: 주어 + 술어)

[예2]

① 边上 [biānshang](가장자리) - 上边 [shàngbian](위쪽)
② 后门 [hòumén](뒷문) - 门后 [ménhòu](문 뒤)
③ 上车 [shàngchē](차에 타다: 동사)
　车上 [chēshang](차에서: 방위사)
　早上 [zǎoshang](아침에: 시간사)
　穿上衣服 [chuānshang yīfu](옷을 입다: 보어)

[예3]

① 屡战屡败
　　lǚ zhàn lǚ bài
　　싸울 때마다 패한다.
　屡败屡战
　　계속 패하지만 계속 싸운다.
② 死读书, 读死书, 读书死。

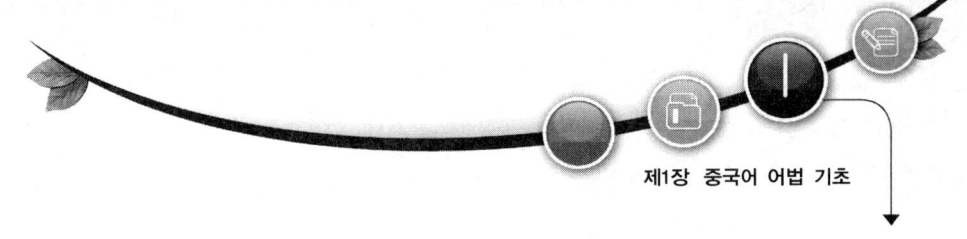

제1장 중국어 어법 기초

  Sǐ dúshū, dú sǐshū, dúshū sǐ.
  죽어라 책을 읽고, 죽은 책만 읽고, 책을 읽다가 죽는다.

③ 湖南人不怕辣, 江西人辣不怕, 四川人怕不辣。
  Húnánrén bú pà là, Jiāngxīrén làbúpà, Sìchuānrén pà bú là.
  후난인은 매운 음식을 두려워 않고, 장시인은 매워도 두려워 않고, 쓰촨인은 안 매울까봐 걱정한다.

 중국어는 형태 표지와 형태 변화가 결여되어 있어서, 겉으로 드러나는 형식은 문장 중 구성요소인 각 단어들이 놓이는 순서가 전부이다. 따라서 중국어의 어순은 다른 언어에 비해 매우 중요한 의미를 갖는다. 즉 문장을 구성하는 요소인 단어들이 같더라도 단어가 문장 중에서 놓이는 위치에 따라 단어들 사이의 문법적 관계가 결정된다.

① 张三打李四。
  Zhāngsān dǎ Lǐsì.
② 李四打张三。

 위의 ①과 ②의 두 문장은 단어들은 같지만 ①은 '张三은 李四를 때렸다'는 뜻이고 ②는 '李四는 张三을 때렸다'는 뜻으로 서로 주어와 목적어가 바뀌었다.

③ 他们都不是中国人。
  Tāmen dōu búshì Zhōngguórén.
④ 他们不都是中国人。

 위의 ③은 '그들 모두는 중국인이 아니다'(그들 중에 중국인은 한 명도 없다)는 뜻이고 ④는 '그들 모두가 중국인은 아니다'(그들 중에 중국인도 있지만 다른 나라 사람도 있다)는 뜻이다. 즉 ③은 완전부정을 나타내지만 ④는 부분부정을 나타낸다.

2 다양한 허사(虛词)의 사용

중국어에서 허사의 사용은 다양하고 문장구성에 있어 중요한 어법관계를 나타낸다. 중국어는 형태변화가 결여된 까닭에 기능을 담당하는 허사의 역할이 상대로 매우 중요하게 된다. 중국어에는 허사가 다양하게 사용되고 있다.

他是教书的。
Tā shì jiāoshū de.
    그는 선생님입니다.
    [教书]라는 이 단어는 [的]라는 허사와 합쳐 선생님의 직업을 뜻한다.

他觉得教书的职业很有意义。
Tā juéde jiāoshū de zhíyè hěn yǒu yìyì.
    그는 가르치는 것을 의미가 있는 직업이라고 생각한다.
    [教书]는 [的]과 결합해 관형어의 역할을 한다.

他教书教得很好。
Tā jiāoshū jiāo de hěnhǎo.
    그는 잘 가르친다.
    [得]은 정도보어를 이끄는 조사다.

他在教书。
Tā zài jiāoshū.
    그는 교편을 잡고 있다.
    [在]는 진행의 동태를 나타낸 부사다.

他教着书。
Tā jiāo zhe shū.
    그는 수업을 하고 있는 중이다,
    [着]은 지속의 시태를 나타낸 조사다.

他教过书。

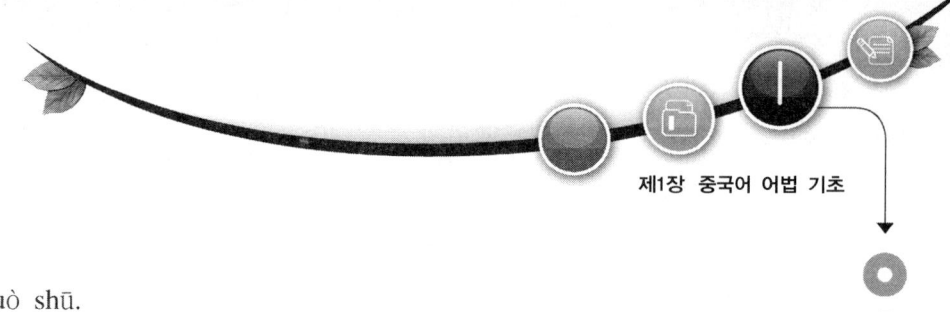

제1장 중국어 어법 기초

Tā jiāo guò shū.

　　　그는 선생님을 한 적이 있다.

　　　[过]는 과거경험의 시태를 나타낸 조사다.

他把菜都吃完了。

Tā bǎ cài dōu chī wán le.

　　　그는 요리를 다 먹었어요.

　　　[把]는 처치의 의미를 나타낸 전치사다.

菜都被他吃完了。

Cài dōu bèi tā chī wán le.

　　　요리는 모두 그가 먹었어요.

　　　[被]는 피동의 의미를 나타낸 전치사다.

위의 예문들에서 보듯이 허사 '的·得·在·着·过·把·被' 등은 문장 속에 중요한 역할을 하고 있다는 것을 알 수가 있다.

3 표현의 유연성

중국어는 언어표현에 있어 유연성을 가지고 있다. 즉 표현의 필요에 따라 제한적으로 어순을 바꿀 수도 있고 허사도 생략할 수 있다.

① 烟、酒他都不喜欢。

　　Yān、jiǔ tā dōu bù xǐhuan.

　　　그는 담배와 술을 다 싫어한다.

② 我哪儿都不去。

　　Wǒ nǎr dōu bú qù.

　　　나는 어디에도 가지 않는다.

③ 他还太小, 不懂事。

Tā hái tài xiǎo, bù dǒng shì.

그는 아직 어려서 철이 없다.

④ 你忙就改天来吧。

Nǐ máng jiù gǎitiān lái ba.

당신이 바쁘면 다른 날 오세요.

위의 예문 중에 ①과 ②는 중국어의 전형적인 [주어+동사(술어)+목적어]의 어순과 달리 ①은 [목적어+주어+술어]이고 ②는 [주어+목적어+술어]의 문장형식이 되어 있다. 이 두 문장은 언어표현에 있어 목적어의 내용을 강조할 필요가 있어서 목적어가 앞에 놓인 것이다. 또한 ③과 ④의 문장 중의 ③은 '因为他还太小, 所以不懂事.'의 문장 중의 허사인 '因为 yīnwèi'와 '所以 suǒyǐ'가 생략된 문장이고 ④는 '要是你忙, 就改天来吧.'의 문장 중의 허사인 '因为 yīnwèi'가 생략된 문장이다. 이러한 어순의 변화와 허사의 생략은 중국어의 구어표현에 있어서 자주 드러나고 있다.

4 모호한 품사의 분류

중국어는 품사 분류가 명확하지 않다. 품사의 분류는 통상 의미, 형태, 기능에 의거하는데 중국어는 형태 표지가 거의 없어서 주로 의미와 기능에 의존한다. 즉 한 단어의 외적인 형태를 통해서는 품사를 분류할 수가 없으며, 그 단어의 의미나 혹은 문장 속에서의 역할을 통해 분류된다. 다음 예문 중의 '在'와 '热'은 각기 다른 품사로 사용되었다.

① 现在他在家。(동사)

Xiànzài tā zài jiā.

지금 그는 집에 있다.

② 他现在在家睡觉. (전치사)

Tā xiànzài zài jiā shuìjiào.

그는 지금 집에서 자고 있다.

제1장 중국어 어법 기초

③ 现在他在睡觉。(부사)
　　Xiànzài tā zài shuìjiào.
　　지금 그는 자고 있다.

④ 今天天气很热。(형용사)
　　Jīntiān tiānqì hěn rè.
　　오늘 날씨가 덥다.

⑤ 把菜热一热就吃吧。(동사)
　　Bǎ cài rèyírè jiù chī ba.
　　요리를 데워서 먹자.

또한 중국어는 글자마다 고유한 음의 높낮이를 지니고 있는 언어로, 한 글자가 2개 이상의 음을 가지고 있는 다음사(多音词)들이 많다. 즉, 같은 글자라도 음절과 성조가 다를 수 있고, 같은 음절의 글자라도 성조에 따라 의미가 달라지고 품사 또한 바뀐다.

[예1]

　　还 동 huán, 돌려주다.　부 hái, 그런대로
　　　　① 还 书 huán shū　　동 책을 돌려주다.
　　　　② 还 好 hái hǎo　　　부 그런대로 괜찮다.

[예2]

　　好 형 hǎo, 좋다　동 hào, 좋아하다.
　　　　① 好 酒 hǎo jiǔ　　형 좋은 술
　　　　② 好 奇 hào qí　　　동 기이한 것을 좋아하다.

[예3]

　　乐 형 lè, 즐겁다　동 lè, 즐기다　명 lè, 즐거움　명 yuè, 음악
　　　동 yào, 좋아하다
　　　　① 快 乐 kuài lè　　　형 즐겁다
　　　　② 乐 天 lè tiān　　　동 천명을 즐기다

③ 乐园 lè yuán　　명 낙원

④ 乐队 yuè duì　　명 악대

⑤ 乐山乐水 yào shān yào shuǐ　　동 산과 물을 좋아하다.

5 다양한 조사와 양사의 사용

중국어에는 각 명사마다 고유하게 사용되는 양사가 있는데, 양사가 다른 품사들과 함께 사용될 때 순서는 [예1]과 같으며 역시 어순이 바뀌면 안 된다. 또한 [예2]와 같이 문장 끝의 어기 조사로 다양한 어투를 표현할 수 있다.

[예1]

지시사 + 수사 + 양사 + 형용사 + 명사

① 那　　三　　**本**　　新　　书 (새 책 세 권)

② 这　　一　　**瓶**　　老　　酒 (오래된 술 한 병)

[예2]

① 这是你的书。 이것은 당신의 책입니다. (평서)
　Zhè shì nǐde shū.

② 这是你的书**吗**? (↗) 이것 당신 책입니까? (의문)
　Zhè shì nǐde shū ma?

③ 这是你的书**吧**? (↘) 이것 당신 책이죠? (확인)
　Zhè shì nǐde shū ba?

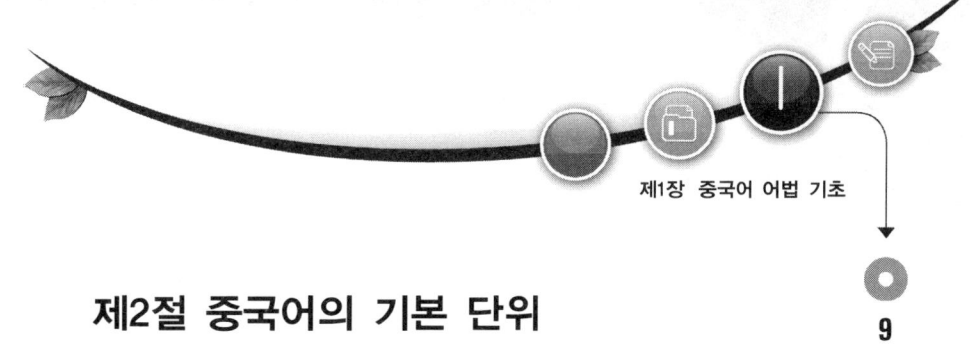

제1장 중국어 어법 기초

제2절 중국어의 기본 단위

현대 중국어의 어법단위는 형태소(语素), 단어(词), 구(词组), 문장(句子)등을 포함한다. 최소의 어법단위는 형태소로 이 형태소들이 조합하여 단어를 이루고, 다시 단어들이 조합하여 구를 이루고, 구들이 조합하여 문장을 이룬다.

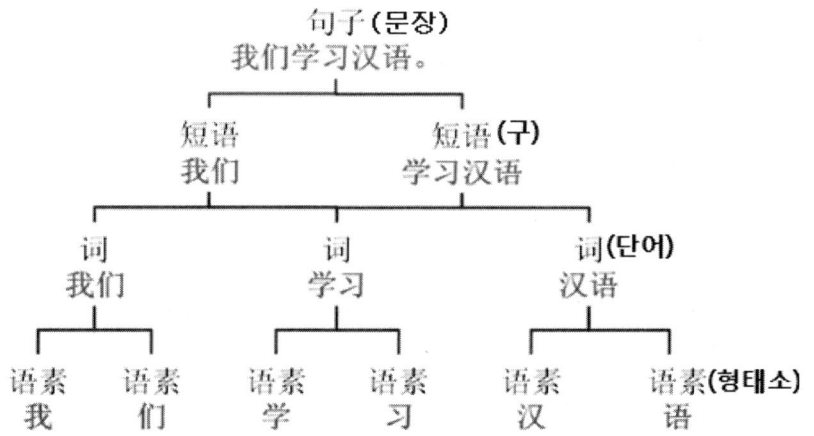

1 형태소

형태소(语素)는 일정한 소리와 의의를 가진 가장 작은 어법 단위이다. 중국어의 형태소는 단음절 형태소가 기본형식이고 다수를 차지한다. 예를 들면 '平'나 '和'은 각각의 의미를 가진 단음절 형태소이다, 더 이상 분리하면 아무런 의미도 가지지 못한다. 그 외에 소수의 2음절 형태소인 '葡萄 pútáo(포도)', '玻璃 bōli(유리)'등과 다음절의 형태소인 '巧克力 qiǎokèlì(초콜릿)' '奥林匹克 Àolínpǐkè(올림픽)'등이 있는데 다시 '葡'와 '萄'와 같이 각각 단음절로 나누면 본래의 뜻과 관련된 어떤 의미도 가지지 못하며 따라서 단음절의 형태소가 되지 못한다.

하나의 형태소는 구체적이든 추상적이든 최소한 하나의 의미를 포함한다. 예를 들어 '身'은 단독으로 사용할 수 없지만 '신체'와 관련된 의미를 가짐을 알 수 있다. '子' 나 '们'도 단독으로 사용할 수 없지만, '子'는 '桌子' 와 같이 다른 형태소 뒤에서 일종의 '사물'임을 나타내고, '们'도 '孩子们'과 같이 다른 명사 뒤에서 복수를 나타낸다.

또한 주의해야할 것은 일부 형태소는 '白', '火', '书', '家'와 같이 단독으로 사용되어 단어로 사용되기도 한다는 것이다.

① 我已有白头发了。
　　Wǒ yǐ yǒu bái tóufa le.
　　　나는 이미 머리가 하얘졌다.

② 火太大了，要小心。
　　Huǒ tài dà le, yào xiǎoxīn.
　　　불이 너무 세니, 조심해야 한다.

위의 예문을 보면 ①의 '白'은 단독으로 관형어의 역할을 하고, ②의 '火'는 단독으로 주어의 역할을 한다.

또한 다른 형태소와 함께 '白色', '火车', '书包', '家人'과 같이 단어를 이루기도 한다.

2 단어

단어(词)는 일정한 뜻과 기능을 가지고 있으면서 홀로 쓰일 수 있는 가장 작은 말의 단위이다. 예를 들어 '老师'은 하나의 단어로 '가르치는 것을 직업으로 하는 사람'이라는 의미를 가지고 있는 단어이다. 대화에서 단어를 이용해 단독으로 질문에 대답할 수 있다.

　　那个人是干什么的? - 老师。
　　Nàgerén shì gàn shénme de? - Lǎoshī.
　　　그 사람은 뭐하는 사람이야? 선생님이야

일부 단어는 단독으로 질문에 대답할 수 없으나 문장을 만들 수는 있다. 예문 '我和两个

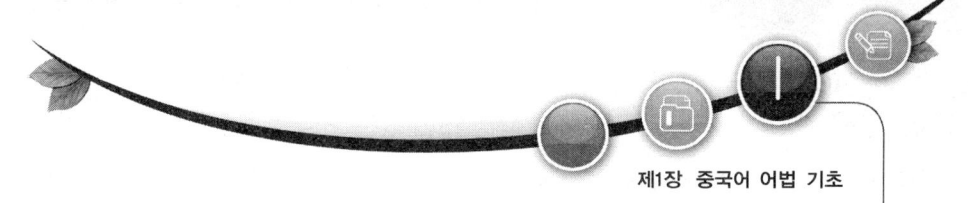

妹妹今年去上海'에서 '和'는 '我'와 '两个妹妹' 사이에서 두 단어를 연결해주며 그들이 병렬 관계임을 나타낸다. '你去吗?'의 '吗'는 의문어기조사이다. 그래서 단어는 '단독으로 쓰이거나 문장을 이루는 언어의 최소 단위'라고 정의를 내릴 수가 있다. 또한 '최소 단위'라는 제한은 '구'와 구분하기 위한 것으로, 예를 들어 '玻璃窗'은 '那是什么?' 라고 물었을 때 '玻璃窗' 이라 단독으로 대답할 수 있다. 그러나 '玻璃窗'은 단어 '玻璃'와 '窗'이 결합한 것으로 단어가 아니고 구이다.

③ 那是什么? — **玻璃**。
　　 Nà shì shénme? – Bōli.
　　 그건 뭐야? – 유리

④ 请把**窗**关上。
　　 Qǐng bǎ chuāng guānshang.
　　 창을 닫아 주세요.

위의 ③과 ④의 예문의 '玻璃'와 '窗'은 각각 단어로 사용된 것을 알 수가 있다.

이와 같이 단어는 형태소로 구성되는 데 구조상 형태소의 수에 따라 단순어와 합성어 두 종류로 나눌 수 있다.

1) 단순어

형태소 하나로 이루어진 단어를 단순어라고 부른다. 중국어의 형태소는 단음절 형태소가 기본 형식이어서 단순어의 절대 다수는 단음절이다. 그러나 2음절 혹은 다음절 형태소로 구성된 단순어는 2음절, 다음절인데 그 수는 많지 않다. 2음절 글자의 일부는 연면사(连绵字)로 구성되는데, 연면자란 이음절로 이루어지고 분리되어서는 의미를 가지지 못하는 단어로 성모(声母)가 같은 쌍성(双声), 운모(韵母)가 같은 첩운(叠韵), 쌍성도 첩운 아닌 경우, 동일한 글자를 잇달아 쓰는 중첩(重叠)의 네 종류가 있다.

① 단음절 형태소로 구성된 단순어

说 shuō　　走 zǒu　　看 kàn　　写 xiě　　笑 xiào　　火 huǒ　　他 tā　　十 shí
山 shān　　水 shuǐ　　书 shū　　上 shàng　　人 rén　　又 yòu　　床 chuáng　　的 de
大 dà　　小 xiǎo　　白 bái　　红 hóng　　好 hǎo　　高 gāo　　多 duō　　送 sòng

② 연면자로 구성된 단순어(2음절)

쌍　　성:　　仿佛 fǎngfú　　伶俐 línglì　　澎湃 péngpài　　参差 cēncī
첩　　운:　　徘徊 páihuái　　从容 cóngróng　　唠叨 láodāo　　苗条 miáotiao
쌍성 첩운이 아닌 것:　　垃圾 lājī　　蝴蝶 húdié　　妯娌 zhóulǐ
중　　첩:　　匆匆 cōngcōng　　津津 jīnjīn　　萧萧 xiāoxiāo

③ 음역한 외래어(2음절, 다음절)

葡萄 pútáo　　沙发 shāfā　　咖啡 kāfēi　　奥林匹克 Àolínpǐkè

④ 의성어

扑通 pūtōng　　滴嗒 dīdá　　轰隆 hōnglóng　　噼呖啪啦 pīlìpāla

2) 합성어

합성어는 두 개 이상의 형태소로 결합하여 이루어진 단어이다. 형태소와 형태소의 결합은 형태소의 활동성에 따라 두 가지 유형으로 나뉜다. 하나는 자유형태소, 혹은 반자유 형태소가 결합하는 것이고 다른 하나는 자유형태소 혹은 반자유 형태소와 부자유형태소가 결합하는 것이다. 전자는 어간과 어간이 결합하는 방식으로 복합어를 만들고 후자는 어간과 접사(접두사와 접미사)가 결합하는 방식으로 파생어를 만든다.

(1) 복합어

어간사이의 결합관계에 따라 5가지 유형이 있다.

① 연합형(병렬형): 두 개 의미는 서로 같고, 서로 가깝고 서로 관계되거나 혹은 상반되는 형태소가 병렬 결합하여 이뤄진다.

| 语言 yǔyán | 思想 sīxiǎng | 光明 guāngmíng | 声音 shēngyīn |
| 东西 dōngxi | 大小 dàxiǎo | 左右 zuǒyòu | 矛盾 máodùn |

② 수식형: 앞의 형태소는 뒤의 형태소를 수식, 제한하며 결합 후에는 뒤의 형태소의 의미가 주(主)가 된다.

| 火车 huǒchē | 京剧 Jīngjù | 光明 guāngmíng | 笔直 bǐzhí |
| 火车 huǒchē | 学校 xuéxiào | 外科 wàikē | 外科 wàikē |

③ 보충형: 뒤의 형태소는 앞의 형태소를 보충설명하며, 결합 후에는 뒤 형태소의 의미가 주(主)가 된다.

| 扩大 kuòdà | 提高 tígāo | 改进 gǎijìn | 推翻 tuīfān |
| 车辆 chēliàng | 书本 shūběn | 人口 rénkǒu | 房间 fángjiān |

④ 지배형: 앞의 형태소는 동작, 행위를 표시하고 뒤의 형태소는 앞의 동사에 의해 영향을 받거나 관련된 사물을 표시한다.

| 司机 sījī | 理事 lǐshì | 司令 sīlìng | 主席 zhǔxí |
| 注意 zhùyì | 动员 dòngyuán | 起草 qǐcǎo | 鼓掌 gǔzhǎng |

⑤ 주술형(진술형): 앞의 형태소는 진술의 대상이 되는 사물을 표시하고, 뒤의 형태소는 앞 형태소에 대한 진술 내용이다.

| 心痛 xīntòng | 胆小 dǎnxiǎo | 头痛 tóutòng | 民主 mínzhǔ |
| 年轻 niánqīng | 自卫 zìwèi | 月亮 yuèliang | 眼热 yǎnrè |

이상은 복합어를 구성하는 형태소 간의 5가지 기본유형이며 이외에 중첩형이 있다.

⑥ 중첩형: 이러한 단어들은 하나의 형태소가 중첩되어 구성된 것이다.

　　爸爸 bàba　　　妈妈 māma　　　星星 xīngxing　　　茫茫 mángmang

(2) 파생어

구체적인 어휘의 의미를 표시한 어근 형태소(자유형태소 혹은 반자유형태소)와 어떠한 부가적인 의미(어휘적 의미가 아니고 단지 문법적 의미를 가진 것)를 표시한 접두사 또는 접미사와 결합하여 이루어진 것이다.

① 접두사 + 어근형태소

老 lǎo -	老虎	老师	老乡
阿 a -	阿姨	阿毛	阿三
第 dì -	第一	第五	第十六
小 xiǎo -	小孩	小王	小张

② 어근 형태소 + 접미사

-子 zǐ	卓子	本子	胖子	瘦子
-儿 ér	花儿	鸟儿	歌儿	盖儿
-头 tóu	石头	木头	苦头	甜头
-者 zhě	作者	读者	记者	工作者
-性 xìng	弹性	惰性	创造性	积极性
-化 huà	软化	绿化	现代化	电气化

(3) 약칭(简称)과 수사축어(数词缩语)

약칭: 약칭은 사물의 명칭 또는 고정구를 간략화하여 사용한다.

　　科学技术 → 科技　　　旅行游览 → 旅游
　　外交部长 → 外长　　　整顿作风 → 整风

工业、农业 → **工农业**　教员、职员 → **教职员**
全国人民代表大会 → **全人大**
联合国安全理事会 → **安理会**

수사축어: 숫자를 이용해서 공통 성질을 갖춘 사물 또는 행위를 개괄하여 사용한다.

工业现代化、农业现代化、国防现代化、科学技术现代化 → **四化**
身本好、学习好、工作好 → **三好**
眼、耳、口、鼻、眉 → **五官**

3 구

두 개 이상의 단어들은 일정한 규칙에 따라 결합되어 일정한 의미를 표현할 수 있다. 이것이 바로 '구(词组)'로 문장을 이루는 단위이다. 예를 들어 '学汉语的人很多。'에서 '学汉语的人'과 '很多'는 모두 구이다. 형태소는 보통 단어보다 작은 언어 단위이고, 구는 단어보다 큰 언어 단위이다. 구에서 단어와 단어는 일정한 관계와 구조를 가지는데, 다음의 다섯 가지 유형으로 나눌 수 있다.

1) 주술구(주어 + 술어)

주술구는 주어와 술어 두 부분으로 이루어지는데, 주어 부분은 앞부분으로 서술의 대상이고, 술어 부분은 뒷부분으로 서술의 내용이다.

工业发达 gōngyè fādá　　　　　心情抒畅 xīnqíng shūchàng
今天星期五。Jīntiān xīngqīwǔ.　　明天圣诞节。Míngtiān Shèngdànjié.

2) 동목구(동사 + 목적어)

동목구는 동사와 목적어의 두 부분으로 이루어지는데, 동사 부분은 동작과 행동을 나타내고, 목적어 부분은 동작과 행동의 대상이다.

学习汉语 [xuéxí Hànyǔ]   是学生 [shì xuésheng]
有钱 [yǒu qián]   来了客人 [lái le kèrén]

3) 수식구(수식어 + 피수식어)

수식구는 수식을 하는 수식어 부분과 수식을 받는 중심어, 두 부분으로 이루어지는데, 수식어는 중심어를 제한 또는 수식한다. 수식구는 다음의 두 가지 경우로 세분화할 수 있다.

① 중심어가 명사인 경우(수식어+명사)
  幸福生活 [xìngfú shēnghu] 행복한 생활
  我的故乡 [wǒde gùxiāng] 나의 고향

② 중심어가 동사 또는 형용사인 경우(수식어+동사, 형용사)
  热烈欢迎 [rèliè huānyíng] 열렬히 환영하다
  非常漂亮 [fēicháng piàoliang] 매우 예쁘다

4) 보충구(중심어 + 보어)

보충구는 동작 또는 성질과 상태 등을 나타내는 중심어부분과 앞부분을 보충 설명하는 보어부분으로 나뉜다.

学得好 [xuéde hǎo] 잘 배우다
说清楚 [shuō qīngchu] 분명히 말하다
做得完 [zuòde wán] (일을)끝내다
看一遍 [kàn yí biàn] 한번 보다

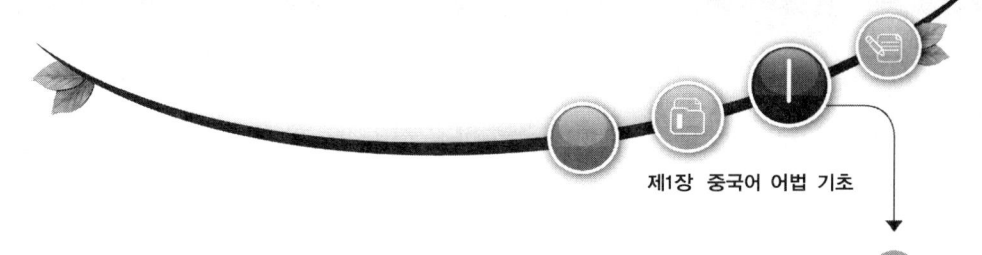

5) 연합구

두 개 또는 그 이상의 부분으로 이루어졌으며 각 부분은 병렬, 선택, 점진, 계승 등의 관계를 가지며, 각 단어의 지위는 평등하다.

教师学生 [jiàoshī xuésheng] 병렬
前进或后退 [qiánjìn huò hòutuì] 선택
愉快而幸福 [yúkuài ér xìngfú] 점진
讨论并通过 [tǎolùn bìng tōngguò] 계승

일반적으로 구들은 나누거나 다른 성분을 더할 수 있으며, 그 중의 단어를 다른 단어로 바꿀 수도 있다. 예를 들어 '学习努力'는 '学习非常努力'로 확장할 수도 있고, 또는 '学习勤奋'을 '工作努力'로 단어를 바꿀 수도 있다. 단, 언어 중 특별한 구가 있는데 우리는 이를 '고정구(固定句)'라고 부른다. 고정구는 형식상 고정되어 있어 단어를 바꾸거나 첨가 또는 순서를 바꿀 수 없으며, 의미상 관용적으로 쓰인다. 따라서 문장에 따라 글자대로 이해하는 것이 아닌, 포괄적이며 전체적으로 이해를 해야 한다. 고정구는 대개 고유명칭, 전문용어와 관용어들이다. 중국어에서 고정구의 수는 매우 풍부하고 활용빈도가 높아, 고정구를 잘 파악하고 있으면 중국어 향상에 많은 도움이 된다.

北京语言大学 [Běijīng Yǔyán Dàxué] (베이징 어언대학)
普通语言学 [Pǔtōng Yǔyánxué] (보통 언어학)
千山万水 [qiān shān wàn shuǐ] (멀고 험한 길)
井底之蛙 [jǐng dǐ zhī wā] (우물 안 개구리)
井井有条 [jǐng jǐng yǒu tiáo] (조리가 있다)
乱七八糟 [luàn qī bā zāo] (엉망이다)

4 문장

문장(句子)은 단어 또는 구들을 일정한 어법규칙에 따라 연결해 하나의 완전한 의미를 표현해 내는 것이다. 또한 문장의 앞과 뒷부분 사이에는 휴지(休止)가 놓이고 일정한 어조를 지닌 언어 단위이다.

我去北京。
Wǒ qù Běijīng.
　　나는 베이징에 간다.

我看完了一部小说
Wǒ kànwánle yíbù xiǎoshuō.
　　나는 소설 한편을 다 보았다.

请坐
Qǐng zuò.
　　앉으세요.

문장의 종류는 주어-서술어의 관계가 단 한 번만 성립하는 단문(单文)과 이 관계가 두 번 이상 성립하는 복문(复文)으로 구별할 수 있으며, 서법(敍法)에 따라 평서문·의문문·감탄문·명령문·청유문 등으로 나눌 수 있다. 또한 구조에 따라 주술문과 비주술문으로 나눌 수 있다.

1) 단문과 복문

단문은 단 한 개의 주술구를 포함하며 간단하면서 완전한 의미를 나타낸다.

这儿的气候真好。
Zhèrde qìhòu zhēn hǎo.
　　이곳의 기후는 참 좋다.

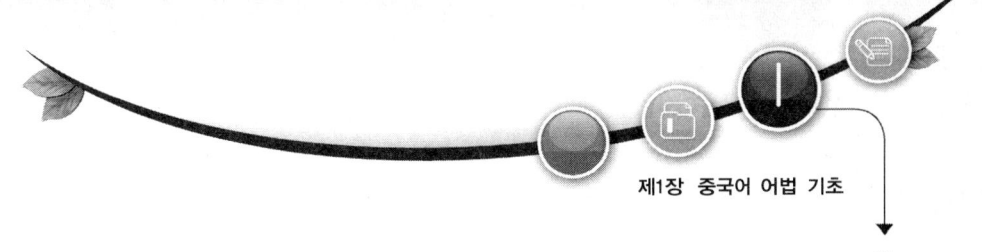

我们到中国学习汉语。
Wǒmen dào Zhōngguó xuéxí Hànyǔ.
　　우리는 중국에 가서 중국어를 공부한다.

这句话的意思你懂吗?
Zhè jù huà de yìsi nǐ dǒng ma?
　　이 말의 의미를 넌 알겠니?

복문은 이러한 문장은 모두 두 개 이상의 의미상에서는 연관된 문장들로 이루어진 것이다. 복문을 이루는 각 단문의 사이에는 일정한 휴지(休止)가 있다.

风停了，雨也住了。
Fēng tíng le, yǔ yě zhù le.
　　바람이 멈추고, 비도 그쳤다.

你是今年回国，还是明年回国?
Nǐ shì jīnnián huíguó, háishì míngnián huíguó?
　　너는 올해 귀국하니 아니면 내년에 귀국하니?

如果明天下雨，我们就不去参观了。
Rúguǒ míngtiān xiàyǔ, wǒmen jiù búqù cānguān le.
　　만약에 내일 비가 오면 우리는 참관하러 가지 않는다.

2) 평서문·의문문·청유문·감탄문

(1) 평서문(진술문)

사건을 서술하거나 사물에 대해 묘사나 설명하는 것이다.

我出去一下。
Wǒ chūqù yíxià.
　　내가 나가보겠다.

今天热极了。
Jīntiān rè jíle.
　　　오늘은 아주 덥다.

(2) 의문문

의문을 제시한다.

你什么时候来北京的?
Nǐ shénme shíhòu lái Běijīng de.
　　　너는 언제 베이징에 왔니?

你去哪儿?
Nǐ qù nǎr?
　　　너 어디 가니?

(3) 명령문

요청, 명령, 권고(설득) 혹은 금지를 나타낸다.

你们赶快回去!
Nǐmen gǎnkuài huíqù!
　　　너희들은 빨리 돌아가!

别着急! 慢慢走!
Bié zháojí! Mànmàn zǒu!
　　　조급해하지 마, 천천히 가!

室内禁止吸烟!
Shìnèi jìnzhǐ xīyān!
　　　실내에서는 금연입니다.

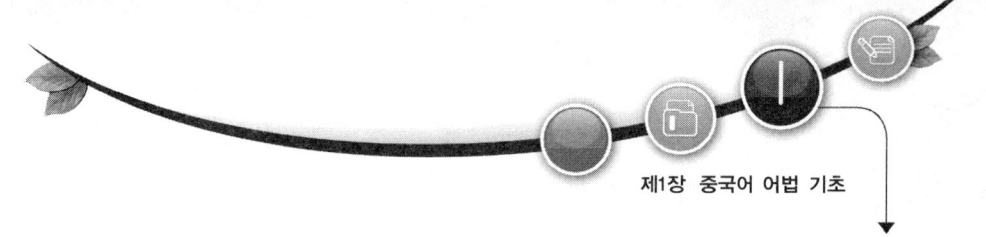

(4) 감탄문

강렬한 감정을 나타낸다.

> 这本词典对我们太有用了!
> Zhè běn cídiǎn duì wǒmen tài yǒuyòng le!
> 　　　이 사전은 우리에게 아주 유용하다!
>
> 唉! 这种事可不好办啊!
> Ài! Zhèzhǒng shì kě bù hǎobàn a!
> 　　　아! 이런 일은 처리하기 힘들어!

3) 주술문과 비주술문

[주술문]

주어와 술어 두 부분으로 이루진 문장이다.

> 我朋友在北京师范大学学习汉语。
> Wǒ péngyou zài Běijīng Shīfàn Dàxué xuéxí Hànyǔ.
> 　　　내 친구는 베이징 사범 대학에서 중국어를 배운다.
>
> 这本书是去年出版的。
> Zhèběn shū shì qùnián chūbǎn de.
> 　　　이 책은 작년에 출판된 책이다.
>
> 他学习很努力。
> Tā xuéxí hěn nǔlì.
> 　　　그는 열심히 공부한다.

주어와 술어 부분으로 이루어진 문장을 술어의 성격에 따라 명사술어문, 동사술어문, 형용사술어문, 주술술어문의 4가지 유형으로 나눌 수 있다.

(1) 명사술어문

술어 부분이 명사나 명사구이다.

今天星期日。
Jīntiān xīngqī rì.
　　　오늘은 일요일이다.

马克澳大利亚人。
Mǎkè Àodàlìyà rén.
　　　마크는 오스트레일리아 인이다.

她二十多岁。
Tā èrshí duō suì.
　　　그녀는 20여 세가 되었다.

(2) 동사술어문

술어 부분이 동사이다.

他弟弟在大学学习。
Tā dìdi zài dàxué xuéxí.
　　　그의 동생은 대학에서 공부한다.

我有一本汉英词典。
Wǒ yǒu yìběn HànYīng cídiǎn.
　　　나는 한권의 중영사전이 있다.

我下午去机场送朋友。
Wǒ xiàwǔ qù jīchǎng sòng péngyou.
　　　나는 오후에 친구를 배웅하러 공항에 간다.

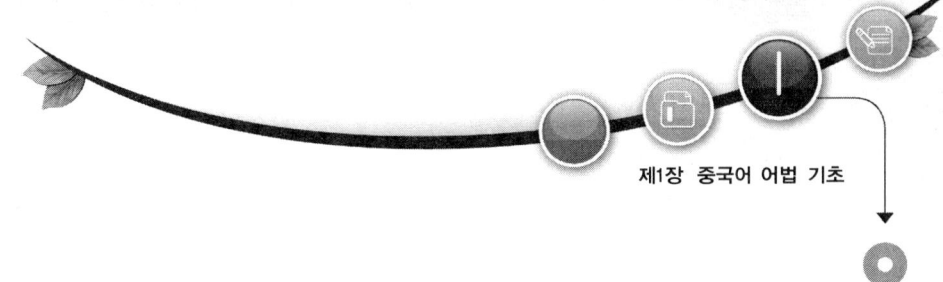

(3) 형용사술어문

술어 부분이 형용사이다.

天气很好。
Tiānqì hěn hǎo.
　　날씨가 매우 좋다.

饭凉了。
Fàn liáng le.
　　밥이 식었다.

这儿的风景很美丽。
Zhèr de fēngjǐng hěn měilì.
　　이곳의 경치는 매우 아름답다.

(4) 주술술어문

술어 부분이 다시 주어와 술어 부분으로 되어 있다.

他身体很好。
Tā shēntǐ hěn hǎo.
　　그는 건강이 매우 좋다.

大街上人多极了。
Dàjiēshang rén duōjí le.
　　거리에는 사람들이 매우 많다.

这里风景真美。
Zhèli fēngjǐng zhēn měi.
　　여기의 경치는 정말 아름답다.

[비주술문]

주어와 술어 두 부분으로 이루어지지 않은 문장이다. 생략문이 아닌 하나의 완전한 문장이다. 비주술구는 주어가 없는 무주어문과 하나의 단어 또는 수식구로 이루어진 단어문으로 나눌 수 있다.

(1) 무주어문

刮风了。
Guā fēng le.
    바람이 분다.

小心火车!
Xiǎoxīn huǒchē!
    기차를 조심해!

(2) 단어문

① 注意! Zhùyì!　주의!
② 多美的天啊! Duō měi de tiān a!　하늘이 얼마나 아름다운가!

4) 문장의 성분과 구조 분석

문장은 일정한 어법관계에 따라 낱말과 구로 구성되는데, 문장 속에서 각기 그 어법 기능에 따라 그 낱말과 구를 분류한 것이 문장성분이다. 중국어의 문장은 **주어, 술어, 목적어, 관형어, 부사어, 보어**라는 여섯 개의 문장성분을 가진다. 술어는 동사와 형용사로 이루어지며 주어와 목적어의 역할도 할 수 있다.

我　朋友 //　努力　学习　汉语。
Wǒ péngyou // nǔlì xuéxí Hànyǔ.
관형어 주어　부사어 술어 목적어

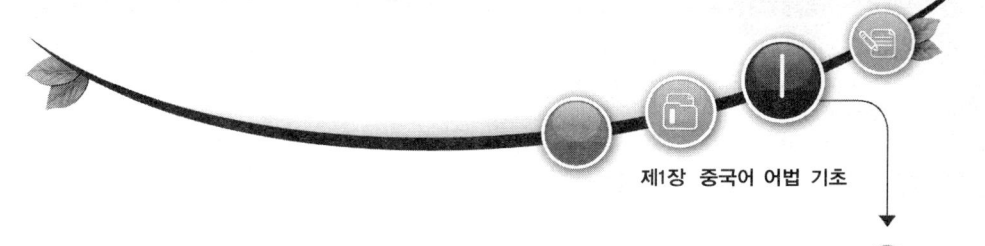

제1장 중국어 어법 기초

我(的)姐姐 // 昨天 买 到 了 一本 新出版的 杂志。
Wǒ(de)jiějie // zuótiān mǎidào le yìběn xīn chūbǎn de zázhì.
　주어부분　　　　　　술어부분

관형어 + 주어　부사어 + 술어 + 보어　관형어 + 관형어 + 목적어

어법용어 韩中대조표				
[명] 名词	명	사	重音	강 세
[대] 代词	대	사	固定词组	관용구
[동] 动词	동	사	定语	관형어
[형] 形容词	형 용	사	短语, 词组	구
[수] 数词	수	사	结构	구 조
[양] 量词	양	사	宾语	목적어
[부] 副词	부	사	单句	단 문
[개] 介词	개	사	同位词组	동격구
[접] 连词	접 속	사	谓语	술 어
[조] 助词	조	사	趋向补语	방향보어
[감] 叹词	감 탄	사	状语	부사어
[의] 拟声词	의 성	사	偏正词组	수식구
[두] 词头	접 두	사	能愿动词	조동사
[미] 词尾	접 미	사	情态补语	양태보어
词类	품	사	不及物动词	자동사
			及物动词	타동사
			双宾句	이중목적어문

중국어의 품사표

	품사		예
실사	명 사 名词 (방위사)		人 水 花 风 年 东西 上海 (上 下 前 后 左 右)
	동 사 动词		去 有 是 吃 知道 买
	조동사 能愿动词		可能 会 应该 可以
	형용사 形容词		红 真 高 大 干净 男 新
	수 사 数词		零 一 二 三 百 半
	양 사 量词	명량사 名量词	张 条 双 点 个 本
		동량사 动量词	回 下 遍 场 次 趟
	대 사 代词	인칭대사 人称代词	我 你 他 我们 咱们
		지시대사 指示代词	这 那 每 这儿 那儿
		의문대사 疑问代词	什么 哪里 多少 谁 怎么
허사	부 사 副词		就 都 才 一直 又 已经
	개 사 介词		在 从 朝 对 把 被
	접속사 连词		和 同 与 而 不但 而且
	조 사 助词	구조조사 结构助词	的 得 地
		동태조사 动态助词	过 着 了
		어기조사 语气助词	啊 吗 呢 吧 了
	감탄사 叹词		嗯 哎 喂
	의성·의태어 拟声·拟态词		叮咚 哗啦哗啦
	접두사 词头		第 老 头
	접미사 词尾		头 子 儿 们 性

중국어의 품사

 현대 중국어의 단어는 '실사(实辞)'와 '허사(虚辞)', 두 가지로 크게 나누어진다. '실사'는 비교적 구체적인 의미를 가지고 있으며 문장성분을 이룬다.

 실사는 명사(시간사, 방위사 포함), 동사, 조동사, 형용사, 수사, 양사 그리고 대명사를 포함한다. '허사'는 구체적인 의미를 가지고 있지 않으며 어떠한 문장성분도 이루지 않는다. 허사는 부사, 개사(전치사), 접속사, 조사, 의성·의태어와 감탄사를 포함한다.

 중국어의 명사, 대명사, 수사, 양사 등은 일반적으로 주어와 목적어가 되며 일부 술어로 쓰이기도 한다. 또 관형어의 수식을 받을 수 있으나 일반적으로 부사의 수식을 받지 않으므로 '체언(体词)'이라고 통칭한다. 동사(조동사 포함)와 형용사는 술어로 쓸 수 있으며 부사의 수식을 받을 수 있으므로 '용언(谓词)'이라고 통칭한다.

제1절 명사

사람 혹은 사물의 명칭, 또는 시간 혹은 공간 개념 등을 나타내는 낱말을 명사(名词)라 한다. 명사는 그 의미 특징에 따라 다음과 같이 분류할 수 있다.

1) 명칭표시명사

① 고유명사와 일반명사

고유명사: 中国 Zhōngguó　首尔 Shǒu'ěr　毛泽东 MáoZédōng
일반명사: 人 rén　　　车 chē　　　水 shuǐ　　　学校 xuéxiào

② 구체적인 사물을 나타내는 명사와 추상개념을 나타내는 명사

구체명사: 椅子 yǐzi　　　苹果 píngguǒ　　　房间 fángjiān
추상명사: 思想 sīxiǎng　　科学 kēxué　　　法律 fǎlǜ

③ 개체를 나타내는 명사와 집단을 나타내는 명사

개체명사: 书 shū　　　电脑 diànnǎo　　　车子 chēzi
집단명사: 花草 huācǎo　　书籍 shūjí　　　老百姓 lǎobǎixìng

2) 시간 및 방위명사

시간명사: 今天 jīntiān 明天 míngtiān 春 chūn 夏 xià 晚上 wǎnshang 星期日 xīngqīrì
방위명사: 前 qián 後 hòu 左 zuǒ 右 yòu 內 nèi 外 wài 上 shàng 下 xià 东西 dōngxi

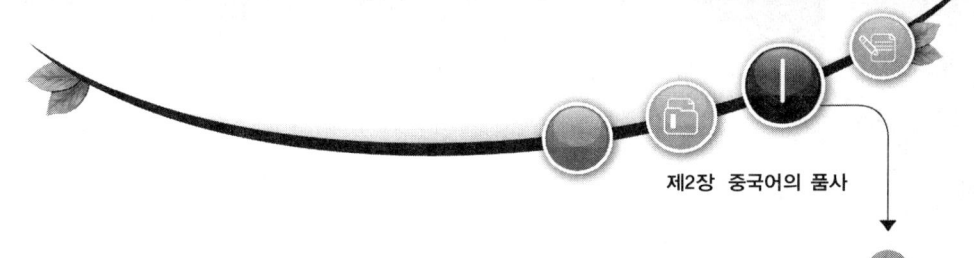

제2장 중국어의 품사

1 명칭표시명사

1) 특징

① 수량사의 수식을 받을 수 있다.

중국어에서 사람 혹은 사물의 수량을 나타낼 때 수사를 명사 앞에 바로 쓸 수 없으면, 수사와 명사 사이에는 양사를 반드시 써야 한다.

> 예) 一个朋友, 三本杂志 (○)
> 一朋友, 三杂志 (×)
> 个朋友, 本杂志 (×)

② 명사는 부사의 수식을 받을 수 없다.

> 不人, 很书, 也椅子 (×)

③ 중국어의 명사는 수의 어법 구분이 없으며 단수, 복수로 논할 수 없고 형식에 있어 모두 같다. 예를 들어 '一张票', '五张票', '两个孩子', '十个孩子', '这本小说', '这些小说'에서 '票', '孩子', 와 '小说'은 형식상 변화가 없다. 그러나 가리키는 사람 명사 뒤에 '们'을 보태면 복수를 나타낼 수 있다. 예를 들면 '朋友们', '先生们', '女士们', '同志们' 등과 같다.

그러나 주의해야 할 것은 만약 사람을 나타내는 명사의 앞쪽에서 수량사 혹은 문장 중에 다수임을 나타내는 단어가 있을 시에는 곧 또다시 '们'을 사용할 수 없다.

> 예) 我们系有三百个学生们。(×)
> 来看电影的学生们很多。(×)

④ 수량을 셀 수 없는 명사는 불특정량을 나타내는 수량구 혹은 차용양사의 수식을 받을 수 있다. 예를 들면 '很多水果', '这些糖', '一点情意', '一碗饭', '一杯咖啡' 등과 같다.

⑤ 명사 혹은 동사에 명사화 접미사 '~子, ~儿, ~头' 따위를 더하여 이루어지는 낱말이 있다.

椅子　桌子　画儿　活儿　石头　看头

⑥ 단음절 명사들은 중첩되어 '각각, 하나하나, 매 번(모두)' 따위의 의미를 나타낼 수 있다.

家家都有电视。
Jiājiā dōu yǒu diànshì.
　　　집집마다 TV가 있다.

人人各有爱好。
Rénrén gèyǒu àihào.
　　　사람들마다 취미가 있다.

最近**天天**下雨。
Zuìjìn tiāntiān xiàyǔ.
　　　요즘 날마다 비가 온다.

2) 기능

명사는 문장 중에서 주어, 목적어와 관형어, 때로는 술어의 역할을 하기도 한다.

北京是中国的首都。(주어)
Běijīng shì Zhōngguó de shǒudū.
　　　베이징은 중국의 수도이다.

昨天我们参观了一个**展览会**。(목적어)
Zuótiān wǒmen cānguānle yíge zhǎnlǎnhuì.
　　　어제 우리는 한 전람회를 참관했다.

故乡的山水真美丽。(관형어)

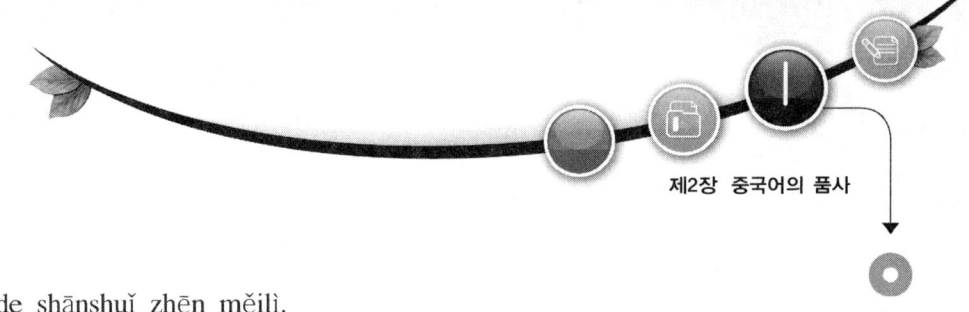

Gùxiāng de shānshuǐ zhēn měilì.
고향의 산수는 정말 아름답다.

今天**星期日**。(술어)
Jīntiān xīngqīrì.
오늘은 일요일이다.

2 방위사

방위사(方位词)는 방향 혹은 위치를 나타내는 단어이다.

1) 단순방위사와 합성방위사

방위사는 단순방위사와 합성방위사 두 종류로 나뉘며, 단순방위사는 모두 14개가 있다.

上 shàng	下 xià	前 qián	后 hòu	里 lǐ
外 wài	内 nèi	左 zuǒ	右 yòu	东 dōng
西 xī	南 nán	北 běi	中 zhōng	

단순방위사 앞에 '以' 혹은 '之'을 보태거나 또는 뒤에 '边 biān', '面 miàn', '头 tou'를 보태어 합성방위사를 구성한다. 예를 들면 아래 표와 같다.

	东	西	南	北	上	下	前	后	左	右	里	外	内	中	旁
以+	+	+	+	+	+	+	+	+	−	−	+	+	+	−	−
之+	+	+	+	+	+	+	+	+	−	−	+	+	+	+	−
+边	+	+	+	+	+	+	+	+	+	+	+	+	−	−	+
+面	+	+	+	+	+	+	+	+	+	+	+	+	−	−	−
+头	+	+	+	+	+	+	+	+	−	−	+	+	−	−	−

방위사는 다른 단어의 전후에 첨가되어 하나의 숙어를 구성한다.

楼上   楼下   学校里   节日里   房间里面
上(个)星期   上上(个)月

2) 기능

합성방위사는 문장 중에서 주어, 목적어, 부사어(부사적 수식어), 관형어를 담당할 수 있다.

① 外边冷, 请到屋里坐。(주어)
   Wàibiān lěng, qǐng dào wūli zuò.
   밖이 추우니 안으로 들어와 앉으세요.

② 汉语词典在上头, 英语词典在下头。(목적어)
   Hànyǔ cídiǎn zài shàngtou, Yīngyǔ cídiǎn zài xiàtou.
   중국어 사전은 위에 있고, 영어사전은 아래에 있습니다.

③ 中间(的)那张画是他自己画的。(관형어)
   Zhōngjiān de nà zhāng huà shì tā zìjǐ huà de.
   가운데 그 그림은 그가 그린 것이다.

④ 以前我不太了解他。(부사)
   Yǐqián wǒ bú tài liǎojiě tā.
   전에 나는 그를 잘 이해하지 못했다.

3 시간사

시간을 표시하는 명사를 시간사라고 한다.

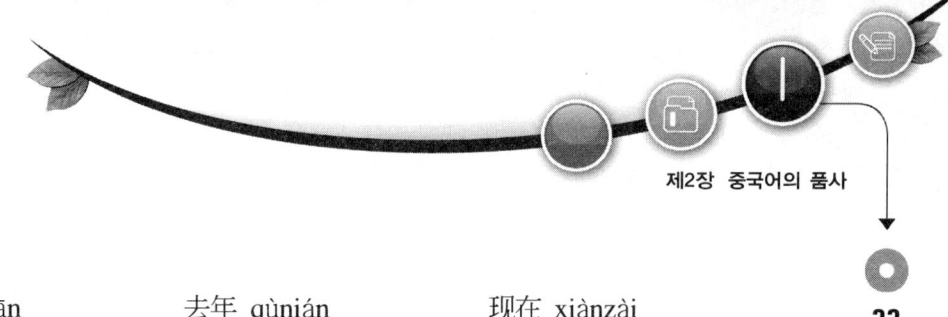

| 今天 jīntiān | 去年 qùnián | 现在 xiànzài |
| 从前 cóngqián | 将来 jiānglái | 国庆节 guóqìngjié |

시간사는 문장에서 주어, 목적어, 술어, 부사어, 보어 역할을 한다.

① **新年**快要到了。(주어)
　　Xīnnián kuàiyào dàole.
　　　새해가 곧 올 것이다.

② 他的生日是**昨天**。(목적어)
　　Tā de shēngrì shì zuótiān.
　　　그의 생일은 어제였다.

③ 明天**国庆节**了。(술어)
　　Míngtiān guóqìngjié le.
　　　내일은 국경일이다.

④ **晚上**我去看他的时候, 他跟朋友谈话呢。(부사어)
　　Wǎnshang wǒ qù kàn tā de shíhou, tā gēn péngyou tánhuà ne.
　　　저녁에 내가 그를 보러 갔을 때, 그는 친구와 얘기하고 있던 걸.

⑤ 我要在中国学习**两年**。(보어)
　　Wǒ yào zài Zhōngguó xuéxí liǎngnián.
　　　나는 중국에서 2년간 공부하고자 한다.

4 장소사

장소를 표시하는 명사를 장소사라고 한다.

上边 shàng bian　　中间 zhōng jiān　　美国 Měi guó　　邮局 yóu jú
图书馆 tú shū guǎn　　这里 zhè li

장소사는 구 안에서 주어, 목적어, 관형어, 부사어 등의 역할을 할 수 있다.

① **杭州**是有名的花园城市。(주어)
　　Hángzhōu shì yǒumíng de huāyuán chéngshì.
　　　항저우는 유명한 화원도시이다.

② 代表团由**北京**去**青岛**参观访问了。(목적어)
　　Dàibiǎotuán yóu Běijīng qù Qīngdǎo cānguān fǎngwèn le.
　　　대표단은 베이징으로부터 칭다오를 방문 참관했다.

③ **外边**的空气真新鲜。(관형어)
　　Wàibiān de kōngqì zhēn xīnxiān.
　　　밖의 공기가 정말 신선하다.

④ 他今天**楼上**，**楼下**来回了好几趟。(부사어)
　　Tā jīntiān lóushàng lóuxià láihuí le hǎo jǐ tàng.
　　　그는 오늘 여러 번 이 건물을 오르락내리락했다.

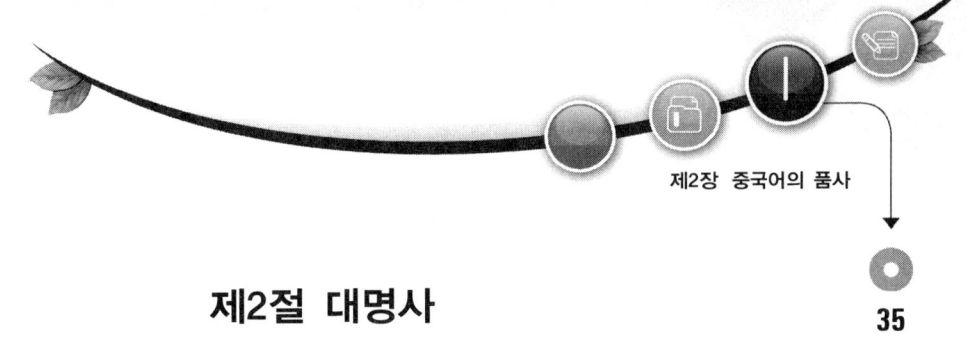

제2절 대명사

1 종류

대사(代词), 즉 대명사는 명사, 동사, 형용사 등을 대체한 단어이다. 대사는 인칭대사, 지시대사, 의문대사로 나뉜다.

1) 인칭대사

我 wǒ	你 nǐ	您 nín	他 tā
她 tā	我们 wǒmen	自己 zìjǐ	咱们 zánmen
你们 nǐmen	们 tāmen	她们 tāmen	

2) 지시대사

这 zhè	那 nà	这里 zhèli	这儿 zhèr
那儿 nàr	这么 zhème	那么 nàme	这样 zhèyàng

3) 의문대사

谁 shuí	什么 shénme	哪 nǎ	哪儿 nǎr
怎么 zěnme	几 jǐ	怎样 zěnyàng	怎么样 zěnmeyàng

2 용법

(1) 인칭대사 '你'와 '您', '他'와 '她', '它'

您은 상대에 대한 존경을 나타내는 인칭대사이다. 글말에서 他는 남성을 가리키고, 她, 她们은 여성을 가리키며, '它', '它们'은 사람 이외에 사물을 가리킨다. 글말에서 이 셋은 입말에서는 발음이 같아 구별이 없으며 남녀 혼성인 경우에는 他们을 쓴다.

(2) 인칭대사 '我们'과 '咱们'

我们은 화자(我, 我们)를 포함한 '우리'를 가리키며, 일반적으로 청자(你, 你们)을 포함하지 않는다. 咱们은 화자와 청자를 모두 포함한다.

① **我们**还有事, 你可以先走。
　　Wǒmen háiyǒu shì, nǐ kěyǐ xiān zǒu.
　　　우리는 일이 더 있으니 당신은 먼저 가셔도 됩니다.

② 你来啊, **咱们**一起商量吧。
　　Nǐ lái a, zánmen yìqǐ shāngliang ba.
　　　오세요, 우리 함께 의논해요.

(3) 지시대사 '这'와 '那'

这와 那는 사람이나 사물을 대체하여 지시하는 대사를 말한다. 의문대사 哪와 함께 뒤에 '些'를 붙여 복수를 나타낸다.

　　这是英语词典, **那**是汉语词典。
　　Zhè shì Yīngyǔ cídiǎn, nà shì Hànyǔ cídiǎn.
　　　이것은 영어 사전이며, 저것은 중국어 사전이다.

　　这位是王老板, **那**是张老板。
　　Zhè wèi shì Wáng lǎobǎn, nà shì Zhāng lǎobǎn.

이분은 王사장님이시고, 저분은 张사장님이시다.

这些是他的书。

Zhèxiē shì tā de shū.

이것들은 그의 책이다.

(3) 의문대사 '多少'와 '几'

多少는 부확정한 수를 나타내고, 几는 일반적으로 10미만의 수를 나타낸다.

你有几本汉语书?

Nǐ yǒu jǐběn Hànyǔ shū?

중국어책 몇 권 가지고 있어요?

你们班有多少(个)学生?

Nǐmen bān yǒu duōshao ge xuésheng?

당신 반에는 학생이 몇 명이에요?

这个城市有多少人? (○)

Zhège chéngshì yǒu duōshao rén?

이 도시에는 사람이 얼마나 있지요?

今天你有几课? (×)

오늘 수업이 몇 시간 있어요? (수업시간의 양사 '节'가 필요)

제3절 수사와 양사

수사(数词 shùcí)는 수량을 표시하는 단어이며, 양사(量词 liàngcí)는 사물 혹은 동작의 단위를 표시하는 단어이다. 중국어의 수사와 양사는 항상 함께 사용된다.

1 수사

수사는 기수(基数 jīshù)와 서수(序数 xùshù)의 두 종류로 나눠지며, 기수는 정수, 분수, 소수와 배수를 포함한다.

1) 정수(整数 zhěngshù)를 읽는 법

① 백 이내의 수를 읽는 법: '십진법'을 사용해 숫자를 읽는다.

    九   十五   三十八   九十九

② 백 이상을 읽는 법

    一百(101)   一百零一(101)   一百零五(105)   一百一十(110)

    三百七十五(375)   五百八十四(584)   七百四十五(745)

③ 천 이상을 읽는 법

    一千(1,000)   一千零一(1,001)   一千零十九(1,019)   一千一百(1,100)

    三千六百四十四(3,644)   九万九千八百零三(99,803)   十万零一(100,001)

    八十三万六千二百八十九(836,289)   一百万(1,000,000)

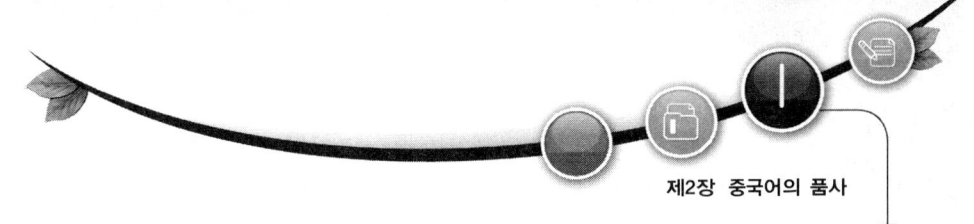

[숫자 읽기]

0	1	2	3	4	5	6	7	8	9	10
零	一	二	三	四	五	六	七	八	九	十
líng	yī	èr	sān	sì	wǔ	liù	qī	bā	jiǔ	shí
11	12	20	21	30	90	100	101	1000	둘	
十一	十二	二十	二十一	三十	九十	一百	一百零一	一千	两	
shíyī	shíèr	èrshí	rshíyī	sānshí	jiǔshí	yībǎi	yībǎilíngyī	yīqiān	liǎng	

[주의해야 할 점]

① 홀수가 '百', '千', '万' 등의 단위 수의 뒤에 위치하는 경우 해당 단위 수를 말하지 않아도 상위 단위 수의 하급 단위 수를 나타낸다.

一百五(十) 150   一千五(百) 1500   一万五(千) 15000

② '百', '千', '万' 앞의 '一'은 반드시 읽는다. 한국어는 자주 생략하나 중국어는 구어에서도 반드시 써야 한다. 또한 중국어에서 1000은 '十百'이라 하지 않고 '一千'이라고 하며, 10000은 '十千'이라 하지 않고, '一万'이라고 한다. 숫자가 '万' 이상에 도달할 때는, 万을 단위로 하는데, 예를 들면 '十万, 一百万, 一千万' 등이다.

③ 세 자리 수 이상의 수 중간의 '0'은 수에 상관없이 한 번만 읽으면 된다.

五百零三 503   五千零三 5003   五百三 530

2) 분수, 소수와 배수를 읽는 법

(1) 분수

일반적으로 분수(分数 fēnshù)를 말할 때는 'X分之Y' 라 하며, 'X'는 분모를, 'Y'는 분자를 표시한다.

$\frac{2}{3}$ → 三分之二 sān fēn zhī èr, $\frac{6}{10}$ → 十分之六 shífēn zhī liù

X又Y分之X: $3\frac{3}{20}$ → 三又二十分之三 sān yòu èrshí fēn zhī sān

분모가 100의 백분율로 될 때는, '百分之X'로 읽는다.

百分之X : 40% → 百分之四十 bǎi fēnzhī sìshí

105% → 百分之一百零五 bǎi fēnzhī yī bǎi líng wǔ

(2) 소수

일반적으로 소수(小数 xiǎoshù)를 읽을 때는 '点diǎn'을 이용하는데, 소수점 앞은 정수를 읽는 법으로 읽고, 소수점 뒤는 매 숫자를 읽는다.

0.6 → 零点六 língdiǎn liù

3.14 → 三点一四

23.45 → 二十三点四五

145.67 → 一百四十五点六七 또는 一四五点六七

(3) 배수

배수(倍数 bèishù)의 통상적인 표시법은 수사의 뒤에 양사 '倍'를 더하는 것이다. 배수는 일반적으로 '증가'를 표시한다. 예를 들면 '九是三的三倍(9는 3의 3배이다)' $(9 = 3 \times 3)$, '九比三大两倍(9는 3보다 두 배 더 크다)' $\left(\frac{9-3}{3} = 2\right)$.

주의해야 할 것은 '是 …X倍'와 '增加了X倍'의 구별이다. 'A是B的X倍(A는 B의 X배이다)'에서 A와 B는 나누는 관계이다. 즉 $\frac{A}{B} = X$ (倍)이다. 그러나 'A比B增加(多)X倍(A는 B보다 X배 증가(많아)지다)'는 A가 B를 뺀 후에 다시 B로 나누는 것이다. 즉 $\frac{(A-B)}{B} = X$ 倍이다. 예를 들면, 10년 전 나의 초봉이 200만 원이고, 올해 월급이 600만 원이라면, 올해 월급은 10년 전의 3배이며, 혹은 10년 전보다 2배 증가한 것이 된다. 공식으로 표시하면 다음과 같다.

$$\text{是} \cdots \text{X倍} \rightarrow \text{A是B的X倍(A는 B의 X배이다)}$$
$$\rightarrow \frac{A}{B} = X\,(倍)$$

$$\text{增加了X倍} \rightarrow \text{A比B增加(多)X倍}$$
$$\text{(A는 B보다 X배 증가했다)}$$
$$\rightarrow \frac{(A-B)}{B} = X\,倍$$

3) 어림수의 표시법

중국어의 어림수(概数 gàishù)는 아래 몇 가지의 표시법이 있다.

① 두 개의 이웃한 수를 연이어 쓴다. 보통 작은 수는 앞에 놓고, 큰 수는 뒤에 놓는다. (9와 10은 일반적으로 연이어 사용할 수 없다.)

那是个**十五六岁**的姑娘。
Nà shì ge shíwǔ liù suì de gūniang.
　　저 사람은 15, 6세 정도의 아가씨이다.

我去过**两三次**长城。
Wǒ qùguo liǎngsāncì Chángchéng.
　　나는 장성에 두세 번 가 본 적이 있다.

他们学校有**四五千**个学生。
Tāmen xuéxiào yǒu sì wǔ qiānge xuésheng.
　　그들 학교에는 4,5천 명의 학생이 있다.

② 수사 뒤에 어림수를 나타내는 단어를 더한다. 주로 '来', '多', '左右', '上下' 등이 있다.

来

수사 뒤에 쓰여 대략의 숫자를 나타내고 일반적으로 그 수에 도달하지 못했거나 그 수보다 조금 더 많음을 나타낸다. 일반적으로 '十' 혹은 '百', '千', '万'의 뒤, 양사의 앞에 쓰인다.

他已经开了**十来年**的汽车了。
Tā yǐjīng kāile shí lái nián de qìchē le.
　　그는 이미 차를 운전한 지 거의 십년이 되었다.

那个高个子的年轻人，大概有**二十来岁**了。
Nàge gāo gèzi de niánqīngrén, dàgài yǒu èrshí lái suì le.
　　저 키 큰 젊은이가 아마도 스물은 되었을 것이다.

他买了二**百来张纸**。
Tā mǎile èrbǎi lái zhāng zhǐ.
　　그는 2백 장 정도의 종이를 샀다.

今天参加大会的有**两千来人**。
Jīntiān cānjiā dàhuì de yǒu liǎngqiān lái rén.
　　오늘 대회에 약 2천여 명의 사람이 참가했다.

'来'는 도량형 양사 뒤에 쓰일 수 있으나, 이때 수사는 반드시 '十' 이하의 것이어야 하고, '来'의 뒤에는 또한 의미상 수량과 관계있는 형용사나 명사가 있어야 한다.

从火车站到我家有**三里来路**。
Cóng huǒchē zhàn dào wǒjiā yǒu sānlǐ láilù.
　　기차역에서 우리 집까지 약 3리 거리이다.

这只西瓜有**五斤来重**。
Zhè zhī xīguā yǒu wǔjīn lái zhòng.
　　이 수박은 다섯 근 정도의 무게가 나간다.

제2장 중국어의 품사

多

'多'는 개수를 나타내며 단독으로 사용할 수 없고 반드시 정수 뒤에 놓여 나머지를 나타낸다. '多'는 '十', '百', '万'등의 수사의 뒤에 놓인다.

今天我去买了**十多本**书。
Jīntiān wǒ qù mǎile shíduō běnshū.
　　오늘 나는 10권이 넘는 책을 사러 갔다.

这棵古树有**五百多年**的历史了。
Zhè kē gǔshù yǒu wǔbǎi duōnián de lìshǐ le.
　　이 오래된 나무는 약 500년이 넘는 역사를 가진다.

각 자리 수 뒤의 나머지를 대표할 때 '多'는 양사와 명사의 사이에 놓이거나 양사의 성격을 지니는 명사의 뒤에 놓인다.

我学了一**年多**的汉语了。
Wǒ xuéle yìnián duō de Hànyǔ le.
　　나는 중국어를 배운지 1년여 되었다.

我来首尔已经三**个多月**了。
Wǒ lái Shǒu'ěr yǐjīng sānge duō yuè le.
　　나는 서울에 온지 이미 3개월여 되었다.

晚上我听了一**个多小时**音乐。
Wǎnshang wǒ tīngle yíge duō xiǎoshí yīnyuè.
　　저녁에 나는 음악을 1시간가량 들었다.

几

'几'는 10 이하의 확실히 정해지지 않은 수를 나타낸다.

我很喜欢这**几片**电影。

Wǒ hěn xǐhuan zhè jǐpiàn diànyǐng.

　　나는 이 몇 편의 영화를 좋아한다.

我朋友在商店买了**几斤**水果。

Wǒ péngyou zài shāngdiàn mǎile jǐ jīn shuǐguǒ.

　　내 친구는 상점에서 과일 몇 근을 샀다.

'几' 또한 '十, 百, 千, 万, 亿'의 앞과 '十' 뒤에 쓸 수 있으며 '十' 이상의 개수를 나타낸다.

我们去中国照了**十几张**相。

Wǒmen qù Zhōngguó zhào le shí jǐ zhāng xiàng.

　　우리는 중국에 가서 10여장의 사진을 찍었다.

图书馆里有**几十个**座位。

Túshūguǎn li yǒu jǐ shí ge zuòwèi.

　　도서관에는 수십 개의 자리가 있다.

大厅坐得下**几百个**人呢。

Dàtīng zuòdexià jǐ bǎi ge rén ne.

　　홀에는 몇 백 명이나 앉을 수 있어요.

左右, 上下

수사의 뒤에 '左右'를 더해 그 수와 차이가 크지 않은 개수를 나타낸다.

那个城市的人口有**六百万左右**。

Nàge chéngshì de rénkǒu yǒu liùbǎiwàn zuǒyòu.

　　그 도시의 인구는 약 600만이다.

出口量今年比去年增加了**百分之二十左右**。

Chūkǒuliàng jīnnián bǐ qùnián zēngjiāle bǎifēn zhī èrshí zuǒyòu.

수출량이 올해는 작년보다 약 20% 증가했다.

만약 양사가 있다면 '左右'는 양사의 뒤에 놓인다.

> 这条大街长1000米左右。
> Zhè tiáo dàjiē cháng yìqiān mǐ zuǒyòu.
> 이 대로는 길이가 1km쯤 된다.

> 这些水果有二十斤左右。
> Zhèxiē shuǐguǒ yǒu èrshíjīn zuǒyòu.
> 이 과일들은 약 20근이다.

시간을 표시할 때 '左右'는 시간명사 뒤에 놓아야 한다.

> 我在中国学习汉语学了**两年左右**。
> Wǒ zài Zhōngguó xuéxí Hànyǔ xuéle liǎngnián zuǒyòu.
> 나는 중국에서 중국어를 2년 정도 배웠다.

> 他用了**两个月左右**的时间才把那片文章写完。
> Tā yòngle liǎngge yuè zuǒyòu de shíjiān cái bǎ nà piàn wénzhāng xiěwán.
> 그녀는 2개월 정도가 걸려 비로소 그 글을 다 썼다.

돈을 표현할 때 '左右'는 또한 명사 '钱' 뒤에 놓아야 하며, 이때 '钱'은 생략 가능하다.

> 那本辞典得**八十五块钱左右**。
> Nà běn cídiǎn děi bāshíwǔ kuài qián zuǒyòu.
> 그 사전은 85위안 정도는 할 것이다.

> 我只有**四十块(钱)左右**, 不够买衬衫的。
> Wǒ zhǐyǒu sìshí kuài qián zuǒyòu, búgòu mǎi chènshān de.
> 난 40위안밖에 없어 와이셔츠 사기에는 충분하지 않다.

'上下'는 수량사 뒤에서 개수를 나타내며 나이, 높이 및 중량 등에 많이 쓰인다.

这个人看上去不过才三十(岁)上下。
Zhège rén kànshàngqu búguò cái sānshí(suì) shàngxià.
　　　이 사람은 보아하니 겨우 30세 정도인 듯하다.

她的身高才一米上下。
Tāde shēngāo cái yìmǐ shàngxià.
　　　그녀의 키는 겨우 1m정도이다.

4) 서수의 표시법

서수(序数 xùshù)는 숫자의 순서를 표시한다. 중국어에서 기수사의 앞쪽에 접두어 '第'를 더하면 '第一, 第二'과 같이 서수가 된다. 서수는 명사와 함께 쓸 때 '第四个星期(제4주)'와 같이 양사도 함께 써야 한다.

서수는 경우에 따라 '第'를 사용치 않기도 한다. 예를 들어 '二楼 èrlóu'는 '第二层楼(2층)', '三班'은 '第三班(3반)'의 의미이다. 또한 가정 구성원의 항렬을 나타낼 때 서수는 맨 앞에는 '一'을 쓰지 않고, 형용사 '大'를 쓴다. 예를 들면 '大哥(큰형), 二哥(둘째형), 大姐(큰언니), 二姐(둘째언니)' 등이다.

5) 일부 수사의 용법

'二'와 '两'

중국어에서 '二 èr'와 '两 liǎng'은 모두 '2'라는 숫자를 표시한다. 양사 앞 (혹은 양사를 필요로 않는 명사 앞)에는 일반적으로 '两'을 쓰지 '二'을 쓰지 않는데 예컨대 '两张飞机票(두 장의 비행기 표)', '两件衬衫(두 벌의 셔츠)', '两支笔(두 자루의 연필)' 등이다.

단, 10이상의 숫자 가운데 '2', 예를 들면 12, 20, 22, 32, 42 등의 숫자에서 '2'는 뒤에

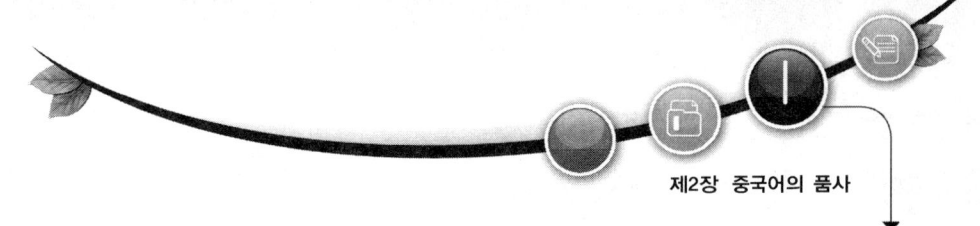

양사가 있든 없든 모두 '二'을 그대로 사용한다. 예를 들면 '十二个学生', '二十二个朋友' 등이다.

'半'은 특수한 수사이고, 그 수량은 이분의 일과 같으며, 단독으로 사용할 수 없다. '半'은 양사 앞에 주로 쓰인다.

> 我买了**半斤**糖。
> Wǒ mǎile bànjīn táng.
> 나는 설탕 반 근을 샀다.

> 她每天只喝**半瓶**牛奶。
> Tā měitiān zhǐ hē bànpíng niúnǎi.
> 그녀는 매일 반병의 우유만을 마신다.

때로는 정수와 양사 뒤편에 쓰이기도 한다.

> 他买了**一斤半**水果。
> Tā mǎile yìjīn bàn shuǐguǒ.
> 그는 한 근 반의 과일을 샀다.

> 代表团在中国访问了**一个半**月。
> Dàibiǎotuán zài Zhōngguó fǎngwèn le yíge bàn yuè.
> 대표단은 1달 반 동안 중국을 방문했다.

2 양사

양사(量词 liàngcí)는 사물 또는 동작의 단위를 표시하는 단어이다. 양사는 크게 명량사와 동량사 두 종류로 나뉜다.

1) 명량사

명량사는 사물의 수량을 표시하는 단어이다. 예를 들면 다음과 같다.

| 个 ge | 只 zhī | 条 tiáo | 张 zhāng |
| 件 jiàn | 本 běn | 米 mǐ | 斤 jīn |

수사와 양사는 다음과 같이 항상 함께 사용한다.

一个　　　　两张　　　　三件　　　　五斤

어떤 양사는 명사를 차용해서 차용양사라고 부른다.

一只杯(하나의 잔)　→　一杯水(한 잔의 물)
一张床(한 대의 침대)　→　一床被(한 채의 이불)
一辆车(한 대의 차)　→　一车货(차 한 대의 물건)

중국어의 대부분의 명사가 자기의 특정 양사를 가지고 있다. 예를 들면 '桌子 zhuōzi'의 양사는 '张 zhāng'이고, '笔 bǐ'의 양사는 '支 zhī'이고, '灯 dēng'의 양사는 '盏 zhǎn' 등이다. 응용범위가 가장 넓은 명량사는 '个 ge'이다.

2) 동량사

동량사는 동작의 수량을 표시하는 단어이다. 예를 들면 다음과 같다.

| 次 cì | 回 huí | 遍 biàn | 趟 tàng |
| 阵 zhèn | 场 cháng | 一下 yíxià | |

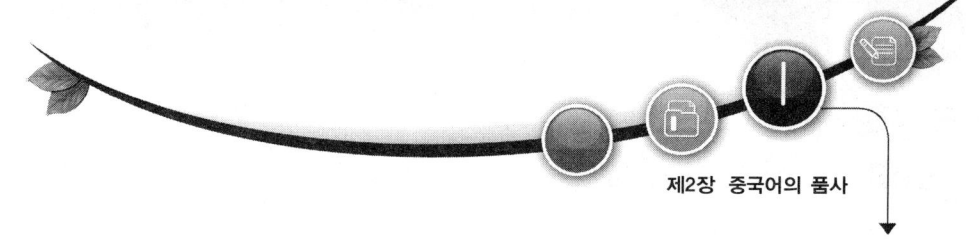

어떤 동량사는 명사를 차용한다.

　　踢一脚 (tī yì jiǎo 발로 한번 차다)
　　放一枪 (fàng yì qiāng 총으로 한번 쏘다.)
　　看一眼 (kàn yì yǎn 눈으로 한번 보다)
　　叫一声 (jiào yì shēng 소리쳐 한번 부르다.)

양사는 중첩할 수 있으며, '每měi'의 의미를 가진다.

　　我们班的同学人人都有《汉英词典》。
　　Wǒmen bān de tóngxué rénrén dōu yǒu 《HànYīng cídiǎn》.
　　　　우리 반의 급우 모두는 한영사전을 가지고 있다.

　　她天天都吃早饭。
　　Tā tiāntiān dōu chī zǎofàn.
　　　　그녀는 매일 아침밥을 먹는다.

　　看电影, 回回都少不了他。
　　Kàn diànyǐng, huíhuí dōu shǎobuliǎo tā.
　　　　영화를 볼 때마다 그를 빼놓을 수는 없다.

동량사 '下儿'은 다음의 두 종류의 의미를 포함한다.
① 구체적인 동작의 단위를 나타낸다.

　　锺敲了五下儿。
　　Zhōng qiāole wǔxiàr.
　　　　종이 다섯 번 쳤다.

　　他打了两下儿鼓。
　　Tā dǎle liǎngxiàr gǔ.

그는 두 번 북을 쳤다.

② '下儿' 앞쪽에 '一'을 사용하며 두 가지 역할을 한다. 즉 '一'을 강하게 읽을 때는 구체적인 동작의 단위를 나타낸다.

我打了一下儿，他打了两下儿。
Wǒ dǎle yíxiàr, tā dǎle liǎngxiàr.
　　내가 한번 치고, 그는 두 번 쳤다.

'一'을 가볍게 읽을 시에는 동작이 진행되는 짧은 시간을 나타낸다.

今天我得去看他一下儿。
Jīntiān wǒ děi qù kàn tā yíxiàr.
　　오늘 나는 그를 잠시 보러가야 한다.

请等一下儿，我马上就来。
Qǐng děng yíxiàr, wǒ mǎshang jiù lái.
　　잠깐 기다리세요, 곧 오겠습니다.

❸ 수량사

수사와 양사가 함께 쓰일 때 합쳐서 수량사(数量词)라 부른다. 수량사는 문장 중 관형어, 보어를 담당한다.

我送给新宇一件生日礼物。
Wǒ sònggěi Xīnyǔ yíjiàn shēngrì lǐwù.
　　나는 신위에게 생일 선물을 주었다.

这篇文章我看了三遍。
Zhè piān wénzhāng wǒ kànle sānbiàn.

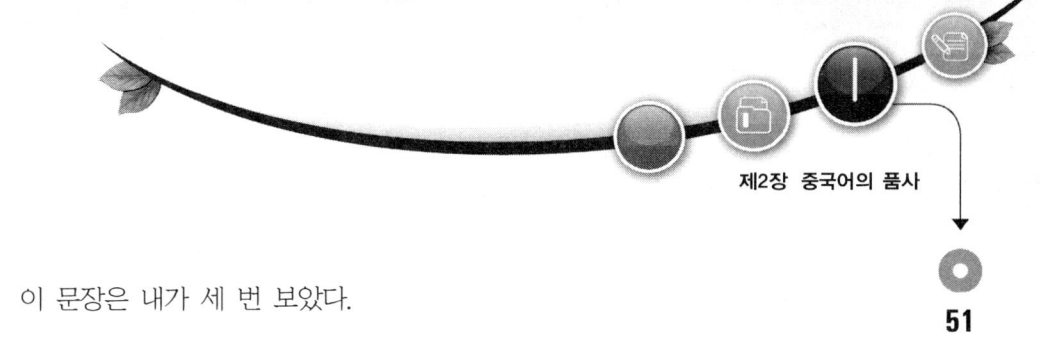

이 문장은 내가 세 번 보았다.

수량사는 중첩할 수 있고, 중첩 후에는 문장에서 부사로 쓰여 일상적으로 동작의 방식을 설명하는데 쓰인다.

他把学过的课文**一篇一篇**地复习了一遍。
Tā bǎ xuéguo de kèwén yìpiān yìpiān de fùxíle yíbiàn.
그는 배운 본문을 한편씩 1번 복습했다.

他们**两个两个**地练习对话。
Tāmen liǎngge liǎngge de liànxí duìhuà.
그들은 둘씩 대화 연습을 했다.

'些xiē'는 일정하지 않는 수량의 양사를 나타내며, 항상 '这'와 '那', '哪' 등과 함께 쓰여 명사를 수식한다.

这些书都是最近出版的。
Zhèxiē shū dōushì zuìjìn chūbǎn de.
이 책들은 모두 최근에 출판된 것이다.

我花园的**那些**花都开了。
Wǒ huāyuán de nàxiē huā dōu kāile.
내 화원의 꽃들이 모두 피었다.

哪些人昨天没有来?
Nǎxiē rén zuótiān méiyǒu lái.
어떤 사람들이 어제 못 왔나요?

'些'는 수사 '一'과 함께 사용할 수 있으며 다른 수사와는 사용할 수 없다. 회화에서 술어

동사 뒤에 '一'은 생략 가능하다.

我们为晚会准备了(一)些点心。
Wǒmen wèi wǎnhuì zhǔnbèi le (yì)xiē diǎnxin.
우리는 파티를 위해 약간의 간식을 준비했다.

我们给大家买了一些报。
Wǒmen gěi dàjiā mǎile yìxiē bào.
(우리는 모두를 위해 신문을 좀 샀다.)

一点儿

'一点儿(yìdiǎnr)'은 일정치 않은 소량을 나타내는 양사로, 범위가 '一些'보다는 작다. 문장 앞머리에 올 수 없으며, 문장 내에서 '一'은 생략 가능하다.

咖啡里请放(一)点儿糖。
Kāfēi li qǐng fàng (yì)diǎnr táng.
커피 안에 설탕을 좀 넣어 주세요.

桌子上一点儿灰都没有。
Zhuōzi shang yìdiǎnr huī dōu méiyǒu.
책상 위에는 먼지가 전혀 없다.

'一点儿'은 항상 명사를 수식하는데 사용되며, 대화의 상황이 분명할 때에는 '一点儿'이 수식하는 명사는 생략 가능하다.

A: 咖啡里要放糖吗?
　　Kāfēi li yào fàng táng ma?
　　커피 안에 설탕을 넣을까요?

B: 请放一点儿(糖)。
　　Qǐng fàng yìdiǎnr táng.

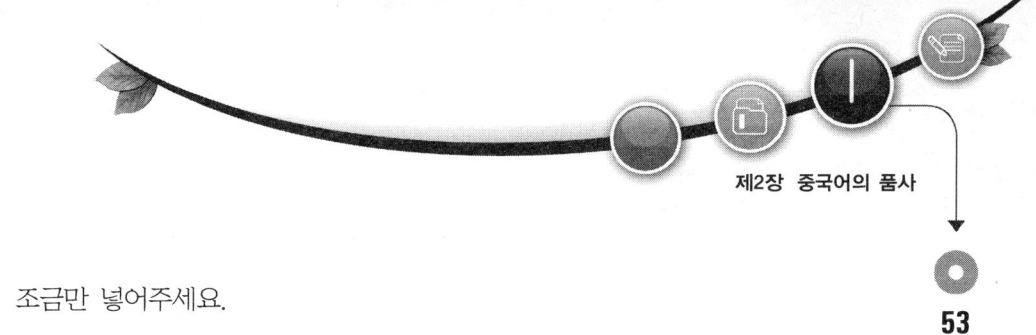

조금만 넣어주세요.

[양사표]

양사	용법	예
把 bǎ	손으로 쥘 수 있는 물건(자루, 한 움큼)	一把刀(칼) 一把伞(우산) 一把花生(땅콩)
杯 bēi	잔에 담아 셀 수 있는 물건(잔)	一杯茶(차) 一杯酒(술) 一杯牛奶(우유)
本 běn	서적류(권)	一本书(책) 一本杂志(잡지) 一本小说(소설)
遍 biàn	처음부터 끝까지 한차례(번)	看了一遍(보다) 说一遍(말하다)
次 cì	사물, 동작의 횟수(번, 차)	看过一次(보다) 第二次会议(회의)
封 fēng	편지류(통)	一封信(편지) 一封电报(전보)
个 ge	가장 보편적인 양사(개)	一个鸡蛋(계란) 一个故事(이야기) 一个人(사람)
家 jiā	가정이나 기업, 건물	一家餐厅(식당) 一家公司(회사) 一家银行(은행)
件 jiàn	옷, 사건(벌, 건)	一件衣服(옷) 一件事情(일)
节 jié	문장, 수업시간(절, 시간)	第一章第一节(절), 三节课(수업)
口 kǒu	가족, 돼지, 주둥이가 달린 물건 (명, 마리)	五口人(가족) 一口猪(돼지) 一口井(우물)
块 kuài	덩어리, 돈 단위(덩이, 원)	一块手表(시계) 一块面包(빵) 一块钱(돈)
门 mén	학과목, 혼사(과목)	一门功课(과목) 一门亲事(혼사)
双 shuāng	짝을 이룬 물건(쌍)	一双鞋(신발) 一双袜子(양말)
条 tiáo	길이가 긴 사물, 개, 물고기, 소식, 생명 등(개, 마리, 가지)	一条裤子(바지) 一条河(강) 一条鱼(물고기) 一条狗(개) 一条消息(소식) 一条命(생명)
张 zhāng	얇거나 평면의 물건(장)	一张报纸(신문) 一张桌子(책상)
支 zhī	가늘고 긴 물건, 악곡(자루, 곡)	一支铅笔(연필) 一支歌(노래)

[양사표]

양사	용법	예
辆 liàng	바퀴 달린 차량 류(대)	一辆汽车(자동차), 三辆自行车(자전거)。
位 wèi	공경의 뜻 포함 (분)	一位老人(노인), 两位朋友(친구), 三位客人(손님)
顿 dùn	식사, 질책, 권고 (끼니)	一顿酒(술), 两顿饭 (밥), 骂一顿(욕)
本 běn	서적류 (권)	一本杂志(잡지), 两本词典(사전), 三个本子(노트)
路 lù	열. 행. 부류, 노선(번)	32路电车(전차), 33路公共汽车(버스)
头 tóu	소, 돼지등의 가축 (두)	一头牛(소), 两头羊(양), 三头猪(돼지), 四头蒜(마늘)
种 zhǒng	종류. 부류. 가지(종, 가지)	一种商品(상품), 两种方法(방법), 三种食品(식품)。
套 tào	벌. 조. 세트. 질.	一套书(책), 两套教材(교재), 三套邮票(우표)
點 diǎn	조금, 약간, 얼마	喝(一)点水(물), 买(一)点东西(물건)
些 xiē	조금, 약간, 얼마	喝(一)些水(물), 买(一)些东西(물건)
回 huí	가지 종류, 차례(번)	去过一回(가다), 找了两回(찾다), 看了三回(보다)
一下 yíxià	짧은 동작(한번, 좀)	去一下(가다), 等一下 (기다리다)
间 jiān	방세는 단위(칸)	两间房子(방), 三间宿舍(기숙사)
趟 tàng	왕래한 횟수(차례, 번)	去过一趟(가다), 找了两趟(찾다)
台 tái	기계·차량·설비 등 (대)	一台电视(TV), 一台电脑(컴퓨터)

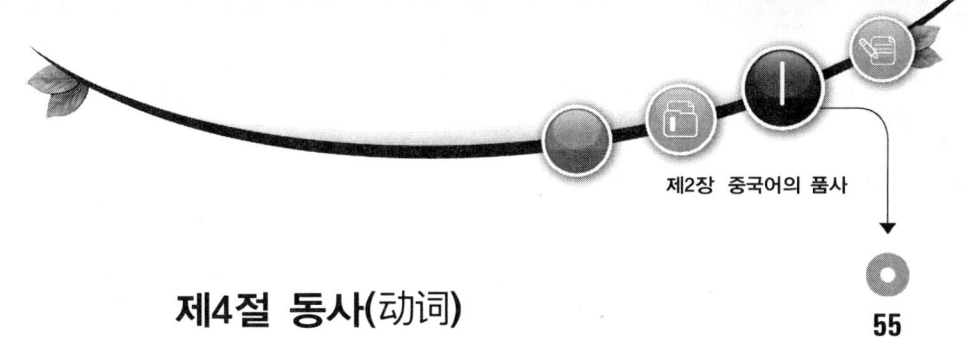

제4절 동사(动词)

　동사는 동작, 행위, 심리활동, 상태의 발전이나 변화, 판단, 소유, 존재 따위를 나타내는 단어를 총칭하여 이른다.

　중국어의 동사는 문장구성에 있어 중심적인 기능과 위치를 가진다. 부사어가 동사를 수식하는 관계는 물론이고, 보어는 동사를 보충하는 관계이고, 목적어는 동사의 지배대상이 된다. 즉 동사를 중심으로 하여 그 앞뒤로 수식성분, 보충성분, 목적어성분들이 각각 위치한다.

他	很快地	吃	完了	饭。
Tā	hěnkuài de	chī	wán le	fàn.
주어	부사어	술어(동사)	보어	목적어

1 동사의 분류

1) 의미에 따른 분류

① 동작을 나타내는 동사

走 zǒu　　　教 jiāo　　　叫 jiào　　　说 shuō
坐 zuò　　　学习 xuéxí　　看见 kànjiàn　帮助 bāngzhù

② 심리동사

爱 ài　　　　恨 hèn　　　想 xiǎng　　喜欢 xǐhuan
讨厌 tǎoyàn　希望 xīwàng

③ 판단·소유·존재 동사

    是 shì   有 yǒu   在 zài

④ 추향동사

    上 shàng   下 xià   进 jìn   出 chū   起 qǐ
    过 guò   回 huí   来 lái   去 qù

2) 통사적 특징에 따른 분류

'목적어를 가지는가의 여부'에 따라 크게 타동사(及物动词)와 자동사(不及物动词)로 나눌 수 있다.

① 타동사 : 목적어를 가질 수 있는 동사를 말하며 한 개의 목적어를 가지는 경우와 두 개의 목적어를 가지는 경우로 나뉜다.

    我学习汉语。
    Wǒ xuéxí Hànyǔ.
        나는 중국어를 공부한다.

    老师教我们汉语。
    Lǎoshī jiāo wǒmen Hànyǔ.
        선생님은 우리에게 중국어를 가르치신다.

첫 번째 예문은 '汉语'의 하나의 목적어를 가지는 경우이고 이것은 일반 타동사(吃, 看, 说, 听)의 특징이다. 두 번째 예문은 '我们'과 '汉语'의 두 가지의 목적어를 가지는 경우인데 이때 앞의 목적어는 '~에게'라는 주로 사람을 나타내고, 뒤의 목적어는 '~를'이라는 주로 사물을 각각 나타낸다. 이런 두 개의 목적어를 가진 동사로 '给', '问', '送', '还' 등이 있는데 그 수는 많지 않다.

② 자동사 : 직접적으로 목적어를 가지지 못하는 동사이다.

来 lái   走 zǒu   飞 fēi   笑 xiào   哭 kū
病 bìng   休息 xiūxi   工作 gōngzuò   留学 liúxué   毕业 bìyè

일부 동사는 타동사와 자동사 두 가지 성격을 가지고 있기도 하다.

我不去。Wǒ bú qù. (가다, 자동사)

用刀子去了皮。Yòng dāozi qù le pí. (제거하다, 타동사)

大家都笑了。Dàjiā dōu xiàole. (웃다, 자동사)

你笑什么? Nǐ xiào shénme. (비웃다, 타동사)

3) 동작의 지속성 유무에 따른 분류

(1) 지속동사 : 동작이나 행위가 지속될 수 있는 동사이다. 시작, 지속, 마감의 세 과정이 있으며 대부분의 동사가 이에 해당된다.

① 我们等了他们一个小时。
   Wǒmen děng le tāmen yíge xiǎoshí.
   우리는 그들을 한 시간 동안 기다렸다.

② 他们打网球打了一下午。
   Tāmen dǎ wǎngqiú dǎle yíxiàwǔ.
   그들은 오후 계속 테니스를 쳤다.

(2) 비지속동사 : 동작이나 행위가 지속될 수 없는 동사이다. 시작, 지속, 마감의 세 과정이 없이 동작의 시작과 끝이 중복되는 특성을 가진다. 이런 동사로 '死', '完', '来', '懂', '离开', '发明'등이 있는 데 이러한 동사가 시간보어도 가질 수 있지만 지속동사와 달리 동작의 지속한 양을 표시하는 것이 아니라 동작이 완료되고 난 후의 시간의 양을 표시한다.

他**来**了一个小时了。
Tā láile yíge xiǎoshí le.
　　그가 온지 한 시간이 되었다.

我**离开**故乡已二十年了。
Wǒ líkāi gùxiāng yǐ èrshínián le.
　　나는 고향을 떠난 지 이미 이십 년이 되었다.

2 동사의 기능과 특징

1) 동사의 기능

(1) 문장에서 주요한 술어를 담당한다.

　　大家努力**学习**。
　　Dàjiā nǔlì xuéxí.
　　　　모두들 열심히 공부한다.

　　王平**教**汉语。
　　Wáng Píng jiāo Hànyǔ.
　　　　왕핑은 중국어를 가르친다.

(2) 동사는 때로 관형어와 주어, 목적어로 사용된다. 소수의 동사는 부사어를 담당할 수도 있다.

　　① 今天**来**的同学很多。(관형어)
　　　　Jīntiān lái de tóngxué hěnduō.
　　　　　　오늘 온 급우들이 많다.

　　② **游泳**是一种很好的体育运动。(주어)
　　　　Yóuyǒng shì yìzhǒng hěnhǎo de tǐyù yùndòng.

수영은 좋은 체육 운동이다.

③ 这个问题我们还要进行**讨论**。(목적어)

　　Zhège wèntí wǒmen háiyào jìnxíng tǎolùn.

　　이 문제는 우리가 더 토론을 해야 한다.

④ 我们应该**批判地**继承一切文化遗产。(부사어)

　　Wǒmen yīnggāi pīpàn de jìchéng yíqiè wénhuà yíchǎn.

　　우리는 마땅히 비판적으로 모든 문화유산을 계승해야한다.

(3) 일부 동사는 결과보어, 방향보어와 가능보어가 될 수 있다.

我听**懂**了他的话。(결과 보어)
Wǒ tīngdǒng le tāde huà.
　　나는 그의 말을 알아들었다.

我的字典让我朋友借**去**了。(방향 보어)
Wǒde zìdiǎn ràng wǒ péngyou jiè qù le.
　　나의 자전은 내 친구가 빌려갔다.

我走**不动**了,坐车去吧。(가능 보어)
Wǒ zǒubudòng le, zuòchē qù ba.
　　나는 걸을 수 없으니 차를 타고 가자.

2) 동사의 어법 특징

(1) 부정형식은 동사 앞에 일반적으로 부정부사 '不', '没有'를 더한다.

　　不去 búqù　　　　不教 bùjiāo　　　　不学习 bùxuéxí　　不认识 búrènshi

　　没(有)走 méi(yǒu)zǒu　没(有)看 méi(yǒu)kàn　没(有) 写 méi(yǒu)xiě

　　没(有)写 méi(yǒu)xiě　没(有)讨论没 méi(yǒu)tǎolùn

'不'는 일반적으로 주어의 주관성이 개입된 현재 부정의 의미를, '没(有)'는 동작이나 행위의 완료에 대한 부정의 의미를 나타낸다.

① 我不看电视。
　　Wǒ bú kàn diànshì.
　　　TV를 보려고 하지 않는다.

② 我没看电视。
　　Wǒ méi kàn diànshì.
　　　TV를 보지 않았다

(2) 대부분 동사는 동태조사인 '了', '着', '过'가 뒤에 올 수 있다.

说了 shuōle　　　看了 kànle　　　念着 niànzhe　　　研究着 yánjiūzhe
去过 qùguo

중국어의 동사는 주어의 인칭이나 성별, 수, 시간 따위에 의한 형태변화가 없고 체계적으로 시제를 표시하는 시스템이 없다. 그렇지만 시제와 달리 체계적으로 동태를 표시하는 수단이 있다.

① 진행형　「~하고 있는 중」　正·正在·在+동사+呢
② 지속형　「~하고 있다」　　동사+着
③ 완료형　「~했다」　　　　 동사+了
④ 경험형　「~한 적이 있다」　동사+过
⑤ 개시형　「~하기 시작하다」 동사+起来
⑥ 계속태　「~하기를 계속하다」동사+下去
⑦ 임박태　「곧~하다」　　　 就要·快要·快+동사+了

이상에서 보듯 중국어는 동작의 동태표시가 풍부하고 체계적이지만, 이런 것들은 단지 동작의 상황(양상)을 나타난 것이고, 결코 시제를 나타낸 것이 아니다. 중국어에서의 과거·현재·미래라는 시간의 개념은 동사의 형태로 표현되는 것이 아닌 문맥을 통해 드러난다. ('제9절 3) 동태조사' 참조)

제2장 중국어의 품사

(3) 다수의 동사는 목적어를 취할 수 있다.

　　去学校 qù xuéxiào 학교에 가다.
　　教汉语 jiāo Hànyǔ 중국어를 배우다.
　　帮助同学 bāngzhù tóngxué 급우를 도와주다.
　　介绍情况 jièshào qíngkuàng 상황을 소개하다.

(4) 동사의 긍정부정의 병렬 형식으로 의문문을 만든다.

일반적으로 중국어 의문문은 문장 끝에 조사 '吗'를 더하거나 의문대사를 사용해 구성하는데, 동사 술어문에서 동사를 이용해 긍정과 부정을 병렬시켜 정반의문문을 구성할 수 있다.

　　你看不看电影?
　　Nǐ kànbukàn diànyǐng.
　　　　영화 보실래요?

　　你有没有钱?
　　Nǐ yǒumeiyǒu qián.
　　　　돈 있으세요?

(5) 동사는 뒤에 각종의 보어 성분이 올 수 있다.

　　洗乾净 xǐ gānjing　　　　(결과보어)
　　拿不动 nábudòng　　　　(가능보어)
　　站起来 zhàn qǐlái　　　　(방향보어)
　　说得很流利 shuōde hěn liúlì　(정도보어)

(6) 동사의 앞에 수식성분(부사어)이 올 수 있다.

　　快跑 kuàipǎo　　马上去 mǎshangqù　　都有 dōuyǒu　　要买 yàomǎi
　　明天见面 míngtiān jiànmiàn

(7) 동사는 중첩(重叠)할 수 있다.

동작을 나타내는 동사는 중첩이 가능하며 중첩형식은 단음절일 경우에는 'AA'로 쓰이며 그 사이에 '一', '了', '了一'등을 첨가시킬 수 있다. 이음절일 경우는 일반적으로 'ABAB'로 쓰고, 동목구조의 이음절이면 'AAB'의 형식으로 쓴다. 동사중첩의 어법 의미는 동작이 경과(진행)된 시간이 짧았음을 나타내며, 말투(어기)를 완화시키거나, '시험 삼아 좀 해 보다'라는 뜻으로 쓰인다. 간청이나 혹은 의논할 때 쓰이며 보통 동작이 아직 일어나지 않았음을 나타낸다. 만약 'A了A' 혹은 'A了一A'의 형식을 취하면 완료태를 나타낸 것이다.

① 你再**想想**这个问题吧。
　　Nǐ zài xiǎngxiang zhège wèntí ba.
　　너 이 문제에 대해 다시 생각해봐.

② 他病了, 我们去**看看**他吧。
　　Tā bìngle, wǒmen qù kànkan tā ba.
　　그가 병이 났어, 우리 그를 좀 보러 가자.

③ 请你**介绍介绍**学校的情况。
　　Qǐng nǐ jièshaojièshao xuéxiào de qíngkuàng.
　　학교 상황에 대해 소개 좀 해 주세요.

④ 我们到公园去**散散步**好吗?
　　Wǒmen dào gōngyuán qù sànsànbù hǎo ma?
　　우리 공원으로 산책하러 가는 게 어때?

⑤ 妈妈**看了看**我的手后, 给我的手上了药。
　　Māma kànlekàn wǒde shǒu hòu, gěi wǒde shǒu shàng le yào.
　　엄마는 내 손을 살펴보고 약을 발라 주셨다.

그러나 동작을 표현할 수 없는 동사, 예를 들어 '有', '在', '是', '像' 등은 중첩이 불가능하다. 중첩된 동사는 일반적으로 관형어 혹은 부사어로 사용할 수 없다.

3 특수동사의 용법

在

'在'는 부사와 개사 이외에 또 동사로 사용 가능하다. '在'가 동사로 사용될 시에는 소재(장소)를 나타낸다. 설명하는 사람 혹은 사물의 지점 혹은 위치를 나타낸다. 뒤쪽엔 항상 장소의 목적어를 지닌다. 부정형식은 '不在'이다.

新宇在图书馆看书。　　　　　(개사용법)
Xīnyǔ zài túshūguǎn kàn shū.
　　　신위는 도서관에서 공부한다.

王老师在学校, 不在家.　　　　(동사용법)
Wáng lǎoshī zài xuéxiào, bú zài jiā.
　　　왕 선생님은 학교에 계시고 집에 안 계세요.

妈妈在看杂志, 爸爸在看电视。　(부사용법)
Māma zài kàn zázhì, bàba zài kàn diànshì.
　　　어머니는 잡지를, 아버지는 TV를 보고 계세요.

是

동사 '是'의 역할은 앞쪽의 사람, 사물에 대해 판단 혹은 설명으로서 보태는 것이다. 부정형식은 '是' 앞에 부정부사 '不'를 사용한다.

玛丽是澳大利亚人。
Mǎlì shì Àodàlìyà rén.
　　　마리는 오스트레일리아 사람이다.

马克不是工程师。
Mǎkè búshì gōngchéngshī.

마크는 엔지니어가 아니다.

또한 '有'와 같이 존재문의 용법도 있다.

左边是食堂, 右边是图书馆。
Zuǒbiān shì shítáng, yòubiān shì túshūguǎn.
왼쪽은 식당이고, 오른쪽은 도서관이다.

동사 '有'는 주로 동사술어 문에서 항상 소유 혹은 존재를 나타내며 항상 목적어를 지닌다. '有'가 존재를 나타낼 때 문장의 주어는 항상 시간 혹은 장소 혹은 방위를 나타낸다. 그것의 부정형식은 '有' 앞에 부사 '没'를 보태는 것이다.('不'는 안 된다.) 정반 의문문은 '~有没有'가 된다.

我有英文小说, 没有中文小说。　　　　　　　　　　　(소유)
Wǒ yǒu Yīngwén xiǎoshuō, méiyǒu Zhōngwén xiǎoshuō.
　　나에게는 영문소설이 있고, 중문소설은 없다.

学校里有图书馆、礼堂、食堂、还有银行、商店。　　(존재)
Xuéxiàoli yǒu túshūguǎn、lǐtáng、shítáng、háiyǒu yínháng、shāngdiàn.
　　학교 안에는 도서관, 예배당, 식당, 그리고 은행과 상점이 있다.

今天晚上有中国电影, 没有美国电影。　　　　　　　　(존재)
Jīntiān wǎnshang yǒu Zhōngguó diànyǐng, méiyǒu Měiguó diànyǐng.
　　오늘 저녁에는 중국 영화가 있고, 미국 영화는 없다.

你家有没有汽车?
Nǐ jiā yǒuméiyǒu qìchē.
　　너의 집에 자동차가 있니?

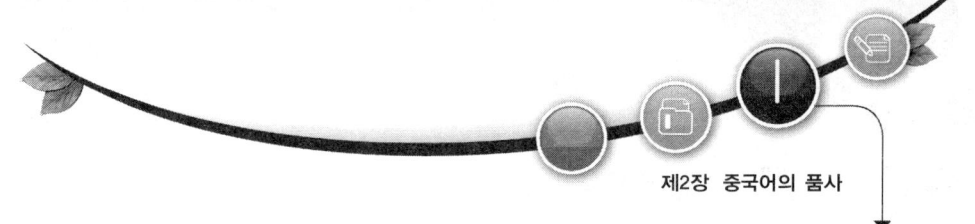

제2장 중국어의 품사

동사 '有'는 때로는 수량사 앞에서 그 수량에 도달했음을 표현한다.

长城的历史有两千多年了。
Chángchéngde lìshǐ yǒu liǎngqiān duōnián le.
　　장성은 약 2천여 년의 역사를 가지고 있다.

我们学过的汉语生词有几百个了。
Wǒmen xuéguòde Hànyǔ shēngcí yǒu jǐ bǎige le.
　　우리가 배운 중국어 단어는 몇 백 개나 된다.

马克有两米多高。
Mǎkè yǒu liǎngmǐ duō gāo.
　　마크는 키가 2미터 이상이다.

동사 '有'는 겸어문을 구성하기 가능하며, 위치는 일반적으로 겸어 앞쪽에 놓인다. '有'로 구성된 많은 겸어문은 주어가 없다.

我有个朋友叫新宇。
Wǒ yǒu ge péngyou jiào Xīnyǔ.
　　내게는 신위라고 하는 친구가 있다.

星期天有很多人去海边游泳。
Xīngqītiān yǒu hěnduō rén qù hǎibiān yóuyǒng.
　　일요일에는 많은 사람들이 해변으로 수영하러 간다.

昨天有个同学来看你。
Zuótian yǒu ge tóngxué lái kàn nǐ.
　　어제 한 친구가 너를 보러 왔다.

동사 '有'는 불확실(추측)한 수를 나타낼 수 있다.

这棵树有楼房那么高。
Zhè kē shù yǒu lóufáng nàme gāo.

이 나무는 이층집만큼이나 키가 크다.

我看他今年有三十五、六岁了。
Wǒ kàn tā jīnnián yǒu sānshíwǔ、 liùsuì le.
　　내가 보기에 그는 35·6세 정도인 것 같다.

동사 '有'는 열거를 나타낼 수 있다.

图书馆的书很多，有中文的、有英文的、还有日文的、法文的。
Túshūguǎn de shū hěnduō, yǒu Zhōngwénde, yǒu Yīngwénde, háiyǒu Rìwénde、Fǎwénde.
　　도서관에 많은 책이 있는데, 중국어, 영어, 또 일본어, 불어책이다.

代表团成员中有教授，有工程师，有医生。
Dàibiǎotuán chéngyuán zhōng yǒu jiàoshòu, yǒu gōngchéngshī, yǒu yīshēng.
　　대표단의 구성원 가운데에는 교수, 엔지니어, 의사가 있다.

4 조동사

조동사(能愿动词)는 동사 앞에서 바램, 당위, 필요 혹은 가능의 의미를 더하여 주는 기능을 나타낸다. 부정문은 일부 특별한 상황을 제외하고선 '不'를 사용한다. 의미의 특성에 따라 다음과 같이 몇 가지로 분류할 수 있다:

① 能, 可以, 会　　→ 능력이나 기능: ~할 수 있다.
　　　　　　　　　　 허가: ~해도 좋다.(能, 可以)
② 能, 会, 可能　　→ 가능성: ~할 것이다.
③ 应该(应当), 该, 要　→ 당위성: 마땅히~해야만 한다.
④ 必须, 得　　　　→ 필요성: ~해야 한다.
⑤ 想, 要, 肯, 敢　→ 주관적인 희망, 의욕: ~하고 싶다.(想,要)
　　　　　　　　　　 자진해서~하다, 하기를 승낙하다.(肯)

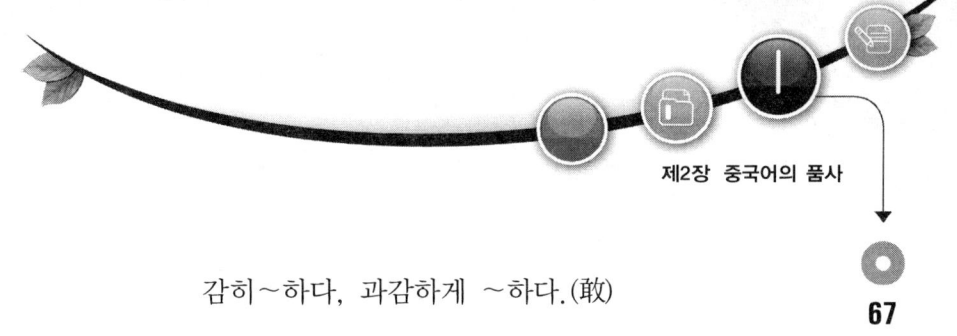

제2장 중국어의 품사

감히~하다, 과감하게 ~하다.(敢)

1) 용법

① 능력·허가

我**能**(可以)爬很高的山。
Wǒ néng (kěyǐ) pá hěn gāode shān.
　　나는 높은 산에 올라갈 수 있다.

这儿**可以**(能)抽烟吗?
Zhèr kěyǐ (néng) chōuyān ma?
　　여기서 담배를 피워도 됩니까?

他英语和汉语都**会**说。
Tā Yīngyǔ hé Hànyǔ dōu huì shuō.
　　그는 영어, 중국어를 모두 할 줄 알아요.

② 가능성

时间还早，中午以前**能**赶到。
Shíjiān hái zǎo, zhōngwǔ yǐqián néng gǎndào.
　　시간이 아직 이르니까, 오전에 도착할 거야.

明天他**会**来。
Míngtiān tā huìlái.
　　내일은 그가 올 것이다.

他很忙，**可能**来不了了。
Tā hěn máng, kěnéng láibuliǎo le
　　그가 너무 바빠서 아마 오기 힘들 거야.

③ 당위성

你**该**让位给老婆婆。

Nǐ gāiràngwèi gěi lǎo pópó.
　　너는 할머니에게 당연히 자리를 양보해야 한다.

你不应该这样做。
Nǐ bù yīnggāi zhèyang zuò.
　　너는 그렇게 하면 안 돼.

你要把握住这次机会才好。
Nǐ yào bǎwòzhù zhècì jīhuì cái hǎo.
　　너는 이번 기회를 잘 잡아야만 한다.

④ 필요성

你必须去医院检查。
Nǐ bìxū qù yīyuàn jiǎnchá.
　　너는 반드시 병원에 가서 검사를 받아야 해.

这次你得小心点儿, 不要再出错了。
Zhècì nǐ děi xiǎoxīn diǎnr, búyào zài chūcuò le.
　　이번에 꼭 조심해야 돼, 다시 실수하면 안 돼.

我要提早出发, 不然会迟到的。
Wǒ yào tízǎo chūfā, bùrán huì chídào de.
　　나는 좀 일찍 출발할게, 아니면 지각할거야.

⑤ 희망·의욕

我想和他结婚。
Wǒ xiǎng hé tā jiéhūn.
　　나는 그와 결혼하고 싶어.

我要研究法国文学。
Wǒ yào yánjiū Fǎguó wénxué
　　나는 프랑스문학을 연구하고 싶어.

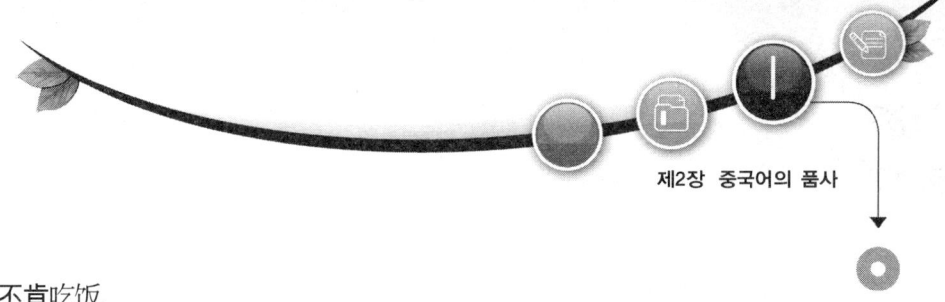

제2장 중국어의 품사

他生气了, 不肯吃饭。
Tā shēngqì le, bùkěn chīfàn.
그는 화가 나서 밥을 먹으려고 하지 않아.

你敢爬这么危险的山吗?
Nǐ gǎn pá zhème wēixiǎnde shān ma?
이렇게 위험한 산에 올라가려고요?

2) 일반 동사와의 차이점

문장 끝에 '吗'를 사용해 의문문을 만드는 경우 외에, 정반의문문을 만들 때는 통상적으로 동사가 아닌 조동사의 긍정과 부정형식을 병렬해 사용한다.

你会不会画画儿?
Nǐ huìbuhuì huà huàr?
당신 그림 잘 그려요?

你能不能来我这儿一趟?
Nǐ néngbunéng lái wǒ zhèr yítàng?
당신이 제 쪽으로 한번 올 수 있어요?

조동사는 일반 동사와 달리 중첩이 불가능하며 뒤에 동태조사 '了', '着', '过'등이 올 수 없다.

3) 자주 사용되는 조동사

'要'는 동사이면서 조동사이다. 동사 앞에서는 조동사로 사용되어 바램, 의지, 필요(당위), 가능 등을 나타내며 뒤쪽에 있는 동사 함께 술어 역할을 한다. 부정문은 '要' 앞쪽에서 '不'를 더하면 된다.

我要去泰国旅行。
Wǒ yào qù Tàiguó lǚxíng.
　　나는 태국 여행을 가야겠다.

我要休息一会儿。
Wǒ yào xiūxi yíhuìr.
　　나는 잠시 쉬어야겠다.

这个好是好，但是我不要。
Zhè ge hǎo shì hǎo, dàn shì wǒ bú yào.
　　이것은 좋기는 좋지만, 나는 필요없다.

그러나 부정의 표현은 의미에 따라 달리 표현한다.

① 바램, 의지를 표현할 때 '要'의 부정문은 일반적으로 '不想'이나 '不打算' 등을 사용한다.

我要买一件新衣服。 → 我不想买新衣服。
Wǒ yào mǎi yíjiàn xīn yīfu. → Wǒ bùxiǎng mǎi xīn yīfu.
　　나는 새 옷 한 벌을 사려고 한다. → 사고 싶지 않다.

明年我要去中国留学。 → 明年我不打算(不想)去中国留学。
Míngnián wǒ yào qù Zhōngguó liúxué. → Míngnián wǒ bù dǎsuan(bùxiǎng) qù Zhōngguó liúxué.
　　내년에 나는 중국유학을 가겠다. → 갈 생각이 없다.

② 가능을 표현할 때 '要'의 부정문은 일반적으로 '不会'를 사용한다.

A: 明天要下雨吗?
　　Míngtiān yào xiàyǔ ma?
　　　　내일 비가 올까요?

B: 明天不会下雨。
　　Míngtiān búhuì xiàyǔ.

내일 비가 안 올 겁니다.

③ 사실상의 필요를 나타낼 때 '要'의 부정형식은 '不用' '不必'이다.

 A: 这个句子要翻译成汉语吗?
  Zhège jùzi yào fānyìchéng Hànyǔ ma?
  이 문장을 중국어로 번역해야 합니까?

 B: **不必**。
  Búbì.
  필요 없습니다.

 A: 这个问题**要**回答吗?
  Zhège wèntí yào huídá ma?
  이 문제에 대답해야 합니까?

 B: 这个问题**不用**回答。
  Zhège wèntí búyòng huídá.
  대답할 필요 없습니다.

'想'은 동사이며 조동사이다. 다른 동사 앞에 쓰이면 술어로 되며 희망이나 혹은 어떠한 종류의 활동 진행 계획을 나타낸다. 의미는 '要'와 유사하다. 부정문은 '想' 앞에 '不'를 더하는 것이다.

 我**想**听一会儿音乐。
 Wǒ xiǎng tīng yíhuìr yīnyuè.
  나는 음악을 좀 듣고 싶다.

 星期日他**想**进城买东西。
 Xīngqīrì tā xiǎng jìnchéng mǎi dōngxi.

일요일에 그는 시내로 가 물건을 살 생각이다.

她说她不想结婚。

Tā shuō tā bùxiǎng jiéhūn.

그녀는 결혼하고 싶지 않다고 말했다.

会

'会'는 동사이며 조동사이다. 조동사 '会'는 어떠한 종류의 기능을 학습을 통해 익힌 것을 나타낸다. 부정문은 '会' 앞에 '不'를 더하는 것이다.

他会唱中国民歌。

Tā huì chàng Zhōngguó míngē.

그는 중국 민요를 부를 줄 안다.

你会不会游泳? - 我不会游泳。

Nǐ huìbuhuì yóuyǒng? - Wǒ búhuì yóuyǒng.

너 수영 할 수 있니? - 난 수영 못해.

'会'는 또 어떠한 활동의 진행 능력을 나타내며, 혹은 현재 능력이 있어서 어떠한 활동을 진행할 수 있음을 표시한다. 부정형식은 '会' 앞쪽에 '不'를 더한다.

丽莎会写很多汉字了。

Lìshā huì xiě hěnduō Hànzì le.

리사는 많은 한자를 쓸 수 있게 되었다.

下雨了, 他会来吗?

Xià yǔle, tā huìlái ma?

비가 온다. 그가 올까?

这么晚了, 他不会来了。

Zhème wǎn le, tā búhuì lái le.

이렇게 늦었는데, 그가 올 리 없어.

能·可以

조동사 '能'과 '可以' 모두 어떠한 일을 할 수 있는 능력을 나타낸다.

彼得**能**写很多汉字。
Bǐdé néng xiě hěnduō Hànzì.
피터는 많은 한자를 쓸 수 있다.

我**可以**翻译这篇文章。
Wǒ kěyǐ fānyì zhè piān wénzhāng.
나는 이 문장을 번역할 수 있다.

'能'과 '可以'는 또한 객관적인 조건에서 승낙 혹은 금지를 나타낸다. 금지를 나타낼 때에는 '不可以'를 사용한다. 이외에 '能'과 '可以'의 부정형식은 일반적으로 '不能'이라고 한다.

你们今年**能不能**学完这本书? － 能。／ 不能。
Nǐmen jīnnián néngbunéng xuéwán zhèběnshū? － Néng. ／ Bù néng.
우리는 올해 이 책을 다 배울 수 있을까요? － 네. ／ 아니오.

可以进来吗? － 可以进来。／ 不能进来。
Kěyǐ jìnlái ma? － Kěyǐ jìnlái. ／ Bù néng jìnlái.
들어가도 될까요? － 네. ／ 아니오.

图书馆里**不可以**吸烟。
Túshūguǎn li bùkěyǐ xīyān.
도서관 안에서는 금연입니다.

应该·得

'应该'는 도리 상의 필요성, '得'은 의무로서 해야 할 필요성을 나타낸다. 부정형식은 '应该'는 '不应该'로 '得'은 '要'와 같이 '不用' '不必'로 표현한다.

你应该孝顺父母。

Nǐ yīnggāi xiàoshùn fùmǔ.

너는 마땅히 부모님께 효도해야 한다.

你**不应该**做对不起父母的事。

Nǐ bù yīnggāi zuò duìbuqǐ fùmǔde shì.

너는 부모님께 미안한 일을 해서는 안 된다.

A: 今天**得**上班吗?

Jīntiānde shàngbān ma?

오늘 출근해야 합니까?

B: **不用**。

Búyòng.

그럴 필요 없어요.

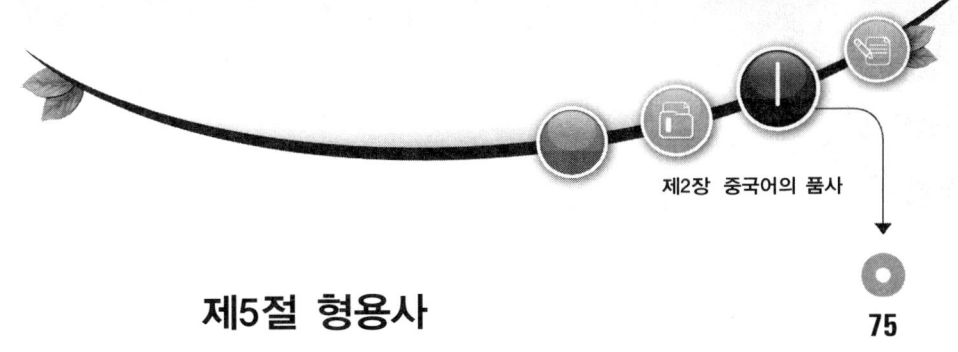

제5절 형용사

형용사(形容词)는 사람 혹은 사물의 형상, 성질 혹은 동작, 행위, 변화된 상태를 나타낸다.

大 dà   红 hóng   快 kuài   漂亮 piàoliang   高兴 gāoxìng

清楚 qīngchu   雪白 xuěbái   漆黑 qīhēi   干净 gānjìng

대다수의 형용사는 '很红', '非常干净'처럼 정도부사의 수식을 받을 수 있다. '红了', '好了', '干净了'와 같이 대다수의 형용사 뒤쪽에 '了'를 더할 수 있다. 또한 '雪白'이나 '漆黑'처럼 비유해 설명하는 형용사도 있다. 형용사는 또한 중첩이 가능하다.

1 기능

형용사는 문장 안에서 주로 관형어, 술어, 부사어와 보어 역할을 한다

① 我有一辆新汽车。   (관형어)

     Wǒ yǒu yíliàng xīn qìchē.

     나는 새 자동차 한 대를 가지고 있다.

② 他有一件漂亮的衬衫。   (관형어)

     Tā yǒu yíjiàn piàoliangde chènshān.

     그는 멋진 셔츠를 한 벌 가지고 있다.

>> 2음절형용사가 관형이로 쓰이면 일반적으로 的를 더한다.

③ 她今天很高兴。   (술어)

     Tā jīntiān hěn gāoxìng.

     그녀는 오늘 매우 기쁘다.

④ 小李经常早来晚走。   (부사어)

     XiǎoLǐ jīngcháng zǎo lái wǎn zǒu.

샤오리는 항상 일찍 왔다 늦게 간다.

⑤ 你的话我听**明白**了。　　　　(보어)

　　Nǐde huà wǒ tīng míngbai le.

　　너의 말을 난 분명히 알아들었다.

2 형용사의 중첩

　중국어의 형용사의 일부는 중첩을 사용할 수 있다. 형용사를 중첩한 뒤에는 원래보다 어기가 강해지며, 의미가 보다 선명해진다. 때문에 앞쪽에 일반적으로 정도부사 '很', '非常'의 수식을 다시 받지 않는다.

　중첩의 형식은 단음절의 형용사 중첩 형식일 경우 'AA'이며 쌍음절의 형용사 중첩일 경우는 'AABB' 형식이다.

　　这孩子有一对**大大的**眼睛，**高高的**鼻子。

　　Zhè háizi yǒu yíduì dàdàde yǎnjing, gāogāode bízi.

　　　　이 아이는 한 쌍의 큰 눈과 높은 코를 가지고 있다.

　　你身体不好，要**好好**休息。

　　Nǐ shēntǐ bùhǎo, yào hǎohǎo xiūxi.

　　　　너는 몸이 안 좋으니 잘 쉬어야 한다.

　　高高兴兴上办去，**平平安安**回家来。

　　Gāogāoxìngxìng shàngbàn qù, píngpíng'ān'ān huíjiā lái.

　　　　아주 기쁘게 출근하고 무사하게 귀가하자.

제6절 부사(副词)

부사는 동작이나 행위, 발전 변화한 시간, 범위 혹은 성질, 상태를 나타내는 단어이다.

不 bù	都 dōu	很 hěn	正在 zhèngzài
已经 yǐjīng	立刻 lìkè	再 zài	又 yòu
就 jiù	一起 yìqǐ	非常 fēicháng	刚才 gāngcái

부사는 동사와 형용사를 수식할 수 있으나 명사를 수식할 수는 없다.

> 예 不去, 正在看电影, 已经开始, 不好, 很努力, 非常幸福 (○)
>   不老师, 很学生 (×)

대부분 부사는 질문에 단독으로 대답할 수 없다.

A: 昨天的演出好吗?
　　Zuótiānde yǎnchū hǎo ma?
　　　어제 공연 좋았어요?

B: 好。
　　Hǎo.
　　　좋았어요.

A: 昨天的演出很好吗?
　　Zuótiānde yǎnchū hěnhǎo ma?
　　　어제 공연 아주 좋았나요?

B: '很好' / '好'
　　Hěnhǎo. / Hǎo.
　　　아주 좋았어요. 또는 좋았어요.
　　　▶▶ 이때 '很'만 사용하면 안 된다.

소수의 부사, 예를 들어 '一定', '也许' 등은 질문에 따라 단독으로 대답할 수 있다.

 기능

부사는 어법적으로 주로 부사어 역할을 한다.

>他已经回国了。
>Tā yǐjīng huíguóle.
>> 그는 이미 귀국했어요.

>他非常忙。
>Tā fēicháng máng.
>> 그는 아주 바빠요.

일부 부사는 문장 안에서 두 개의 동사 혹은 형용사를 연결하는 역할을 하며, 두 개의 단어 혹은 복문가운데 단문(分句)도 연결한다.

>说干就干。
>Shuō gàn jiù gàn.
>> 한다고 말했으면 한다.

>如果下雨就不去。
>Rúguǒ xiàyǔ jiù búqù.
>> 만약에 비가 오면 안 간다.

>再大的困难也不怕。
>Zài dàde kùnnan yě búpà.
>> 더 큰 어려움도 두렵지 않다.

>刚来中国时，我连一个汉字也不认识。
>Gāng lái Zhōngguó shí, wǒ lián yíge Hànzì yě bú rènshi.

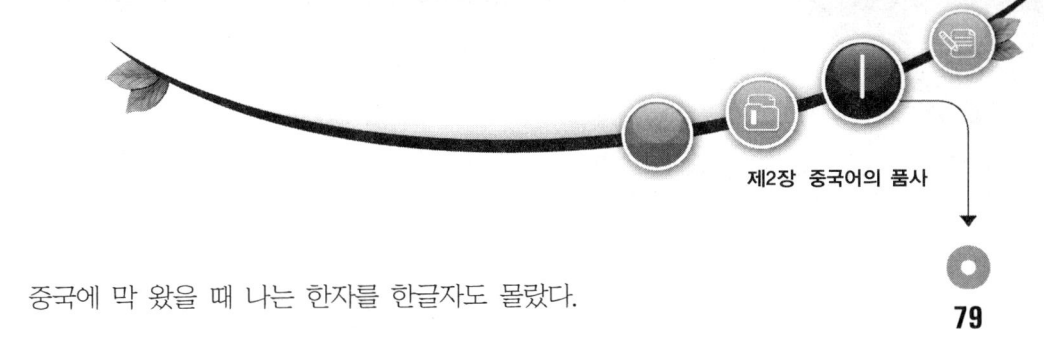

중국에 막 왔을 때 나는 한자를 한글자도 몰랐다.

2 상용부사의 용법

'都'는 총괄을 나타내는 부사로 포함되는 대상이 모두 가리키는 범위 안에 있으며 예외가 없다. 때문에 '都'는 포함하는 대상, 즉, 주어는 마땅히 다수여야만 하며, '都' 앞쪽에 두어야 한다.

我们**都**是学生。
Wǒmen dōushì xuésheng.
우리는 모두 학생이다.

咱们**都**学习汉语。
Zánmen dōu xuéxí Hànyǔ.
우리는 모두 중국어를 공부한다.

'都'는 때로 어기조사 '了'와 함께 호응해 어기를 강화하는 역할을 하며 '已经'이라는 의미를 가진다.

时间过得真快，**都**十二月了。
Shíjiān guòde zhēn kuài, dōu shí'èr yuè le.
시간이 정말 빨리 가네, 벌써 12월이야.

你**都**十八了，还不知道用功。
Nǐ dōu shíbā le, hái bùzhīdào yònggōng.
네가 벌써 18살인데, 아직 열심히 공부할 줄 모르다니.

也

두 개의 같은 상황이 병렬됨을 나타낸다. 부사 '也'는 동사 혹은 형용사를 수식하며 부사어 역할을 하고 병렬된 두 개의 상황이 같음을 설명한다. 그것은 단독으로 때로는 연결하여 사용한다.

我去图书馆, 他**也**去图书馆。
Wǒ qù túshūguǎn, tā yě qù túshūguǎn.
　　나는 도서관에 가고, 그도 도서관에 간다.

我借中文小说, **也**借英文小说。
Wǒ jiè Zhōngwén xiǎoshuō, yě jiè Yīngwén xiǎoshuō.
　　나는 중국어 소설을 빌리고, 영어 소설도 빌린다.

'都'와 '也'가 나란히 사용될 때, 일반적으로 '也'는 앞에서, '都'는 뒤쪽에 쓴다.

他们去公园玩儿, 我们**也都**去公园玩儿。
Tāmen qù gōngyuán wánr, wǒmen yě dōu qù gōngyuán wánr.
　　그들은 공원에 놀러가고, 우리도 모두 공원에 놀러간다.

不

동작의 행위 혹은 성질, 상태의 부정을 나타낸다.

志文**不**去学校。
Zhìwén búqù xuéxiào.
　　즈원은 학교에 가지 않는다.

我忙, 他**不**忙。
Wǒ máng, tā bùmáng.
　　나는 바쁘고, 그는 바쁘지 않다.

没, 没有

동작 혹은 상태의 발생 혹은 출현을 부정한다.

昨天我**没**去医院。
Zuótiān wǒ méi qù yīyuàn.
　　어제 나는 병원에 가지 않았다.

老师今天**没有**来上课。
Lǎoshī jīntiān méiyǒu lái shàngkè.
　　선생님은 오늘 수업하러 오지 않으셨다.

还

동작의 중복과 상황이 계속 변화하지 않거나, 혹은 사항이 확대되거나 정도가 강화되었음을 나타낸다.

我明天**还**要去银行。
Wǒ míngtiān háiyào qù yínháng.
　　나는 내일 또 은행에 가야 한다.

已经三月了，天气**还**冷呢！
Yǐjīng sānyuè le, tiānqì hái lěng ne!
　　벌써 3월인데, 날씨가 아직 춥네.

明天的风力**还**要增大。
Míngtiānde fēnglì háiyào zēngdà.
　　내일 바람은 더욱 세게 불거야.

就

동작이 이미(벌써) 발생되었거나 혹은 곧 발생될 것임을 나타낸다.

这本小说，我昨天就看完了。
Zhèběn xiǎoshuō, wǒ zuótiān jiù kàn wán le.
　　이 소설을 나는 어제 다 봤다.

北京饭店就到了。
Běijīng fàndiàn jiù dàole.
　　베이징 호텔에 곧 도착한다.

'就'는 때로 '一'과 '刚' 혹은 '还' 등의 단어와 함께 사용되기도 한다.

他一毕业就回国了。
Tā yí bìyè jiù huíguó le.
　　그는 졸업하자마자 귀국했다.

他还没吃完饭，就去学校了。
Tā hái méi chī wán fàn, jiù qù xuéxiào le.
　　그는 밥을 다 먹지 못하고, 학교로 갔다.

才

동작 혹은 상황이 오래되지 않고 방금 막 발생되었음을 나타낸다.

电影才开始。
Diànyǐng cái kāishǐ.
　　영화가 막 시작했다.

小明才回家。
XiǎoMíng cái huíjiā.

小明이 방금 집에 갔다.

'才'는 (상황)일이 매우 늦게 발생되었거나 늦게 끝났음을 나타낸다.

冬天七点钟天**才**亮。
Dōngtiān qīdiǎn zhōng tiān cái liàng.
겨울에는 7시가 되어야 날이 밝는다.

我今年不去北京，明年**才**去。
Wǒ jīnnián búqù Běijīng, míngnián cái qù.
나는 올해 베이징에 안 가고, 내년에야 간다.

같은 동작 혹은 상황이 중복 발생하거나, 같지 않은 동작이나 사건이 번갈아 가며 발생하는 것을 나타낸다.

彼得先生今年又来中国了。
Bǐdé xiānsheng jīnnián yòu lái Zhōngguó le.
피터 씨는 올해 또 중국에 왔다.

晚会上大家又吃又喝，又喝又跳。
Wǎnhuì shang dàjiā yòuchī yòuhē, yòuhē yòutiào.
파티에서 모두는 먹고 마시고, 춤추었다.

동사 앞에서 하나의 동작, 혹은 하나의 상황이 중복 발생 혹은 계속 연결되어 나타나는 것을 표현한다.

我还不懂，请老师再说一遍。

Wǒ hái bùdǒng, qǐng lǎoshī zàishuō yíbiàn.
나는 아직 모르겠으니, 선생님이 다시 말씀해주세요.

他要再买一本中国小说。
Tā yào zài mǎi yìběn Zhōngguó xiǎoshuō.
나는 중국소설 한권을 더 사려고 한다.

하나의 동작 뒤에 별개의 동작이 계속 이어서 출현함을 나타낸다.

看完这个节目再走。
Kàn wán zhège jiémù zài zǒu.
이 프로그램을 보고 나서 가자.

别着急, 写完这个汉字再写那个。
Bié zháojí, xiěwán zhège Hànzì zài xiě nàge.
서두르지 말고, 이 한자를 다 쓰고 저 한자를 쓰렴.

['再'와 '又'의 구별]

'又'는 가리키는 동작이 이미 실현되었음을 나타내며, '再'는 가리키는 동작이 아직 실현되지 않았거나 혹은 가정의 의미를 지니고 있음을 나타낸다.

今天又下雨了。	(오늘 또 비가 오네)
Jīntiān yòu xiàyǔ le.	
你又来了。	(너 또 왔구나)
Nǐ yòu lái le.	
请再来。	(또 오세요)
Qǐng zài lái.	
雨不会再下了。	(또 비가 오진 않을 거야)
Yǔ búhuì zài xià le.	

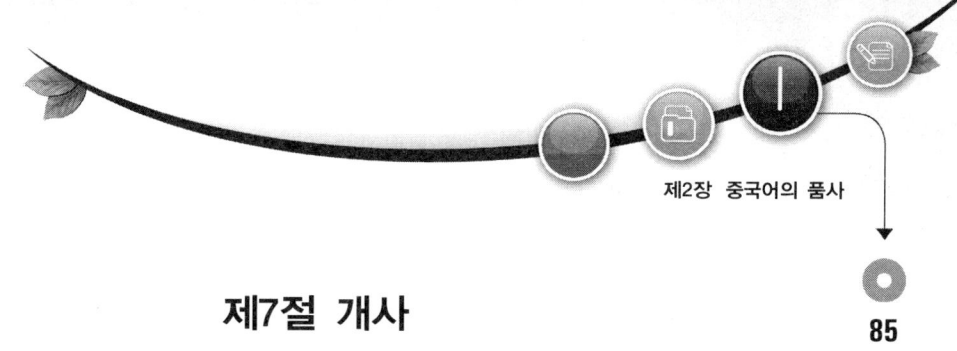

제7절 개사

개사(介词)는 명사, 대사 혹은 몇몇의 구 앞에서 개사구를 조성하고, 공통적으로 동작 행위의 방향, 대상, 시간, 장소 등을 표시하는 단어이다.

일상적으로 많이 쓰이는 개사는 다음과 같다.

在 zài(~에) 　　从 cóng(~로부터) 　　自 zì (~로부터)
朝 cháo(~향하여) 　　往 wǎng(~쪽으로) 　　给 gěi(~을 위해)
把 bǎ(~을) 　　被 bèi(~에 의하여) 　　叫 jiào(~에 의하여)
让 ràng(~에게) 　　跟 gēn(~와) 　　和 hé(~와)
同 tóng(~와) 　　到 dào(~까지) 　　对 duì(~에게)
对于 duìyú(~에 관해) 　　关于 guānyú(~에 관해) 　　按照 àn zhào(~에 따라)
根据 gēnjù(~에 근거하여) 为着 wèizhe(~을 위하여) 为了 wèi le(~을 위하여)

개사는 허사로 단독으로 질문에 대답할 수 없으며, 직접 문장 성분을 담당할 수도 없다. 예를 들어 '他从上海', '我对他', '她把花'들은 모두 완정한 문장이 아니다. 명사, 대사 혹은 명사구, 동사구, 형용사구, 주어구 등과 결합하여 함께 개사구를 만들어야, 비로소 문장 성분을 담당할 수 있다. 개사는 중첩할 수 없으며 개사 뒤에는 개사의 목적어가 온다.

 기능

(1) 부사어 역할을 한나.

我在清华大学学习汉语。
Wǒ zài Qīnghuá Dàxué xuéxí Hànyǔ.
　　　나는 칭화대학에서 중국어를 배운다.
我的一个老朋友从美国来了。
Wǒde yíge lǎopéngyou cóng Měiguó láile.

나의 오랜 친구 하나가 미국에서 왔다.

中国朋友**给**我们介绍了这里的情况。

Zhōngguó péngyou gěi wǒmen jièshào le zhèli de qíngkuàng.

중국 친구는 우리에게 이곳의 상황을 소개해 주었다.

(2) 개사구와 중심어 사이에서 수식어 역할을 한다. 이때 반드시 '的'를 더해야 한다.

老师**对**同学们的学习非常关心。

Lǎoshī duì tóngxuémen de xuéxí fēicháng guānxīn.

선생님은 학우들의 공부에 대해 대단히 관심을 가지고 있다.

在一家沿街的咖啡馆独自喝咖啡。

Zài yìjiā yánjiē de kāfēiguǎn hē kāfēi.

길가의 커피숍에서 커피를 마시다.

关于这个你有什么意见？

Guānyú zhège nǐ yǒu shénme yìjiàn?

이것에 대해 어떻게 생각하십니까?

(3) 보어를 담당한다. 개사구를 조성할 수 있는 보어를 담당하는 개사구는 '于', '向', '自' 등이 있다.

他生**于**1880年。

Tā shēngyú yī bā bā líng nián.

그는 1880년에 태어났다.

我们从胜利走**向**胜利。

Wǒmen cóng shènglì zǒuxiàng shènglì.

우리는 승리에서 승리로 나아가야 한다.

我们都是来**自**世界各地。

Wǒmen dōushì láizì Shìjiè gèdì.

우리는 전 세계에서 왔다.

(4) 목적어를 담당한다. 일상적으로 목적어를 담당하는 개사구는 '为…', '在…'로 만들어진 구이며, 또한 문맥 중에 '是'자문에 많이 보인다.

我这次来北京主要是**为**了学习汉语。
Wǒ zhècì lái Běijīng zhǔyào shì wèile xuéxí Hànyǔ.
　　내가 이번에 베이징에 온 주 목적은 중국어를 배우기 위해서이다.

我跟彼得第一次见面是**在**机场上。
Wǒ gēn Bǐdé dìyīcì jiànmiàn shì zài jīchǎng shang.
　　내가 피터와 처음 만난 것은 공항에서이다.

2 사용개사의 용법

在

개사 '在'는 명사 혹은 시간, 장소, 방향을 표시하는 글자와 함께 개사구를 만들고, 동사를 꾸미고, 부사어 역할을 하며, 동작이 발생하는 시간, 장소 등을 표시한다. 부정형식은 '在'의 앞에 '不'를 더한다.

她爱人**不在**银行工作, **在**邮局工作。
Tā àiren búzài yínháng gōngzuò, zài yóujú gōngzuò.
　　그녀의 남편은 은행에서 일하지 않고, 우체국에서 일한다.

我们不在电影院看电影, 在学校图书馆看电影。
Wǒmen búzài diànyǐngyuàn kàn diànyǐng, zài xuéxiào túshūguǎn kàn diànyǐng.
　　우리는 영화관에서 영화를 보지 않고, 학교 도서관에서 영화를 보았다.

개사 '在'의 목적어는 일반적으로 시간 혹은 장소를 표시하는 단어이다. 장소를 표시하지 않는 명사 혹은 대사는 반드시 뒤에 '这儿' 또는 '那儿'을 더해야 비로소 '在'의 목적어가 되고, 개사구를 조성해 동사를 꾸미고, 장소를 표시한다.

我们在朋友那儿玩儿。
Wǒmen zài péngyou nàr wánr.
우리는 친구네서 놀았다.

他在老师那儿吃饭。
Tā zài lǎoshī nàr chīfàn.
그는 선생님 계신 곳에서 밥을 먹었다.

'从'은 기점을 표시하는 개사이고, 그것은 항상 시간, 장소를 표시하는 명사 또는 명사 성질의 구와 결합해 개사구를 만든다.

他从去年就在这里学习。
Tā cóng qùnián jiù zài zhèli xuéxí.
그는 작년부터 여기서 공부한다.

他今天刚从上海来。
Tā jīntiān gāng cóng Shànghǎi lái.
그는 오늘 상하이에서 방금 왔다.

장소를 표시하지 않는 명사 또는 대사는 또한 뒤에 '这儿' 또는 '那儿'을 더해야만 비로소 개사 '从'의 목적어 역할을 한다.

我从朋友那儿来。
Wǒ cóng péngyou nàr lái.

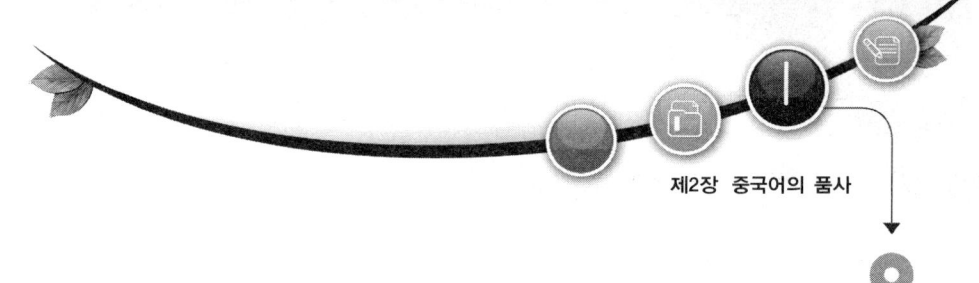

나는 친구 있는 곳에서 왔다.

他从我这儿去书店。
Tā cóng wǒ zhèr qù shūdiàn.
그는 내가 있는 여기서 서점에 갔다.

跟·和

개사 '跟'과 '和'는 명사 또는 대사와 함께 개사구를 만들고, 동사를 수식하고, 부사역할을 하며 동작의 대상을 설명한다. '跟'과 '和'의 용법은 비슷하나, '跟'이 더 입말에 많이 쓰인다.

昨天他和朋友去看电影了。
Zuótiān tā hé péngyou qù kàn diànyǐng le.
어제 그와 친구는 영화를 보러 갔다.

我常常跟他们用汉语说话。
Wǒ chángchang gēn tāmen yòng Hànyǔ shuōhuà.
나는 자주 그들과 중국어로 말한다.

给

개사 '给'는 명사, 대사와 함께 개사구를 조성하고, 부사 역할을 하며, 동작의 대상을 표시한다.

我给同学买了三张电影票。
Wǒ gěi tóngxué mǎile sānzhāng diànyǐng piào.
나는 급우에게 영화표 3장을 사주었다.

大夫给病人打了针。
Dàifu gěi bìngrén dǎle zhēn.

의사는 환자에게 주사를 놓았다.

向

개사 '向'은 명사 또는 대사와 함께 개사구를 조성하고, 부사어역할을 하며, 동작의 진행 방향을 표시한다.

> 图书馆向东走, 学生宿舍向西走。
> Túshūguǎn xiàngdōng zǒu, xuésheng sùshè xiàngxī zǒu.
> 도서관은 동쪽으로, 학생회관은 서쪽으로 가야 한다.

'向'은 동사 뒤에서 보어 역할을 한다.

> 这列火车是开向广州的。
> Zhè liè huǒchē shì kāixiàng Guǎngzhōu de.
> 이번 기차는 광저우행이다.

'向'으로 조성된 개사구는 동작의 대상을 표시한다.

> 我向朋友借了辆自行车。
> Wǒ xiàng péngyou jièle liàng zìxíngchē.
> 나는 친구에게서 자전거 한 대를 빌렸다.
>
> 我们都要向他学习。
> Wǒmen dōu yào xiàng tā xuéxí.
> 우리는 그를 본받아야 한다.

对

개사 '对'는 명사 또는 대사와 함께 개사구를 조성하고, 동사 또는 형용사를 수식하고,

부사를 담당한다. 동사를 수식할 때는 동작의 대상을 표시하고, 형용사를 수식할 때는 예우를 표시한다.

他对大家的帮助表示感谢。　　　(동작의 대상)
Tā duì dàjiā de bāngzhù biǎoshì gǎnxiè.
　　그는 모두의 도움에 감사를 표시했다.

他对我笑了笑, 就走了。　　　(동작의 대상)
Tā duì wǒ xiàolexiào, jiù zǒule.
　　그는 나에게 한번 웃고는 가버렸다.

她对人很热情。　　　(예우)
Tā duì rén hěn rèqíng.
　　그녀는 사람들에게 친절하다.

学生对老师很尊敬。　　　(예우)
Xuésheng duì lǎoshī hěn zūnjìng.
　　학생들은 선생님을 존중한다.

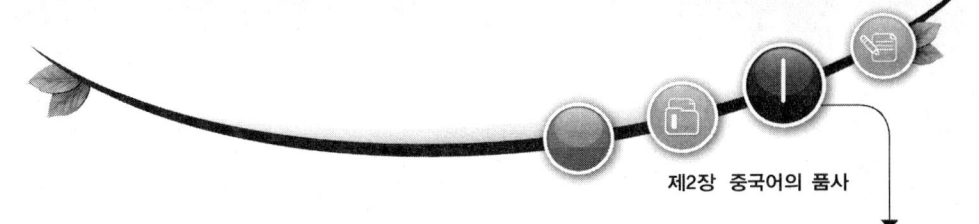

개사 '为'는 명사, 대사와 함께 개사구를 만들고, 동작의 부사어 역할을 하며, 동작의 대상을 표시한다. '为'가 이끄는 대상은 대다수가 동작을 받는 사람이다.

我为他准备了一份生日礼物。
Wǒ wèi tā zhǔnbèi le yífèn shēngrì lǐwù.
　　나는 그를 위해 생일 선물을 하나 준비했다.

她为大家表演了一个节目。
Tā wèi dàjiā biǎoyǎn le yígè jiémù.
　　그녀는 모두를 위해 프로그램 하나를 공연했다.

为了

개사 '为了'는 명사, 대사 또는 주어구와 함께 개사구를 만든다. 또한 주어 앞에 놓여 부사를 담당하고, 목적 또는 원인을 표시한다.

为了学习汉语，我们来到了中国。
Wèile xuéxí Hànyǔ, wǒmen láidào le Zhōngguó.
　　중국어를 배우기 위해 우리는 중국에 왔다.

为了我们的友谊，干杯！
Wèile wǒmen de yǒuyì, gānbēi!
　　우리의 우정을 위해, 건배!

제8절 접속사(连词)

접속사는 단어, 구 또는 단문을 연결하는 허사이다. 일상적으로 쓰이는 접속사는 다음과 같다.

和 hé (~와)　　　　　跟 gēn (~와)　　　　　同 tóng (~와)
与 yǔ (~와)　　　　　及 jí (~와)　　　　　并 bìng (그리고, 또)
而 ér (~하고)　　　　 并且 bìngqiě (또한)　　而且 (또한)
既然 jìrán (이미 이렇게 된 바에야)　　　　或 huò (또는)
或者 huòzhě (~이 아니면 ~이다)
因为 yīnwèi…所以 suǒyǐ… (~때문에 ~이다)
不但 búdàn…而且 érqiě… (~뿐만 아니라 ~이다)
虽然 suīrán…但是 dànshì… (비록 ~일지라도 ~이다)
只是 zhǐshì…就 jiù… (가령 ~일지라도)
不是 búshì…就是 jiùshì… (~이 아니면 ~이다)
要是 yàoshì…就 jiù… (만일 ~라면)

접속사는 문장성분이 될 수 없고, 주로 단어, 구 또는 단문 사이의 모종의 관계를 표시한다. 이런 종류의 관계는 대체적으로 다음의 두 부분으로 나뉜다.

① 韩国和中国　　한국과 중국　　　　　　(연합관계)
② 韩国或者中国　한국 또는 중국　　　　　(선택관계)
③ 因为我工作忙，所以没来看你。　　　　(인과관계)
　　Yīnwèi wǒ gōngzuò máng, suǒyǐ méi lái kàn nǐ.
　　내가 일이 바빠, 너를 보러 가지 못했어.
④ 风虽然大，可是大家并不觉得冷。　　　(전환관계)
　　Fēng suīrán dà, kěshì dàjiā bìng bù juéde lěng.
　　바람은 세지만 모두는 결코 춥다고 느끼지 않았다.

1 접속사의 용법

和

접속사 '和'의 작용은 종류가 같거나 구조가 비슷한 단어 또는 구를 연결하고, 병렬관계를 표시한다. '和'는 일반적으로 명사, 대사 또는 명사구를 연결하는 데에만 쓰이고, 단문은 연결하지 못한다.

长江和黄河是中国最长的两条河。
Chángjiāng hé Huánghé shì Zhōngguó zuìcháng de liǎngtiáo hé.
장강과 황하는 중국에서 제일 긴 두개의 강이다.

他和我都学习汉语。
Tā hé wǒ dōu xuéxí Hànyǔ.
그와 나는 모두 중국어를 공부한다.

去年的冬天和今年的冬天这儿都下雪了。
Qùnián de dōngtiān hé jīnnián de dōngtiān zhèr dōu xiàxuě le.
작년 겨울과 금년 겨울 모두 이곳에 눈이 내렸다.

만약 두 개 이상의 단어 또는 구가 병렬할 때 '和'는 맨 마지막 한 개의 단어 또는 구의 앞에 넣고, 앞면의 각 항목에는 작은 쉼표(、)를 쓴다.

我去过北京,上海和广州。
Wǒ qùguò Běijīng, Shànghǎi hé Guǎngzhōu.
나는 베이징, 상하이 그리고 광저우에 가본 적이 있다.

图书馆,操场和游泳池都在学校西边。
Túshūguǎn, cāochǎng hé yóuyǒngchí dōu zài xuéxiào xībian.
도서관, 운동장 그리고 수영장 모두 학교 서쪽에 있다.

제2장 중국어의 품사

或・或者

'或', '或者'는 선택을 표시하는 접속사로 두 항목 혹은 두 항목 이상의 사물 가운데 임의의 한 항목을 선택하여 설명한다. 성질 또는 구조가 같거나 비슷한 단어나 구를 연결할 수 있다.

> 今年夏天, 我打算去东北**或**西北旅行。
> Jīnnián xiàtiān, wǒ dǎsuan qù dōngběi huò xīběi lǚxíng.
> 금년 여름, 나는 동북 또는 서북쪽으로 여행 갈 계획이다.

> 你带点水果**或者**点心吧!
> Nǐ dài diǎn shuǐguǒ huòzhě diǎnxin ba!
> 너는 과일이나 간식을 좀 가져 가!

'或者'는 또한 두 개의 단문을 연접할 수 있고 선택 관계의 복문을 조성한다. 때로는 몇 개의 '或'를 이어서 쓸 수 있다.

> 今年暑假, 我**或者**回家乡, **或者**留在学校复习功课。
> Jīnnián shǔjià, wǒ huòzhě huíjiāxiāng, huòzhě liúzài xuéxiào fùxí gōngkè.
> 올해 여름 방학에 난 고향에 가거나, 학교에 남아 복습을 할거야.

> 你**或者**叫他'老王', **或者**叫他'王先生'都行。
> Nǐ huòzhě jiào tā 'Lǎo Wáng', huòzhě jiào tā 'Wáng xiānsheng' dōu xíng.
> 너는 그를 '老王'이나 '王先生'이라 부르면 된다.

还是

'还是'는 선택을 표시하고, 주로 의문문에 쓰인다. '或者'와 비교해 같은 선택을 표시하지만 '或者'가 일반적으로 평서문에 쓰이는 것과는 차이가 있다.

> 你去广州, **还是**(去)上海?

Nǐ qù Guǎngzhōu, háishì(qù) Shànghǎi.
　　너는 광저우로 가니, 아니면 상하이로 가니?

你买一件, **还是**(买)两件?
Nǐ mǎi yíjiàn, háishì(mǎi) liǎngjiàn?
　　너는 한 벌 살래, 아니면 두벌 살래?

'还是'로 연결한 두 개의 동목구조에서 동사가 서로 같을 때 뒤의 동사는 생략할 수 있고, 동사가 다를 때는 뒤의 동사를 생략할 수 없다.

你看电影, **还是**听音乐?
Nǐ kàn diànyǐng, háishì tīng yīnyuè?
　　너는 영화를 볼래 아니면 음악을 들을래?

'还是'는 평서문에 쓰여, 어떤 일, 어떤 상황을 확정할 수 없음을 표시한다.

我不知道聚会在上午**还是**在下午。
Wǒ bù zhīdào jùhuì zài shàngwǔ háishì zài xiàwǔ.
　　나는 모임이 오전에 있는지 오후에 있는지 모른다.

她不知道你住在三层**还是**四层。
Tā bù zhīdào nǐ zhùzài sāncéng háishì sìcéng.
　　그녀는 네가 3층에 사는지 4층에 사는지 모른다.

접속사 '而'은 두 개의 형용사를 연결하고, 두 성질 혹은 상태를 서로 보충됨을 표시한다.

他的家乡是一个美丽而富饶的地方。
Tāde jiāxiāng shì yígè měilì ér fùráo de dìfang.

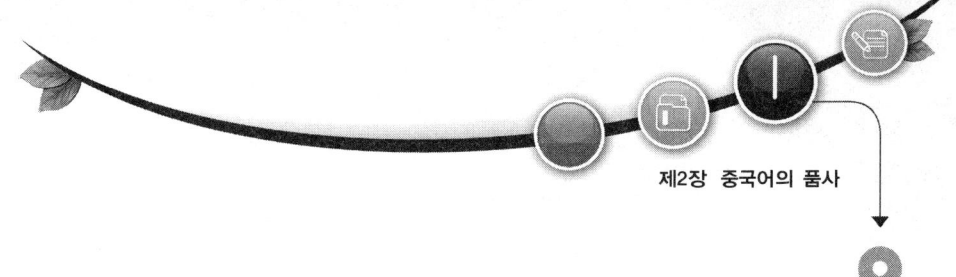

그의 고향은 아름답고 부유한 곳이다.

这小女孩儿可爱而美丽。

Zhè xiǎo nǚháir kě'ài ér měilì.

이 여자아이는 사랑스럽고 아름답다.

제9절 조사(助词)

조사는 단어, 구 혹은 문장 위에 더해져서, 어떤 의미가 부가되었음을 나타낸다. 그것은 단독으로 사용할 수 없으며, 일반적으로 경성으로 읽는다.

1 조사의 유형

중국어의 조사는 구조조사, 동태조사와 어기조사의 3가지 유형으로 나눌 수 있다.

1) 구조조사

구조조사의 쓰임은 단어를 연결해 어떤 문장 구조 관계의 구가 되도록 한다. 예를 들어 '的'는 관형어와 그 중심어를 연결하며 '地'는 부사어와 그 중심어를 연결하고, '得'은 보어와 그 중심어를 연결한다.

(1) 的 의 용법 : 관형어 구성

구조조사 '的'은 관형어와 그 중심어를 연결시켜, 관형어임을 나타낸다.

这是我的自行车.　　　(이것은 나의 자전거이다)
Zhè shì wǒde zìxíngchē.

打电话的费用　　　　(전화비: 동목구)
dǎ diànhuà de fèiyòng

很漂亮的衣服　　　　(예쁜 옷: 형용사구)
hěn piàoliang de yīfu

他买来的水果　　　　(그가 사가지고 온 과일: 주술구)
tā mǎi lái de shuǐguǒ

제2장 중국어의 품사

(2) 的의 용법 : '的'자구 구성

구조조사 '的'는 명사, 대명사, 형용사, 동사, 주어구 등의 뒤에 더해져서 한 개의 구를 조성해 '的'자구라고 부르며 하나의 명사와 같은 역할을 한다.

你说的正是我想的。
Nǐ shuō de zhèngshì wǒ xiǎng de.
네가 말한 것이 바로 내가 생각한 것이다.

买的不如卖的精。
Mǎi de bùrú mài de jīng.
파는 것이 사는 것보다 낫다.

穿白衬衫的是我弟弟。
Chuān bái chènshān de shì wǒ dìdi.
흰 셔츠를 입은 사람이 내 남동생이다.

대화 안에서 주어는 항상 생략 할 수 있다.

A: **你什么时候来北京的?**
Nǐ shénme shíhòu lái Běijīng de?
넌 언제 베이징에 왔니?

B: **(我)去年来北京的。**
(Wǒ) Qùnián lái Běijīng de.
난 작년에 베이징에 왔어.

(3) 地의 용법

구조조사 '地'는 형용사구뿐만 아니라 동사구, 일부의 명사, 4자성어, 수량구 등의 뒤에 놓여 함께 뒤의 동사 또는 형용사를 수식하는 부사어가 된다.

我们愉快地生活在一起。
Wǒmen yúkuài de shēnghuó zài yìqǐ.
우리는 즐겁게 함께 생활했다.

他们非常热情地帮助我。
Tāmen fēicháng rèqíng de bāngzhù wǒ.
그들은 매우 친절하게 나를 도와준다.

(4) 得의 용법

구조조사 '得'은 술어동사나 형용사의 뒤에 놓여, 뒤의 성분이 동사 혹은 형용사의 보어임을 나타낸다. 정도나 가능을 표시하는 보이는 앞에 일반적으로 모두 '得'를 사용한다.

他写汉字写得很好。
Tā xiě Hànzì xiě de hěn hǎo.
그는 한자를 아주 잘 쓴다.

这个教室坐得下四十个人。
Zhège jiàoshì zuò de xià sìshí ge rén.
이 교실에 40명은 앉을 수 있다.

2) 어기조사

어기조사는 일반적으로 문장 끝에 놓여, 의문, 바람, 감탄, 서술 등의 어기를 나타내며 때로 문장 가운데 쉬는 곳에 놓고, 일반적으로 경성으로 읽는다. 상용하는 어기조사들은 다음과 같다.

'吗'는 의문을 표시하는 어기조사로 진술문 문장의 끝에 쓰여 의문문을 만든다.

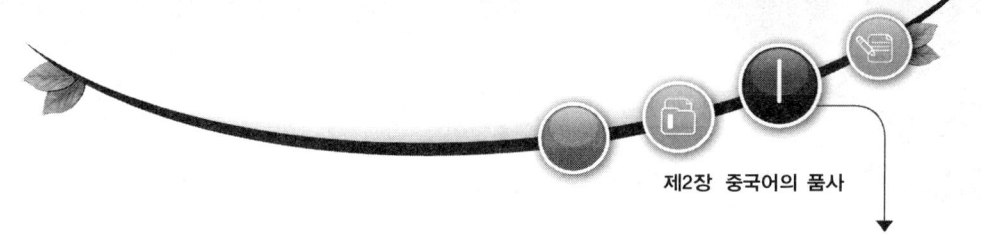

제2장 중국어의 품사

他是李先生吗? - 是。/
Tā shì Lǐ xiānsheng ma? - Shì. / Búshì.
　　그가 이선생인가요?

你看见朴老师了吗? - 看见了。/没看见。
Nǐ kànjiàn Piáo lǎoshī le ma? - kànjiàn le. / Méi kànjiàn.
　　너 박 선생님을 봤니?

어기조사 '呢'는 의문대사와 함께 의문제시나 정반의문문의 끝에 쓰인다. '呢'는 '还是'를 이용해 의문을 제시하는 문장의 문미에 쓰이며, 전 문장의 어기를 완화해준다.

我们几点去医院看丽莎呢?
Wǒmen jǐdiǎn qù yīyuàn kàn Lìshā ne!
　　우리 몇 시에 병원으로 리사를 보러 가니?

你懂不懂今天讲的语法呢?
Nǐ dǒngbùdǒng jīntiān jiǎng de yǔfǎ ne!
　　너는 오늘 강의한 어법을 알겠니?

어기조사 '呢'가 서술구의 끝에 놓일 때는 동작이 막 진행됨을 표시한다. 문장 가운데 항상 '在', '正', '正在'의 부사가 더해진다.

丽莎正在听音乐呢!
Lìshā zhèngzài tīng yīnyuè ne!
　　리사는 지금 음악을 듣고 있어!

他们在表演节目呢!
Tāmen zài biǎoyǎn jiémù ne!
　　그들은 프로그램을 공연하고 있어!

어기조사 '呢'는 서술구의 끝에 사용하며 또한 사실을 확인하고 상대방이 믿도록 한다. 때로는 과장의 어기를 지닌다.

    他虽然年纪大了，但是还可以做些工作呢!
    Tā suīrán niánjì dà le, dànshì háikěyǐ zuò xiē gōngzuò ne!
      그가 나이는 많지만 아직 일은 좀 할 수 있어요!

    睡一会儿吧，天还早呢!
    Shuì yī huì ér ba, tiān hái zǎo ne!
      해가 뜨려면 아직 멀었으니 좀 더 자거라!

일정한 언어 환경에서 대명사, 명사 혹은 명사성 구 등의 뒤에 직접적으로 어기조사 '呢'가 더해져 생략 의문문을 만들 수 있다. 이러한 종류의 문장이 묻는 내용은 상하 문맥으로 결정된다.

    A: 你忙吗?
       Nǐ máng ma?
        너 바쁘니?

    B: 我很忙，你呢? (你忙吗?)
       Wǒ hěn máng, nǐ ne?
        난 바빠, 너는? (너 바쁘니?)

    A: 你今天有空儿吗?
       Nǐ jīntiān yǒu kòngr ma?
        너 오늘 시간 있니?

    B: 我没空儿，明天呢? (明天有空吗?)
       Wǒ méi kòngr, míngtiān ne?
        난 시간이 없어, 내일은? (내일 시간 있니?)

만약 묻는 내용이 문맥에 없다면, 이러한 문장은 항상 어떤 지점을 묻는 것이다.

제2장 중국어의 품사

彼得呢? (彼得在哪儿?)
Bǐdé ne?
　　피터 어디 있어?

你妹妹呢? (你妹妹在哪儿?)
Nǐ mèimei ne?
　　여동생 어디 있니?

어기조사 '吧'는 청구, 권고, 명령, 상의 혹은 동의의 문장 안에서 전체 문장의 어기가 비교적 완화됨을 표시한다.

你休息吧!　　　너는 쉬어라!
Nǐ xiūxi ba!

我买这件衬衫吧!　내가 이 셔츠를 사지요!
Wǒ mǎi zhè jiàn chènshān ba!

'吧'가 의문문 끝에 있을 때는 추측의 어기를 가진 질문을 나타낸다.

你是韩国人吧?　당신 한국인이지요?
Nǐ shì Hánguórén ba?

他在中国习惯了吧?　그는 중국생활에 익숙해졌지요?
Tā zài Zhōngguó xíguàn le ba?

的

'的'는 문장 끝에 쓰이면 어기조사이며, 긍정의 어기를 표시한다.

放心吧, 他的病会好的。
Fàngxīn ba, tāde bìng huì hǎode.
　　걱정 마, 그의 병은 나을 거야.

我的朋友明天一定会来的。
Wǒde péngyou míngtiān yídìng huì lái de.
　　내 친구는 내일 반드시 올 것이다.

서술문 끝에서 긍정, 동의, 재촉과 주문 등의 어기를 나타내며 경성으로 읽는다.

是啊, 他昨天已经走了。
Shì a, tā zuótiān yǐjīng zǒu le.
　　그래, 그는 어제 이미 떠났어.

来啊, 我们一起玩儿吧!
Lái a, wǒmen yìqǐ wánr ba!
　　이리 와, 우리 같이 놀자!

路上你一定要小心啊!
Lùshàng nǐ yídìng yào xiǎoxīn a!
　　길에서는 반드시 조심해야 해요!

문장 끝에서 일의 발생과 변화를 나타낸다.

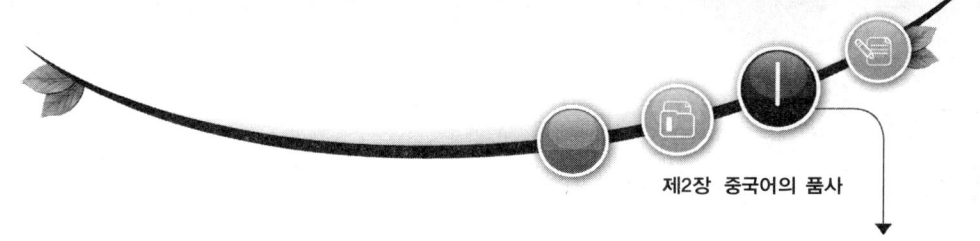

제2장 중국어의 품사

春天了。　　봄이 왔다.
Chūntiān le.
他已经来中国了。　그는 이미 중국에 왔다.
Tā yǐjīng lái Zhōngguó le.

'了'는 또한 문장 끝에 사용할 수 있으며, 재촉, 충고 혹은 깨우침을 나타낸다.

快走吧，我们不能再等了。
Kuàizǒu ba, wǒmen bùnéng zài děng le.
　　　빨리 가야지, 우리들은 더 이상 기다릴 수 없어.
上课了，快进教室去吧。
Shàngkè le, kuài jìn jiàoshì qù ba.
　　　수업 시작했다, 빨리 교실로 들어가자.

3) 동태조사

동태조사는 동사의 어떤 종류의 어법 의미를 나타낸다. 주로 '了', '着', '过'가 있다.

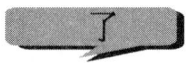

'了'는 동사 뒤에서 동태조사이며 동작이 이미 완성됨을 나타낸다.

我买了几本中文小说。
Wǒ mǎi le jǐběn Zhōngwén xiǎoshuō.
　　　난 몇 권의 중국소설을 샀다.
他喝了一杯咖啡。
Tā hēle yìbēi kāfēi.

그는 커피 한 잔을 마셨다.

'了'는 문장 끝에 있으면 어기조사로, 어떤 일, 상황이 이미 발생 혹은 변화함을 강조한다.

我能看中文小说了。
Wǒ néng kàn Zhōngwén xiǎoshuō le.
　　나는 중국어 소설을 볼 수 있게 되었다.

丽莎来北京了。
Llìshā lái Běijīng le.
　　리사는 베이징에 왔다.

만약 어기조사 '了'가 있고 긍정의 어떤 일이 이미 발생한 문장 안에서, 또 특별히 동작이 이미 완성되었음을 강조하고자 하면 동사 뒤에 다시 동태조사 '了'를 더해도 된다.

我已经喝(了)咖啡了。
Wǒ yǐjīng hē(le) kāfēi le.
　　나는 이미 커피를 마셨다.

我去(了)他家了。
Wǒ qù(le) tā jiā le.
　　나는 그의 집에 갔다.

만약 동작의 완성이나 어떤 일이 이미 발생했음을 강조 하는 것이 아닌, 과거 어떤 시기의 상황만을 서술할 때는 '了'를 쓰지 않는다. 일상적인 반복이나 습관으로 발생되는 동작의 행위에도 '了'를 쓰지 않는다.

以前她常常来看我。
Yǐqián tā chángchang lái kàn wǒ.
　　전에 그녀는 항상 날 보러 왔다.

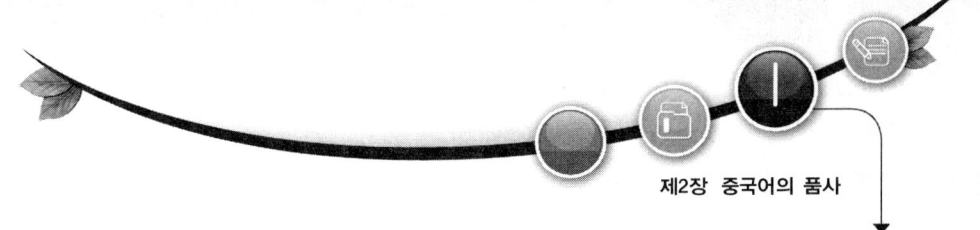

제2장 중국어의 품사

去年我在杭州住。
Qùnián wǒ zài Hángzhōu zhù.
　　작년에 난 항저우에 살았다.

부사 太, 极, 可와 호응해 성질, 상태 강조한다.

事可多了。
Shì kě duō le.
　　일이 너무 많다.

太不像话了。
Tài bú xiàng huà le.
　　너무 말이 안 된다.

好极了。
Hǎo jí le.
　　너무 좋다.

['了'다음에 목적어가 쓰일 때 조건들]

> ① 목적어인 중심어 앞에 수량사나 기타 관형어가 있다.
> 　　我写了三封信。
> 　　Wǒ xiěle sān fēng xìn.
> 　　　　난 세통의 편지를 썼다.
> 　　我买了很多中文小说。
> 　　Wǒ mǎile hěnduō Zhōngwén xiǎoshuō.
> 　　　　난 중국 소설을 많이 샀다.
> ② 문장 끝에 어기조사 '了'가 있을 때, 목적어인 중심어는 수식어가 붙지 않고 간단하다.
> 　　我给家里写(了)信了。

Wǒ gěi jiāli xiě(le) xìn le.

　　난 집에 편지를 썼다.

我看(了)电影了。

Wǒ kàn(le) diànyǐng le.

　　난 영화를 봤다.

③ 목적어가 간단하며, 뒤에 필수적으로 다른 동사나 단문이 있다.

我们参观了展览会就回学校了。

Wǒmen cānguānle zhǎnlǎnhuì jiù huí xuéxiào le.

　　우리들은 전람회를 구경하자마자 학교로 돌아갔다.

明天我们吃了早饭就去长城。

Míngtiān wǒmen chīle zǎofàn jiù qù Chángchéng.

　　내일 우리들은 아침을 먹고 바로 장성에 간다.

④ 동사 앞에는 비교적 복잡한 부사어가 있고, 목적어인 중심어는 간단하다.

昨天她跟我们一起去看了京剧。

Zuótiān tā gēn wǒmen yìqǐ qù kànle Jīngjù.

　　어제 그녀는 우리와 같이 경극을 보러 갔다.

我们在故宫互相照了相。

Wǒmen zài Gùgōng hùxiāng zhàole xiàng.

　　우리는 고궁에서 서로 사진을 찍었다.

⑤ 동사 + 了 + 수량사 + (목적어) + 了

我看了三本小说。

我看了三本小说了。

Wǒ kànle sānběn xiǎoshuō le.

　　나는 세권의 소설을 보았다.

동태조사 '了' 부정은 동사 앞에 '没(有)'를 사용하며, 문장 끝에 '了'를 다시 쓰지 않는다.

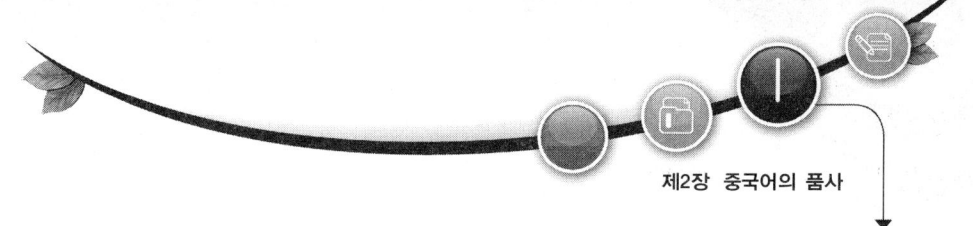

제2장 중국어의 품사

我没有看今天的报。

Wǒ méiyǒu kàn jīntiān de bào.

난 오늘 신문 못 봤어

昨天的电影我没看, 你看了没有?

Zuótiān de diànyǐng wǒ méi kàn, nǐ kàn le méiyǒu?

어제 영화 나는 안 봤는데, 너는 봤니?

동작이 아직 미완성된 정반의문문을 표시할 땐 항상 '…了没有'를 쓴다.

讲座开始了没有?

Jiǎngzuò kāishǐ le méiyǒu?

강좌가 시작됐니?

你们访问了那位作家没有?

Nǐmen fǎngwèn le nàwèi zuòjiā méiyǒu?

너희는 그 작가를 방문했니?

동사 뒤에서 동작 혹은 상태의 지속을 나타낸다. 이때 '着'와 동사 사이에 다른 성분이 들어 갈 수 없다.

桌子上放着书、词典、杂志和画报。

Zhuōzi shàng fàngzhe shū、cídiǎn、zázhì hé huàbào.

책상 위에는 책, 사전, 잡지와 화보가 놓여 있다.

我妹妹穿着一件很漂亮的毛衣。

Wǒ mèimei chuānzhe yíjiàn hěn piàoliang de máoyī.

내 여동생은 매우 예쁜 스웨터를 한 벌 입고 있다.

부정형식은 '没(有)…着'이다.

> 墙上没(有)挂着画儿, 只挂着地图。
> Qiáng shàng méi(yǒu) guàzhe huàr, zhǐ guàzhe dìtú.
> 벽에는 그림이 걸려 있지 않고 지도만 걸려 있다.

진행 중인 동작은 종종 계속되는 것이므로, 동태조사 '着' 또한 동작 진행을 나타낸다. '着' 또한 동작 진행을 나타내며 '正在', '在', '正'등의 부사와 이어서 사용 가능하다.

> 我们正在听着录音呢, 他走进来了。
> Wǒmen zhèngzài tīngzhe lùyīn ne, tā zǒu jìnlái le.
> 우리들이 녹음을 듣고 있는데, 그가 걸어 들어왔다.

> 外边正下着雨呢, 你再等一会儿吧。
> Wàibiān zhèng xiàzhe yǔ ne, nǐ zài děng yíhuìr ba.
> 밖에 비가 오고 있어, 너 잠깐 기다려라.

동태조사 '着'을 지닌 동사는 또한 행위의 방식을 나타낼 수 있다.

> 他们坐着看报。
> Tāmen zuòzhe kàn bào.
> 그들은 앉아서 신문을 보고 있다.

> 他们带着孩子去公园玩了。
> Tāmen dàizhe háizi qù gōngyuán wán le.
> 그들은 아이들을 데리고 공원에 놀러갔다.

> 她拿着花去医院看朋友。
> Tā názhe huā qù yīyuàn kàn péngyou.
> 그녀는 꽃을 들고 친구를 보러 병원에 갔다.

过

동태조사 '过'는 동사 뒤에 놓이며, 과거에 어떤 동작이 발생했는지 설명, 또는 과거의 경험을 나타낸다.

> 我们去过日本。
> Wǒmen qùguo Rìběn.
> 　우리는 일본에 간 적이 있다.
>
> 丽莎听过中国民歌。
> Lìshā tīngguo Zhōngguó míngē.
> 　리사는 중국 민요를 들은 적이 있다.

부정형은 동사 앞에 '没(有)'를 더하는 것이다.

> 我们没有去过日本。
> Wǒmen méiyǒu qùguo Rìběn.
> 　우리들은 일본에 간 적이 없다.
>
> 以前她没来过我家，这是第一次。
> Yǐqián tā méi láiguo wǒ jiā, zhè shì dìyīcì.
> 　전에 그녀는 우리 집에 온 적이 없고 이번이 처음이다.

정반의문문은 '…过…没有'이다.

> 你以前学过汉语没有?
> Nǐ yǐqián xuéguo Hànyǔ méiyǒu?
> 　너 전에 중국어 배운 적 있어?
>
> 昨天你去过图书馆没有?
> Zuótiān nǐ qùguo túshūguǎn méiyǒu?
> 　어제 너 도서관 갔었니?

제10절 감탄사와 의성어

1 감탄사

감탄사(叹辞)는 감탄이나 외침, 대답 등의 소리를 나타내는 단어이다.

啊 ā(아!)　　啊呀 āyā(앗)　　嘿 hēi(이봐)　　唉 ài(아, 탄식)
唉呀 āiyā(아차!)　哼 hng(흥!)　　呸 pēi(쳇!)　　嘘 xū(쉬!)

감탄사는 문장에서 일반적으로 다른 성분으로 나눠진다. 일반적으로 문장의 앞머리에 나오며, 뒤쪽에는 콤마(,) 혹은 감탄부호(!)가 있다. 때때로 감탄사는 또한 문장의 가운데나 끝에 오기도 한다.

　　唉, 你去哪儿?
　　Ài, nǐ qùnǎr?
　　　　야, 어디 가니?

　　呸, 给我走开!
　　Pēi, gěi wǒ zǒukāi!
　　　　쳇! 비켜!

탄사는 놀람, 감탄, 비통함, 분노, 기쁨 등과 같은 강한 감정을 나타낼 수 있다.

　　啊呀, 这还了得!　　(놀람)
　　Àyā, zhè hái liǎode!
　　　　아, 큰일이구나!

　　唉, 我的眼不行了!　　(슬픔)
　　Ài, wǒde yǎn bùxíng le!
　　　　아, 눈이 안보여!

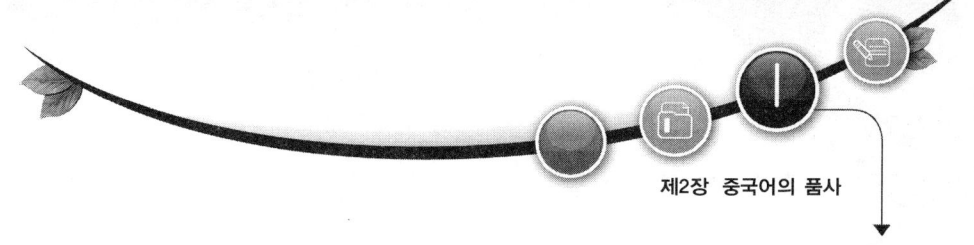

제2장 중국어의 품사

呸，给我走开!　　　(분노)
Pēi, gěi wǒ zǒukāi!
　　쳇! 저리 가!

哈哈，我们赢了!　　(유쾌)
Hāhā, wǒmen yíngle!
　　하하, 우리가 이겼어!

2 의성어(象声词)

의성어는 사물이나 동작의 소리를 모방한 단어를 말한다.

哔哔 bì(콸콸)　　　刷刷 shuā(솨솨)　　　乒乓 pīngpāng(핑퐁)
咚咚 dōng(동동)　　扑通 pūtōng(풍덩)　　劈劈 pī(꽝)

의성어는 부사어가 될 수 있고 부사어가 될 때 일반적으로 조사 '地'를 사용해야 하며 수량사는 같이 부사어가 되고, 뒤에 '地'를 붙이지 않는다.

老人**哈哈**地大笑了起来。
Lǎorén hāhā de dàxiào le qǐlái.
　　노인은 하하 큰소리로 웃기 시작했다.

青蛙**扑通**一声跳进了水里。
Qīngwā pūtōng yìshēng tiào jìn le shuǐ lǐ.
　　개구리는 풍덩 소리내며 물로 뛰어 들었다.

의성어는 부사어가 될 수 있고 명사의 관형어처럼 될 때 조사 '的'을 사용해야 하나 수량사 앞에는 일반적으로 '的'을 쓰지 않는다.

呼呼的北风刮了一夜。

Hūhū de běifēng guāle yíyè.
  획획 소리를 내며 북풍이 밤새 불었다.

他拿起一根火柴,'嚓'一声划着了。
Tā ná qǐ yìgēn huǒchái, 'cā' yìshēng huázháo le.
  그는 성냥 한 개비를 들어 '치직'하고 불을 붙였다.

의성어는 보어로 될 수 있다.

雨稀里哗啦下了起来。
Yǔ xīlǐhuālā xià le qǐlái.
  비가 후두두둑 내리기 시작했다

红旗哗啦哗啦地飘。
Hóngqí huá lā huá lā de piāo.
  홍기가 펄펄 휘날리다

의성어는 문장 밖에서 독립적으로 쓸 수 있고, 부사어가 될 수도 있다.

咕咚咕咚, 他喝了几口水。
Gūdōng gūdōng, tā hē le jǐ kǒu shuǐ.
  벌컥벌컥, 그는 물을 몇 모금 마셨다.

突突突, 一辆摩托车开过来了。
Tūtūtū, yíliàng mótuōchē kāi guòlái le.
  다다다, 오토바이 한 대가 다가왔다.

중국어 문장 성분

제1절 주어와 술어

1 주어와 술어의 특징

중국어의 문장은 일반적으로 주어와 술어 두 부분으로 나뉘며 주어 부분은 앞쪽에 있고, 술어 부분은 뒤쪽에 있다. 문장 가운데 '누구' 혹은 '무엇'에 관한 부분은 주어(主语) 부분이다. 술어(谓语)부분은 주어에 대한 서술로 주어인 사람, 사물이 '어떠한지' 또는 '무엇인지'를 설명하거나, 주어가 '무엇을 하는지'를 설명한다. 술어 부분의 주요 성분은 거의 동사 혹은 형용사가 담당하지만 명사(구)를 사용해 사람 또는 사물의 특징, 수량을 설명할 수도 있고, 주술구를 사용해 사람 또는 사물을 설명하거나 묘사할 수 있다. 이를 각기 동사술어문, 형용사 술어문, 명사 술어문, 주술 술어문이라고 한다.

这里的 青年　//　都 喜欢 看 电影。
Zhèli de qīngnián // dōu xǐhuān kàn diànyǐng.
　주어부분　　　　술어부분
이곳의 청년들은 // 모두 영화 보는 것을 좋아한다.

我学习汉语。　　(동사 술어문)
Wǒ xuéxí Hànyǔ.

她很健康。　　(형용사 술어문)
Tā hěn jiànkāng.

今天星期五。　　(명사 술어문)
Jīntiān xīngqīwǔ.

他学习很好。　　(주술 술어문)
Tā xuéxí hěnhǎo.

또한 감정을 더해 말할 때 술어를 먼저 말하고 주어를 보충하기도 하는데, 이때 주어는 가볍게 읽고 글로 쓸 때는 술어 뒤에 쉼표를 써 주어와 구분한다.

回来了吗，你妈妈？
Huílái le ma, nǐ māma?
　　　어머니는 돌아오셨니?

真漂亮，蓝色的天。
Zhēn piàoliang, lánsè de tiān.
　　　파란 하늘이 정말 예쁘구나.

2 주어의 구성

주어(主语)는 주로 명사, 대명사, 명사구로 이루어지나 부사나 기타 실사 등 다른 품사나 구도 주어가 될 수 있다. 일반적으로 문두에 오며 술어 앞에서 서술하는 대상을 나타낸다.

1) 명사 또는 대명사

太阳出来了。

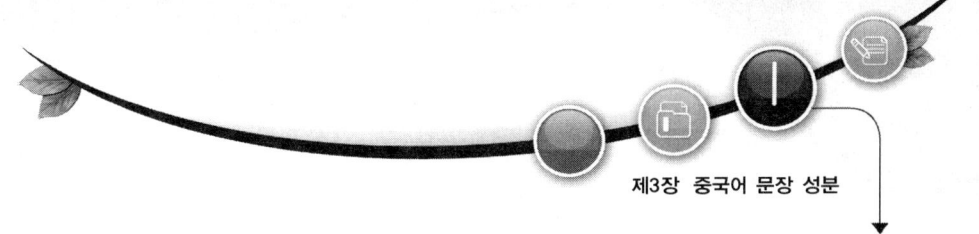

Tàiyáng chūlái le.
해가 떴다.

他最喜欢听音乐。
Tā zuì xǐhuān tīng yīnyuè.
그는 음악 듣는 것을 좋아한다.

这是画报，那是杂志。
Zhè shì huàbào, nà shì zázhì.
이것은 화보고, 저것은 잡지이다.

2) 수사 또는 수량구

수사 또는 수량구는 수량을 판단해 문장 안에서 나타내 주며, 혹은 이미 앞쪽에 출현했던 사물의 명칭을 가리켜서 주어로 만들 수 있다.

一公斤是一千克。
Yì gōngjīn shì yìqiānkè.
1킬로그램은 1000그램이다.

一年三百六十五天。
Yìnián sānbǎi liùshí wǔtiān.
1년은 365일이다.

我有两本词典，一本是汉语词典，一本是英语词典。
Wǒ yǒu liǎngběn cídiǎn, yìběn shì Hànyǔ cídiǎn, yìběn shì Yīngyǔ cídiǎn.
나는 중영사전과 영중사전, 두 권의 사전을 가지고 있다.

3) 동사(구) 와 형용사(구)

동작, 행위 및 성질, 상태가 서술의 대상이 될 때 동사, 형용사가 직접 주어가 될 수 있다.

游泳是一种很好的运动。

Yóuyǒng shì yìzhǒng hěnhǎo de yùndòng.

　　　수영은 좋은 운동이다.

讨论开始了。

Tǎolùn kāishǐ le.

　　　토론이 시작되었다.

艰苦可以锻炼人。

Jiānkǔ kěyǐ duànliàn rén.

　　　고난은 사람을 단련시킨다.

多听、多说、多写、多念，对提高汉语水平很有好处。

Duō tīng、duō shuō、duō xiě、duō niàn, duì tígāo Hànyǔ shuǐpíng hěn yǒu hǎochù.

　　　많이 듣고, 말하고, 쓰고, 읽으면 중국어 수준을 높이는데 이롭다.

4) 주술구

你明白我的意思就好了。

Nǐ míngbai wǒ de yìsi jiù hǎo le.

　　　내 뜻을 분명히 알면 되었다.

性格直爽是她的长处。

Xìnggé zhíshuǎng shì tā de chángchù.

　　　솔직한 성격이 나의 장점이다.

我明天不休息没关系。

Wǒ míngtiān bù xiūxi méiguānxì.

　　　나는 내일 쉬지 않아도 상관없다.

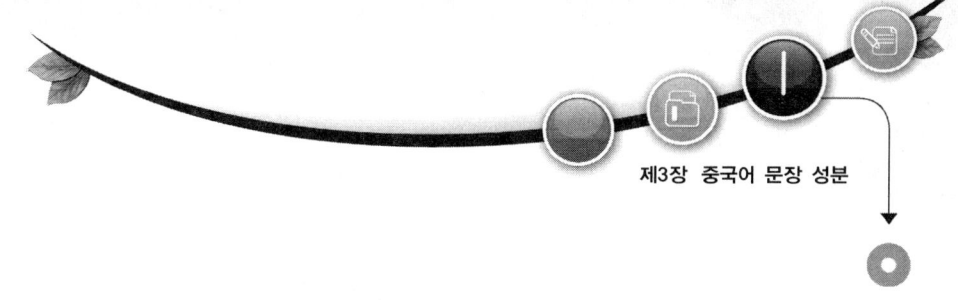

제3장 중국어 문장 성분

5) '的'자구

'的'자구의 기능은 명사에 상응하며 주어로도 자주 사용된다.

他讲说的都是新鲜事。
Tā jiǎngshuō de dōushì xīnxiān shì.
그가 말한 것은 모두 신선했다.

开门的是位女服务员。
Kāimén de shì wèi nǚ fúwùyuán.
문을 연 것은 바로 여 종업원이었다.

6) 의미상의 주어

주어는 대부분 능동자이나 사물을 나타내는 주어는 본래 어떠한 행동이나 행위를 할 수 없는 것으로 의미사의 피동자이며 동작의 대상이다.

字写了。
Zì xiě le.
글자를 썼다.

药吃了。
Yào chī le.
약을 먹었다.

房间打扫干净了。
Fángjiān dǎsǎo gānjìng le.
방을 깨끗이 청소했다.

제2절 목적어

목적어(宾语)는 동사 뒤에서 동작의 대상, 발생 결과, 동작이 도달한 장소, 동작에 사용된 도구 등을 나타내는 부분이다. 중국어에서 목적어는 일반적으로 모두 술어 동사 뒤에 놓인다. 단순목적어문과 이중목적어문이 있다.

1 목적어의 구성

목적어는 주어와 마찬가지로 명사, 대명사로 이루어지며 부사는 물론이고 기타실사와 각종단어도 목적어가 될 수 있다.

(1) 명사(구) 또는 대사

我正在看中文小说。
Wǒ zhèngzài kàn Zhōngwén xiǎoshuō.
　　나는 지금 중국어 소설을 보고 있다.

你在做什么?
Nǐ zài zuò shénme?
　　너는 지금 뭐하고 있니?

我认识他。
Wǒ rènshi tā.
　　나는 그를 안다.

(2) 수사 또는 수량사

二加二等于四。
Èr jiā èr děngyú sì.
　　2 + 3 = 4

他买了许多电影票,给我留了两张。
Tā mǎile xǔduō diànyǐng piào, gěi wǒ liúle liǎngzhāng.
그는 많은 영화표를 사서 나에게 두 장을 남겨주었다.

他的房间号码是309号。
Tāde fángjiān hàomǎ shì sānlíngjiǔ hào.
그의 방 번호는 309호이다.

(3) '的'자구

'的'는 하나의 명사를 꾸미는 작용을 맡고 있으며 항상 목적어 역할을 한다.

我买吃的, 你买喝的。
Wǒ mǎi chī de, nǐ mǎi hē de.
나는 먹을 것을 살게, 너는 마실 것을 사.

衬衣的样式很多, 您要什么样的?
Chènyī de yàngshì hěnduō, nín yào shénmeyàng de?
셔츠의 종류는 많은데 어떤 디자인을 원하세요?

我们图书馆的书很多, 有中文的, 也有外文的。
Wǒmen túshūguǎn de shū hěnduō, yǒu Zhōngwén de, yě yǒu wàiwén de.
우리 도서관의 책은 많아, 중국어 책도 있고, 영어 책도 있다.

(4) 동사(구) 또는 형용사(구)

동사, 형용사는 주어의 일종의 행위, 형상을 묘사하는 것으로 목적이 역할을 할 수 있다. 이 경우 술어에는 제한이 있다. 일반적으로 심리적 활동, 감각, 지각을 나타내는 동사로는 '喜欢, 表示, 认识, 认为, 知道, 要求, 禁止' 등이 있으며, 또한 시작, 지속, 처리를 나타내는 동사로는 '开始, 开始, 进行' 등이 있고, 획득, 증가, 감소를 나타내는 동사로는 得到, 添, 减少등이 있다.

我特别**喜欢**游泳, 不喜欢跳舞。

Wǒ tèbié xǐhuan yóuyǒng, bù xǐhuan tiàowǔ.

　　　　나는 특히 수영을 좋아하고 춤추는 것은 좋아하지 않는다.

她**表示**同意我们的意见。

Tā biǎoshì tóngyì wǒmen de yìjiàn.

　　　　그녀는 우리의 의견에 동의를 표했다.

这个问题我们已经**进行**了多次研究.

Zhège wèntí wǒmen yǐjīng jìnxíngle duōcì yánjiū.

　　　　이 문제에 대해 우리는 이미 여러 차례 연구를 했다.

禁止吸烟!

Jìnzhǐ xīyān.

　　　　흡연금지!

我**希**望你不要走。

Wǒ xīwàng nǐ búyào zǒu.

　　　　나는 네가 가지 않기를 바란다.

这样做能**减少**损失。

Zhèyàng zuò néng jiǎnshǎo sǔnshī.

　　　　이렇게 하면 손실을 줄일 수 있다.

(5) 개사구

개사구는 목적어를 만들 때에 모두 '是'자 문장 안에서 존재하며 '是'의 목적어를 만든다. 자주 볼 수 있는 것으로는 '在…', '为…', '为了…', '由于…' 등이 있다.

我认识新宇, 是在1991年冬天。

Wǒ rènshi Xīnyǔ, shì zài yī jiǔ jiǔ yī nián dōngtiān.

　　　　내가 신위를 알게 된 것은 1991년 겨울이다.

我这次来中国, 不是为了旅游, 而是为了学习。

Wǒ zhècì lái Zhōngguó, búshì wèile lǚyóu, érshì wèile xuéxí.

내가 이번에 중국에 온 것은 여행하기 위해서가 아니라 공부를 위해서이다.

他没来上课由于身体不好。
Tā méi lái shàngkè yóuyú shēntǐ bùhǎo.
　　그는 몸이 좋지 않아 수업하러 오지 못했다.

목적어와 주어, 술어는 같으면, 대화 안에서 생략도 가능하다.

　　A; 你认识马克吗?　　너 마크를 아니?
　　B; 认识。　　　　　　알아.

2 단순 목적어문과 이중 목적어문

타동사는 뒤에 목적어가 올 수도 있으며 목적어가 오지 않을 수도 있다.

　　他们听写。
　　他们听写汉字。
　　Tāmen tīngxiě Hànzì.
　　　　그들은 한자 받아쓰기를 한다.

목적어가 하나 있으면 단순 목적어문이라고 한다.

　　我喝啤酒。
　　Wǒ hē píjiǔ.
　　　　나는 맥주를 마신다.

　　你们先看电视吧。
　　Nǐmen xiān kàn diànshì ba.
　　　　너희들은 먼저 TV를 봐라.

몇몇 타동사는 두 개의 목적어문을 가질 수도 있으며, 앞의 목적어를 간접목적어, 뒤의 목적어를 직접 목적어라고 한다. 간접목적어는 사람을 가리키는 명사나 대사이고 직접목적어는 사람을 가리키는 명사나 명사구이다.

汉语老师教我们汉语。
Hànyǔ lǎoshī jiāo wǒmen Hànyǔ.
　　중국어 선생님은 우리에게 중국어를 가르쳐 주신다.

我们送她一个生日礼物。
Wǒmen sòng tā yíge shēngrì lǐwù.
　　우리는 그녀에게 생일선물을 주었다.

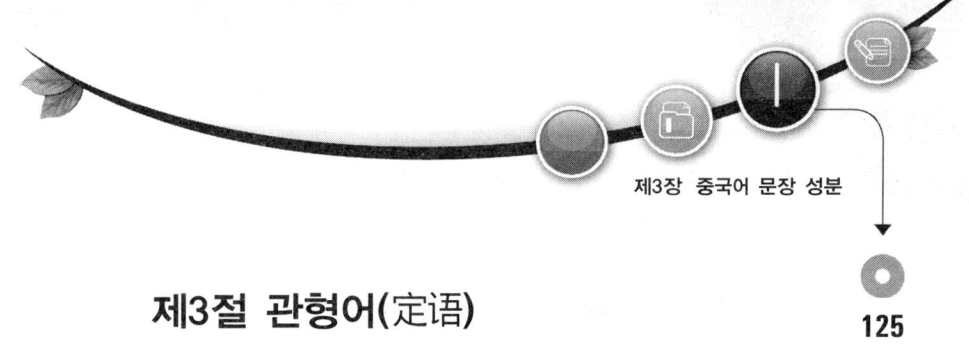

제3절 관형어(定语)

명사를 수식, 제한하는 낱말이나 구이다. 수식받는 말은 중심어이며 관형어는 중심어 앞에서 중심어의 성질, 형상, 재료, 수량, 소유, 소속, 장소, 시간, 범위 등을 나타낸다.

1 관형어의 구성

1) 명사가 관형어로 쓰인 경우

이때 주로 소속관계, 시간, 장소를 표현하는 명사가 관형어가 되며 일반적으로 '的'를 붙인다.

> 这是今天的报。
> Zhè shì jīntiān de bào.
> 　　　이것은 오늘 신문이다.
>
> 上边的报纸是新的, 下边的是旧的。
> Shàngbiān de bàozhǐ shì xīnde xiàbian de shì jiùde.
> 　　　위의 신문은 새것이고, 아래쪽의 것은 오래된 것이다.

단, 명사관형어가 중심어의 성질을 설명할 때는 '的'를 생략한다.

> 他是英国人。
> Tā shì Yīngguórén.
> 　　　그는 미국인이다.
>
> 墙上挂着世界地图。
> Qiáng shàng guàzhe shìjiè dìtú.
> 　　　벽에 세계지도가 걸려 있다.

2) 대사가 관형어로 쓰인 경우

인칭대명사가 관형어로 소속관계를 나타낼 때 '的'를 사용한다.

> 他的书是新的。
> Tāde shū shì xīnde.
>> 그의 책은 새것이다.

> 大家的事情应该大家办。
> Dàjiā de shìqíng yīnggāi dàjiā bàn.
>> 모두의 일은 마땅히 모두가 해야 한다

중심어가 친속 또는 소속단위일 때 '的'를 생략한다.

> 我爸爸是工程师, 妈妈是教师。
> Wǒ bàba shì gōngchéngshī, māma shì jiàoshī.
>> 나의 아버지는 기사이고, 어머니는 선생님이다.

> 他们班有十五个同学。
> Tāmen bān yǒu shíwǔge tóngxué.
>> 그들 반에는 15명의 급우가 있다.

지시대사와 양사가 관형어로 쓰일 때 '的'를 생략한다.

> 这本杂志是我从图书馆借的。
> Zhè běn zázhì shì wǒ cóng túshūguǎn jiède.
>> 이 잡지는 내가 도서관에서 빌린 것이다.

> 那间屋子有这间两个大。
> Nàjiān wūzi yǒu zhèjiān liǎngge dà.
>> 저 방은 이 방 크기의 2배이다.

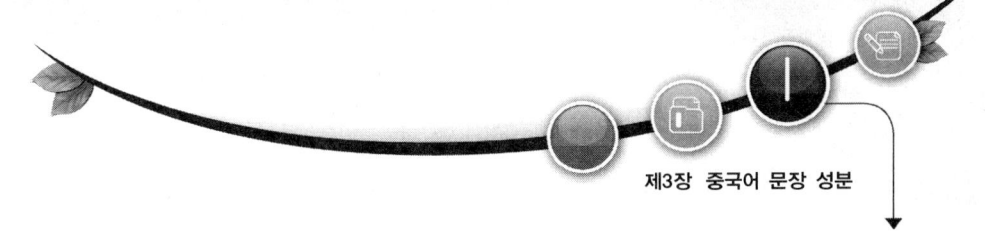

제3장 중국어 문장 성분

3) 수사, 수량사가 관형어로 쓰인 경우

수사, 수량사가 관형어로 쓰인 경우에는 일반적으로 '的'를 사용해야 한다.

四的二倍是多少?
Sì de èrbèi shì duōshǎo?
　　4의 2배는 얼마인가?

百分之九十的生词我都记住了。
Bǎifēn zhī jiǔshí de shēngcí wǒ dōu jìzhù le。
　　90%의 단어를 나는 기억한다.

관형어 역할을 하는 수량사는 일반적으로 '的'를 사용하지 않는다.

我要买一件大衣。
Wǒ yào mǎi yíjiàn dàyī.
　　나는 한 벌의 외투를 사려고 한다.

我们一起去拍一张照吧!
Wǒmen yìqǐ qù pāi yìzhāng zhào ba!
　　우리 함께 사진 한 장 찍으러 가자.

4) 형용사가 관형어로 쓰인 경우

단음절 형용사인 경우 '的'를 생략한다.

你别着急, 这是一件小事。
Nǐ bié zháojí, zhè shì yíjiàn xiǎoshì.
　　조급해하지 마라, 이것은 별일 아냐.

请给我一杯热咖啡。
Qǐng gěi wǒ yìbēi rè kāfēi.

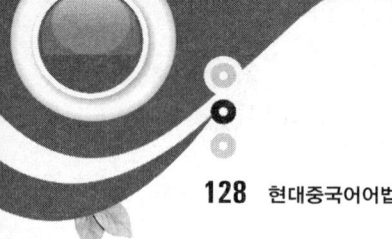

나에게 뜨거운 커피 한잔 주렴

관형어 역할을 하는 쌍음절 형용사는 일반적으로 '的'를 사용하나, 간혹 '的'를 생략할 수도 있다.

她是一位年轻的大夫。
Tā shì yíwèi niánqīng de dàifu.
　　그녀는 젊은 의사이다.

他有一个幸福(的)家庭。
Tā yǒu yíge xìngfú(de)jiātíng.
　　그는 행복한 가정을 가지고 있다.

관형어 역할을 하는 형용사구는 뒤쪽에 일반적으로 '的'를 사용한다.

这是一座非常古老的城市。
Zhè shì yízuò fēicháng gǔlǎo de chéngshì.
　　이것은 대단히 오래된 도시이다.

她是一个十分可爱的小姑娘。
Tā shì yíge shífēn kě'ài de xiǎogūniang.
　　그녀는 매우 귀여운 소녀이다.

형용사 '多', '少'가 관형어 역할을 할 때 앞쪽에는 일반적으로 '很', '不'를 더하고, 뒤쪽에는 '的'를 사용할 수가 없다.

很多外国朋友都去过长城。
Hěn duō wàiguó péngyou dōu qù Chángchéng.
　　매우 많은 외국 친구들이 모두 장성에 가보았다.

这篇文章不少(的)人都读过。

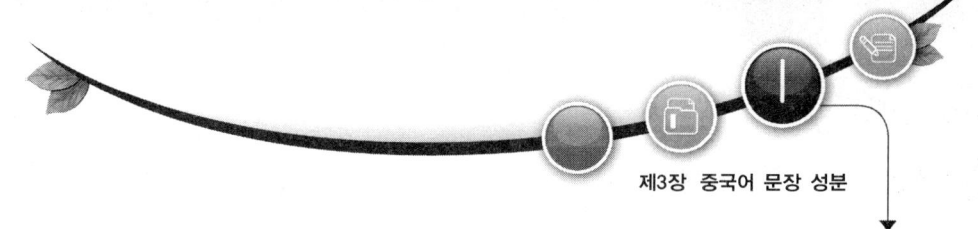

Zhè piān wénzhāng bùshǎo(de)rén dōu dúguo.
　　　　이 문장은 많은 사람들이 읽었다.

在夏天, 好多人都去海边游泳。
Zài xiàtiān, hǎoduō rén dōu qù hǎibiān yóuyǒng.
　　　　여름에 매우 많은 사람들이 해변으로 가서 수영을 한다.

5) 동사가 관형어로 쓰인 경우

동사가 관형어로 쓰인 경우에는 '的'를 사용한다.

早上锻炼的人可多呢!
Zǎoshang duànliàn de rén kě duō ne!
　　　　아침에 단련하는 사람이 매우 많은걸!

休息的时候, 大家都去喝茶了。
Xiūxi de shíhou, dàjiā dōu qù hēchá le.
　　　　휴식시간에 모두는 차를 마시러 갔다.

쌍음절 동사가 수식관계 나타낼 때는 일반적으로 '的'는 생략한다.

他的考试成绩很不错。
Tā de kǎoshì chéngjì hěn búcuò.
　　　　그의 성적은 매우 우수하다.

庆祝晚会在礼堂举行。
Qìngzhù wǎnhuì zài lǐtáng jǔxíng.
　　　　축하파티가 강당에서 거행되었다.

6) 동목구가 관형어로 쓰인 경우: '的'를 사용한다.

这是送她的生日礼物。
Zhè shì sòng tāde shēngrì lǐwù.
　　이것은 그녀에게 보내는 생일 선물이다.

夏天去海边的人真多。
Xiàtiān qù hǎibiān de rén zhēnduō.
　　여름에는 해변에 가는 사람들이 정말 많다.

7) 주술구가 관형어로 쓰인 경우: '的'를 사용한다.

这是丽莎画的画。
Zhè shì Lìshā huà de huà.
　　이것은 리사가 그린 그림이다.

你看看我借的这本小说吧!
Nǐ kànkan wǒ jiè de zhè běn xiǎoshuō ba
　　내가 빌린 이 소설책 좀 봐!

2 관형어의 배열 순서

어순은 '소유관계의 명사 또는 대사 + 지시대사 + 수량사 + 수식관계의 형용사나 명사'이다.

那两本词典	(그 두 권의 사전)
她的那两本词典	(그녀의 그 두 권의 사전)
她的那两本汉英词典	(그녀의 그 두 권의 중영사전)

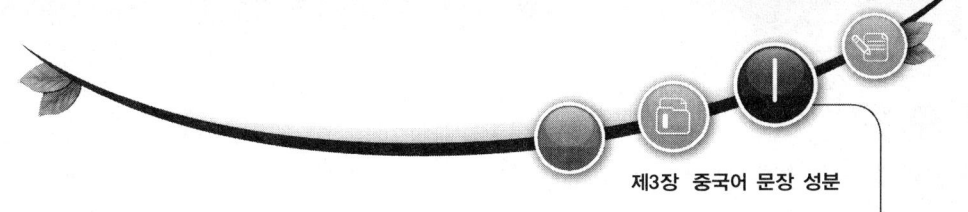

제3장 중국어 문장 성분

她的那两本新汉英词典　　　　　(그녀의 그 두 권의 새 중영사전)
她的那两本红色的新汉英词典　　(그녀의 그 두 권의 붉은 새 중영사전)
我的那两本新英文画报　　　　　(나의 그 두 권의 새 영문 화보)
她的那双漂亮的皮鞋　　　　　　(그녀의 그 한 쌍의 예쁜 구두)

제4절 부사어

부사어(狀语)는 동사, 형용사 앞의 수식어 성분을 말한다. '努力学习', '很忙'과 같이 수식하고자 하는 단어 또는 중심어 앞부분에 위치한다. 부사어는 술어 부분에 포함된다. 구조조사 '地'를 사용하기도 하고 생략하기도 한다.

1 용법

1) 부사가 부사어로 쓰인 경우

단음절 또는 쌍음절 부사의 경우 '地'를 생략한다.

他工作**很**忙。
Tā gōngzuò hěn máng.
그는 일하느라 바쁘다.

我现在**不**看这本书, 你看吧。
Wǒ xiànzài bú kàn zhèběn shū, nǐ kàn ba.
나는 지금 이 책을 보지 않으니, 네가 봐라.

他今天**又**去看电影了。
Tā jīntiān yòu qù kàn diànyǐng le.
그는 오늘 또 영화 보러 갔다.

他们班的同学**都**去北京旅行。
Tāmen bān de tóngxué dōu qù Běijīng lǚxíng.
그들 반의 급우들은 모두 베이징 여행을 갔다.

他**常常**锻炼身体。
Tā chángcháng duànliàn shēntǐ.
그는 자주 운동을 한다.

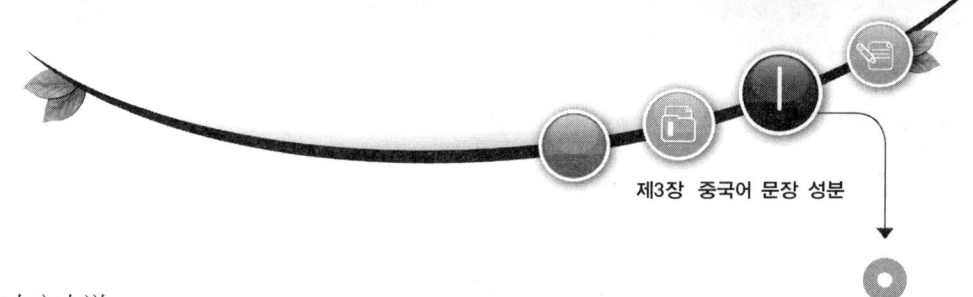

我**非常**喜欢中文小说。
Wǒ fēicháng xǐhuan Zhōngwén xiǎoshuō.
나는 중국어 소설을 매우 좋아한다.

2) 형용사가 부사어로 쓰인 경우

(1) 단음절 형용사인 경우 '地'를 생략한다.

你快走吧, 电影马上就要开始了。
Nǐ kuàizǒu Nǐ ba, diànyǐng mǎshàng jiùyào kāishǐ le.
빨리 가자, 영화가 곧 시작해.

我早来了, 在等着你呢!
Wǒ zǎo lái le, zài děngzhe nǐ ne!
나는 이미 와서, 너를 기다리고 있다.

学习外语应该多说多练习。
Xuéxí wàiyǔ yīnggāi duō shuō duō liànxí.
외국어 공부는 많이 듣고, 많이 말하고, 많이 연습해야 한다.

(2) 부사어 역할을 하는 쌍음절 형용사는 일반적으로 '地'를 사용한다.

我们愉快地来到了北京。
Wǒmen yúkuài de láidào le Běijīng.
우리는 유쾌하게 베이징에 도착했다.

他们努力(地)学习, 积极(地)锻炼身体。
Tāmen nǔlì(de)xuéxí, jījí(de) duànliàn shēntǐ.
그들은 열심히 공부하고, 적극적으로 몸을 단련한다.

(3) 단음절 혹은 쌍음절 형용사가 앞에서 또한 정도부사를 이끌 때, '地'를 사용한다.

他十分热情地握着我的手说：“见到你非常高兴。”

Tā shífēn rèqíng de wòzhe wǒde shǒu shuō: "Jiàndào nǐ fēicháng gāoxìng."

그는 매우 친절하게 나의 손을 잡고 "만나게 되어 매우 기쁘다"고 말했다.

她总是非常认真地帮助我。

Tā zǒngshì fēicháng rènzhēn de bāngzhù wǒ.

그녀는 늘 매우 진심으로 나를 도와주었다.

3) 시간사와 장소사가 부사어로 쓰인 경우

我们明天去长城游览。

Wǒmen míngtiān qù Chángchéng yóulǎn.

우리는 내일 장성으로 유람을 갈 것이다.

他晚上请我们吃饭。

Tā wǎnshang qǐng wǒmen chī fàn.

그는 저녁에 우리를 식사 초대했다.

我们七点半去看电影，好吗?

Wǒmen qīdiǎn bàn qù kàn diànyǐng, hǎoma?

우리는 7시 반에 영화를 보자, 괜찮아?

外边冷，我们里边坐吧!

Wàibiān lěng, wǒmen lǐbian zuò ba!

바깥쪽은 추우니, 우리는 안쪽에 앉자!

시간사와 장소사가 부사어로 쓰인 경우 '地'를 생략한다. 중국어의 부사어는 일반적으로 동사 혹은 형용사의 앞쪽에 있다. 시간, 장소, 범위의 부사어를 표시하고, 간혹 주어 앞에 있을 수도 있다.

昨天，他来到了北京。

Zuótiān, tā láidào le Běijīng.

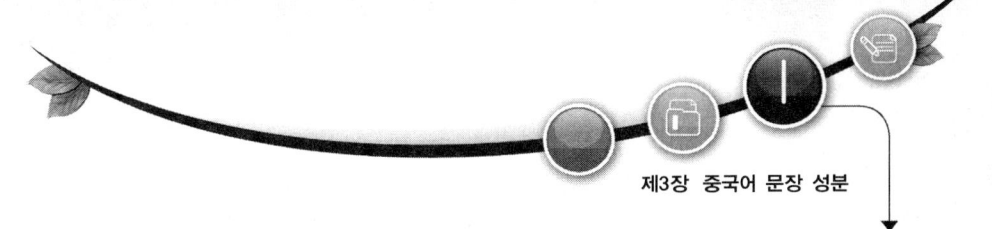

어제 그는 베이징에 도착했다.

十二点半, 我们去机场接她。
Shí'èr diǎn bàn, wǒmen qù jīchǎng jiē ta.
    12시 반에 우리는 공항에서 그녀를 만났다.

在北京市, 他是有名的医生了。
Zài Běijīng shì, tā shì yǒumíng de yīshēng le.
    베이징 시에서 그는 유명한 의사이다.

4) 개사구가 부사어로 쓰인 경우

시간사와 장소사가 부사어로 쓰인 경우에 '地'를 생략한다.

她在医院工作, 不在学校工作。
Tā zài yīyuàn gōngzuò, bú zài xuéxiào gōngzuò.
    그는 병원에서 일을 하지, 학교에서 일을 하지는 않는다.

我从去年九月开始学习汉语。
Wǒ cóng qùnián jiǔyuè kāishǐ xuéxí Hànyǔ.
    나는 작년 9월부터 중국어 공부를 시작했다.

2 부사어의 종류

1) 시간부사어

시간 부사어(时间状语)는 동작이 언제 발생하고 시간, 상황이 언제 나타나는지를 표시한다. 그것은 항상 부사, 시간명사, 개사구 혹은 기타 시간을 표시하는 단어로 충당한다. 부사는 일반적으로 동사 혹은 형용사 앞에 있고, 시간 부사어는 동사 혹은 형용사 앞에 있으며, 또한 주어 앞에 있을 수도 있다.

今年我要毕业回国了。
Jīnnián wǒ yào bìyè huíguó le.
　　올해 나는 곧 졸업하고 귀국한다.

他已经从上海回北京了。
Tā yǐjīng cóng Shànghǎi huí Běijīng le.
　　그는 이미 상하이에서 베이징으로 돌아갔다.

我从明天起骑车去学校。
Wǒ cóng míngtiān qǐ qíchē qù xuéxiào.
　　나는 내일부터 자전거를 타고 학교에 간다.

2) 장소 부사어

장소 부사어(处所状语)는 동작이 어느 곳에서 발생하는지, 혹은 상황이 어떤 곳에서 나타나는지를 설명한다.

他在邮局寄信呢!
Tā zài yóujú jì xìn ne!
　　그는 우체국에서 편지를 부치고 있어!

汽车朝南开去了。
Qìchē cháo nán kāi. gù le
　　자동차는 남쪽으로 갔다.

3) 정도부사어

정도 부사어(程度状语)는 성질에 도달한 어떤 정도를 설명한다. 일반적으로 수식을 받는 형용사 혹은 심리 활동을 나타내는 동사를 사용한다.

那位售票员很热情。
Nà wèi shòupiào yuán hěn rèqíng.

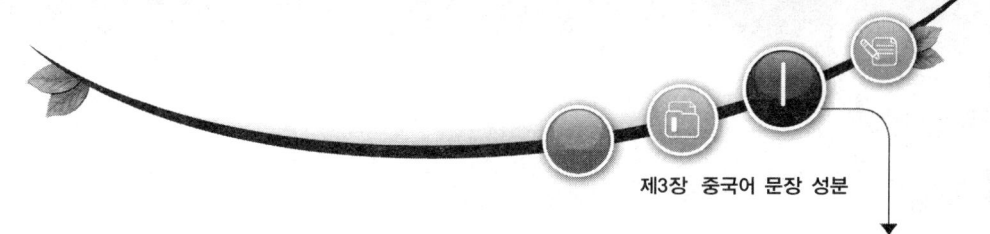

제3장 중국어 문장 성분

그 매표원은 매우 열정적이다.

见到你, 我感到特别高兴。
Jiàndào nǐ, wǒ gǎndào tèbié gāoxìng.

너를 만나게 되어 나는 매우 기쁘다.

我最喜欢听流行歌曲。
Wǒ zuì xǐhuan tīng liúxíng gēqǔ.

내가 제일 좋아하는 것은 유행가를 듣는 것이다.

4) 방식 부사어

방식 부사어(方式状语)는 동작이 어떻게 진행되는지를 설명한다. 그것은 항상 형용사 혹은 부사를 담당한다.

星期天我们一起去打网球了。
Xīngqītiān wǒmen yìqǐ qù dǎ wǎngqiú le.

일요일에 우리들은 함께 테니스를 치러 갔다.

我们经常互相学习, 互相帮助。
Wǒmen jīngcháng hùxiāng xuéxí, hùxiāng bāngzhù.

우리는 항상 서로 공부하고 서로 돕는다.

5) 대상 부사어

대상 부사어(对象状语)는 동작의 대상 혹은 동작을 가하는 사람을 표시한다. 그것은 항상 '给', '对', '由'등의 개사로 구성된 개사구로 충당한다.

他给我买了一本汉英词典。
Tā gěi wǒ mǎi le yìběn Hànyīng cídiǎn.

그는 나에게 하나의 한영사전을 사주었다.

我对他的回答很满意。

Wǒ duì tāde huídá hěn mǎnyì.
나는 그의 대답에 매우 만족스러웠다.

代表团由五人组成。
Dàibiǎotuán yóu wǔ rén zǔchéng.
대표단은 5명으로 구성된다.

6) 목적부사어

목적부사어(目的状语)는 동작의 목적을 설명한다. 그것은 '为', '为了'와 같은 개사로 구성된 개사구로 담당한다.

为辅导我们汉语, 老师经常早来晚走。
Wèi fǔdǎo wǒmen Hànyǔ, lǎoshī jīngcháng zǎolái wǎnzǒu.
우리에게 중국어를 가르쳐주시기 위해 선생님께서는 항상 일찍 오셨다 늦게 가신다.

让我们为两国人民的友谊, 干杯!
Ràng wǒmen wèi liǎngguó rénmín de yǒuyì, gānbēi!
우리 두 나라 인민의 우정을 위해 건배!

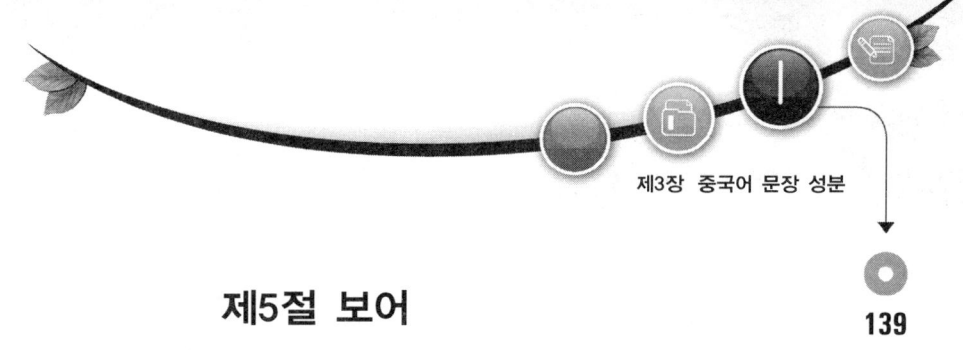

제3장 중국어 문장 성분

제5절 보어

보어(补语)는 동사 혹은 형용사 뒤에서 이를 보충 설명하는 성분이다. 동작이 경과한 시간, 수량, 정도, 결과, 방향, 가능성 및 사물의 성질과 형상의 정도 등을 보충 설명한다. 의미와 구조의 특성상 다음의 다섯 가지로 나눌 수 있다.

1 정도 보어

정도보어(程度补语)는 동사와 형용사 뒤에서 구조조사 '得'로 보어를 연결해 동작이 이르고자 하는 정도나 상태를 설명한다. 부정문은 부정부사 '不'를 '得'와 보어 사이에 놓는다. 이때 발음의 강세는 보어부분에 있다.

　　他每天都起得**很早**。
　　Tā měitiān dōu qǐde hěn zǎo.
　　　　그는 매일 아주 일찍 일어난다.

　　他每天都起得**不早**。
　　　　그는 매일 일찍 일어나지 않는다.

1) 정도보어가 될 수 있는 낱말이나 구

정도보어는 형용사, 부사와 기타 구 등의 종류로 충당된다.

(1) 형용사 또는 형용사구

　　① 他翻译得很**好**。
　　　　Tā fānyì de hěnhǎo.
　　　　　그는 번역을 매우 잘 한다.

　　② 他写汉字写得**跟中国人一样快**。

Tā xiě Hànzì xiěde gēn Zhōngguórén yíyàng kuài.

그녀가 한자를 쓰는 속도가 중국인처럼 빠르다.

(2) 동사 또는 동사구

③ 听到这个好消息，我们高兴得**跳**呀，**唱**呀。

Tīngdào zhège hǎoxiāoxi, wǒmen gāoxìng de tiào ya, chàng ya.

이 좋은 소식을 듣고, 우리는 기뻐서 춤추고 노래했다.

④ 孩子们高兴得**跳了起来**。

Háizimen gāoxìng de tiào le qǐlái.

아이들이 기뻐서 춤추기 시작했다.

(3) 주술구

⑤ 他讲得**大家都笑起来了**。

Tā jiǎngde dàjiā dōu xiào qǐlái le.

그가 이야기하는 것이 모두를 웃겼다.

⑥ 她画得**好**极了。

Tā huà de hǎojíle.

그녀는 그림을 정말 잘 그린다.

※ 정도보어와 중심어 사이에 반드시 구조조사 '得(de)'를 써야 한다.

玛丽唱得很好。

Mǎlì chàng de hěnhǎo.

마리는 노래를 잘 부른다.

彼得汉语说得很流利。

Bǐdé Hànyǔ shuō de hěn liúlì.

피터는 중국어를 매우 유창하게 말한다.

> ※ 동사가 목적어를 동반할 때, 정도보어를 사용하려면 동사를 반복하여 사용하며 이때 앞 동사를 생략할 수도 있다.
>
> 他(说)汉语说得很流利。(=他汉语说得不错)
> 그는 중국어를 아주 유창하게 말한다.
>
> 他回答问题回答得很完整。
> Tā huídá wèntí huídá de hěn wánzhěng.
> 그는 문제에 완벽하게 답했다.

2) 정도보어의 부정형식

정도보어의 부정형식은 보어를 보충하는 형용사에 대한 부정이다.

他翻译得不对。
Tā fānyì de búduì.
    그가 번역한 것이 맞지 않다.

她睡得不早。
Tā shuì de bù zǎo.
    그녀는 일찍 자지 않는다.

정도보어를 지닌 문장의 정반 의문문은 보어의 긍정형식과 부정형식을 병렬한다.

丽莎唱得好不好?
Lìshā chàng de hǎobuhǎo?
    리사는 노래 잘해, 못해?

昨天你睡得晚不晚?
Zuótiān nǐ shuì de wǎnbuwǎn?
    어제 너 늦게 잤니?

※ 주술구가 정도보어일 때 조사 '得'은 반드시 중심어 뒤에 와야 한다. 목적어를 강조하거나 목적어가 비교적 복잡할 때는 목적어를 동사의 앞이나 주어의 앞에 놓을 수 있다. 정도 보어를 지닌 문장에서, 목적어를 문장 앞으로 도치시키면 동사 중복은 필요 없게 된다.

他车开得很好。
Tā chē kāi de hěnhǎo.
　　그는 운전을 매우 잘 한다.

那篇文章他翻译得很好。
Nàpiān wénzhang ta fanyi de hěnhǎo.
　　그는 그 문장을 매우 잘 번역했다.

2 가능 보어

가능보어(可能补语)는 동사 뒤에 놓여 동작이 어떤 결과나 상황에 도달할 수 있는지의 여부를 보충 설명한다. 동사와 결과보어 혹은 방향보어의 사이에 반드시 구조조사 '得'가 더해진다.

他讲得不快, 我们都听清楚。
Tā jiǎngde búkuài, wǒmen dōu tīng qīngchu.
　　그가 말은 빠르지 않아 우리들은 모두 분명히 알아들었다.

那座山不高, 我们爬得上去。
Nàzuò shān bùgāo, wǒmen pá de shàngqù.
　　저 산은 높지 않아서 우리는 오를 수 있다.

现在去, 吃晚饭前回得来吗?
Xiànzài qù, chī wǎnfàn qián huídelái ma?

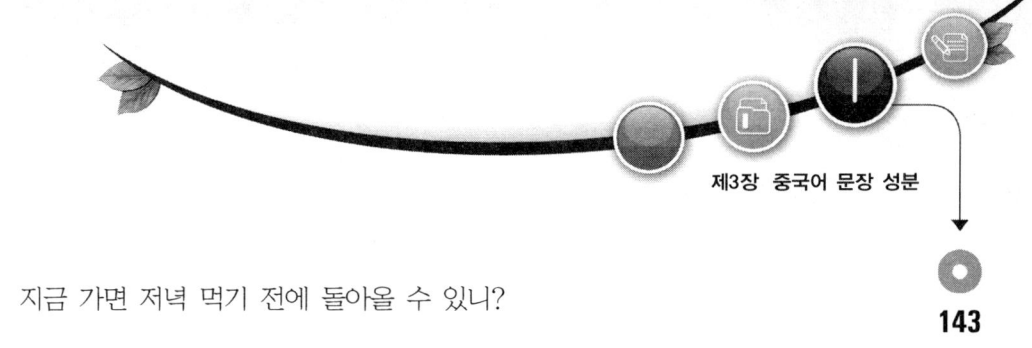

지금 가면 저녁 먹기 전에 돌아올 수 있니?

1) 어법특징

(1) 결과보어와 방향보어 앞에 구조조사 '得'을 넣으며 불가능일 경우 '得'대신 '不'를 넣는다. 발음의 강세는 동사에 있다.

> 看懂 kàndǒng : 看得懂, 看不懂
> 走完 zǒuwán : 走得完, 走不完
> 跳过去 tiàoguoqù : 跳得过去, 跳不过去

她根本什么也看不见、听不见。
Tā gēnběn shénme yě kànbujiàn、tīngbujiàn.
　　　그녀는 아무것도 보지도 듣지도 못했다.

我现在可以看得出来谁是我真正的朋友。
Wǒ xiànzài kěyǐ kànde chūlái shuí shì wǒ zhēnzhèng de péngyou.
　　　나는 지금 누가 내 진정한 친구인지 알아 볼 수 있다.

(2) 동사가 목적어를 동반할 때, 목적어는 가능보어의 뒤에 놓인다. 만약 비교적 긴 목적어는 문두에 놓는다.

我学了几个月汉语，现在可以看得懂≪五百字故事≫。
Wǒ xuéle jǐge yuè Hànyǔ, xiànzài kěyǐ kàn de dǒng ≪Wǔbǎi zì gùshi≫
　　　몇 개월 중국어를 배워 지금은 ≪오백자고사≫를 읽을 수 있다.

你借给我的那些杂志明天看不完。
Nǐ jiè gěi wǒde nàxiē zázhì míngtiān kàn bu wán.
　　　네가 내게 빌려준 그 잡지들을 내일까지 다 볼 수 없다.

(3) 가능보어의 정반의문문 형식은 가능보어의 긍정형식과 부정형식을 나열하여 만든다.

这些句子一个小时你翻译得完翻译不完?
Zhèxiē jùzi yíge xiǎoshí nǐ fānyì de wán fānyì bù wán?
　　이 문장들을 너는 한 시간에 번역을 다 할 수 있니?

长城最高的地方你爬得上去爬不上去?
Chángchéng zuìgāode dìfang nǐ pá de shàngqù pá bú shàngqù?
　　장성에서 제일 높은 곳을 너는 오를 수 있니?

(4) 가능보어는 조동사 '能' 또는 '可以'를 일부 대신할 수 있다.

那座山不高，我们一定爬得上去。(我们一定可以爬上去。)
Nà zuò shān bùgāo, wǒmen yídìng pá de shàngqù.
　　그 산은 높지 않아 우리는 반드시 올라 갈 수 있다.

我可以进来吗?(≠我进得来吗?)
Wǒ kěyǐ jìnlái ma?
　　제가 들어가도 될까요?

(5) 가능의 의미를 강조하기 위해 가능보어의 동보구조 앞에 '能' 또는 '可以'를 더할 수 있다.

这辆汽车我自己能修理好。
Zhè liàng qìchē wǒ zìjǐ néng xiūlǐ hǎo.
　　이 차를 나는 스스로 잘 수리할 수 있다.

我们骑自行车去，中午可以回得来。
Wǒmen qí zìxíngchē qù, zhōngwǔ kěyǐ huí de lái.
　　우리들은 자전거를 타고 가니까, 정오에는 돌아올 수 있다.

그러나 상대방의 허락을 구할 때는, 오직 능원동사만 사용하고 가능보어는 사용할 수 없다.

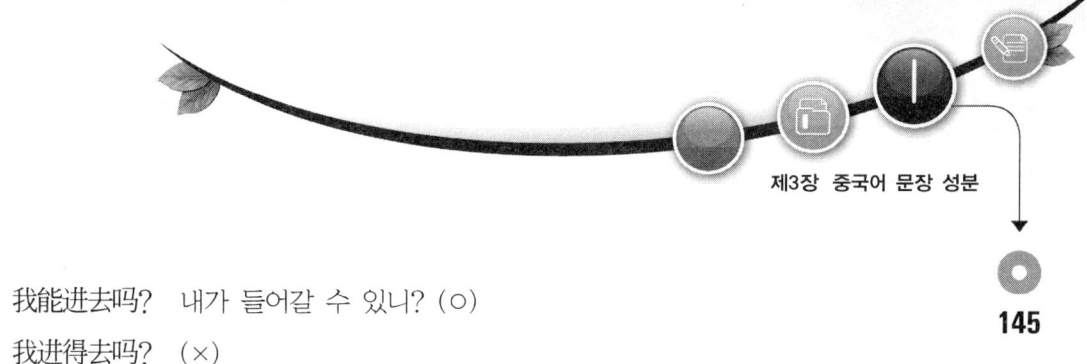

我能进去吗? 내가 들어갈 수 있니? (○)
我进得去吗? (×)

(6) 동사가 목적어를 동반할 때 목적어는 가능보어 뒤에 놓으며, 목적어가 길면 보어 앞에 놓이기도 한다.

下午四点之前你做得完今天的作业吗?
Xiàwǔ sìdiǎn zhīqián nǐ zuòdewán jīntiān de zuòyè ma?
오후 4시 전에 너는 오늘 숙제를 다 했니?

他借给我的那本中文小说我看不懂。
Tā jiè gěi wǒde nà běn Zhōngwén xiǎoshuō wǒ kànbudǒng.
그가 나에게 빌려준 중국어 소설을 나는 읽을 수 없다.

2) 가능보어와 정도보어의 비교

(1) 가능보어와 정도보어는 의미상 같지 않은데, 가능보어는 가능을 나타내고, 정도보어는 정도를 표시하며 이 차이는 문장 내 언어 환경에 의해서 구분할 수 있다.

这个字这么复杂, 他写得好吗? (가능보어)
Zhège zì zhème fùzá, tā xiědehǎo ma?
이 글자가 이렇게 복잡한데 그가 잘 쓸 수 있을까?

大家说他这个字写得好。 (정도보어)
Dàjiā shuō tā zhège zì xiědehǎo.
모두가 그가 이 글자를 아주 잘 썼다고 말했다.

(2) 가능보어의 앞에는 부사어를 지닐 수 없고 정도 보어의 앞에는 항상 부사어를 지닌다.

他的汉字写得特别漂亮。
Tāde Hànzì xiě de tèbié piàoliang.

그는 한자를 특별히 예쁘게 쓴다.

他说汉语说得跟中国人一样流利。

Tā shuō Hànyǔ shuō de gēn Zhōngguórén yíyàng liúlì.

그가 중국어를 중국인처럼 유창하게 말한다.

(3) 가능보어의 뒤에는 목적어를 지닐 수 있으며, 정도보어의 뒤에는 목적어를 지닐 수 없다.

今晚我做得完这些作业。

Jīnwǎn wǒ zuòdewán zhèxiē zuòyè.

오늘 저녁에 나는 이 숙제들을 끝낼 수 있다.

我的汽车坐得下五个人。

Wǒde qìchē zuòdexià wǔge rén.

내 차에는 5명이 앉을 수 있다.

3) 자주 쓰이는 가능보어

동작이 진행되어 긍정적인 결과를 얻을 수 있음을 나타낸다. 때로 '完'의 의미도 가진다.

明天上午你来得了吗?

Míngtiān shàngwǔ nǐ láideliǎo ma?

내일 오전에 너 올 수 있니?

我明天有事，看不了你的演出了。

Wǒ míngtiān yǒushì, kànbuliǎo nǐde yǎnchū le.

나는 내일 일이 있어서 너의 공연을 못 봐.

你喝得了一瓶啤酒吗?

Nǐ hē deliǎo yìpíng píjiǔ ma?
맥주 한 병 다 마실 수 있어요?

动

어떠한 동작을 통해 사람이나 사물을 움직일 수 있는 힘이 있음을 나타낸다.

我太累了，走不动了，咱们休息一会吧。
Wǒ tài lèi le, zǒubudòng le, zánmen xiūxi yíhuì bā.
　　나는 너무 피곤해서 걸을 수 없으니 우리 잠시 쉬자.

我们抬得动这张床。
Wǒmen táidedòng zhèzhāng chuáng.
　　우리는 이 침대를 옮길 수 있다.

着

지난 동작이 어떤 목적에 도달했음을 나타낸다.

那本书图书馆里有，我借得着。
Nàběn shū túshūguǎn li yǒu, wǒ jièdezháo.
　　그 책이 도서관에 있어서 내가 빌려왔다.

这个谜语，你猜得着吗?
Zhège míyǔ, nǐ cāidezháo ma?
　　이 수수께끼를 넌 맞힐 수 있니?

下

어떤 장소에 사람이나 사물을 수용할 충분한 공간이 있음을 나타낸다.

这个教室比较大，坐得下五十人。
Zhège jiàoshì bǐjiào dà, zuòdexià wǔshí rén.
　　이 교실은 큰 편이어서 50명이 앉을 수 있다.

这么多字，这张纸写得下吗？
Zhème duō zì, zhè zhāng zhǐ xiědexià ma?
　　이렇게 많은 글자를 이 종이에 쓸 수 있을까？

어떤 동작을 통해 목적을 달성하거나 목표물을 잃음을 나타낸다.

这本书还买得上吗？
Zhèběn shū hái mǎideshàng ma?
　　이 책을 살 수 있을까？

他很努力，今年一定考得上研究生。
Tā hěn nǔlì, jīnnián yídìng kǎodeshàng yánjiūshēng.
　　그는 아주 열심이니 올해 대학원 시험에 반드시 붙을 거야.

어떠한 능력(지식, 기술)이 있어 어떠한 동작을 진행함을 나타낸다.

老师问的问题，他都回答得上来。
Lǎoshī wènde wèntí, tā dōu huídá de shànglái.
　　선생님이 묻는 질문에 그는 모두 대답했다.

你讲得故事我听得懂，但是说不上来。
Nǐ jiǎngde gùshi wǒ tīngdedǒng, dànshì shuō bu shànglái.
　　나는 네가 한 이야기를 알아들었지만, 말할 수는 없다.

제3장 중국어 문장 성분

3 결과 보어

결과보어(结果补语)는 동사 뒤에서 동작의 결과를 보충 설명한다.

1) 어법 특징

(1) 의미상 동작의 결과를 보충 설명할 수 있는 동사나 형용사만 결과보어가 될 수 있다.

동 사 : 会 huì　　完 wán　　见 jiàn　　懂 dǒng　　开 kāi　　死 sǐ
　　　　住 zhù　　到 dào　　给 gěi　　倒 dào　　掉 diào　　着 zháo…
형용사 : 对 duì　　错 cuò　　大 dà　　早 zǎo　　晚 wǎn　　好 hǎo
　　　　坏 huài　　惯 guàn　　清楚 qīngchu　　干净 gānjìng　　整齐 zhěngqí…

我写完那篇文章了。
Wǒ xiěwán nàpiān wénzhāng le.
　　나는 그 문장을 다 썼다.

他学会开车了。
Tā xuéhuì kāichē le.
　　그는 운전하는 법을 배웠다.

黑板上的字我看清楚了。
Hēibǎn shàng de zì wǒ kàn qīngchu le.
　　칠판 위의 글자를 난 분명히 봤다.

(2) 결과보어와 중심어는 긴밀히 결합되어 기타 성분이 끼어들 수 없으며, 목적어나 동태조사 '了'또는 '过'는 반드시 결과보어 다음에 위치한다.

我看完了那本小说了。
Wǒ kàn wán le nà běn xiǎoshuō le.

　　　　나는 그 소설을 다 보았다.

　　我去过那个地方。
　　Wǒ qùguo nàge dìfāng.
　　　　나는 그 지역에 간 적이 있다.

　(3) 부정문은 동사 앞에 부정부사 '没(有)'를 사용해 결과를 얻지 못했음을 나타내며, 조건을 나타내거나 부정적인 바람을 강조할 때는 '不'를 사용한다.

　　我没问清楚。
　　Wǒ méi wèn qīngchu.
　　　　나는 분명히 묻지 못했다.

　　这个故事我没听懂。
　　Zhège gùshi wǒ méi tīngdǒng.
　　　　이 이야기를 나는 알아듣지 못했다.

　　我不做完作业就不去游泳。
　　Wǒ bú zuòwán zuòyè jiù búqù yóuyǒng.
　　　　나는 숙제를 다 안하면 수영하러 가지 않겠다.

　　你不说清楚，我们就不能帮助你。
　　Nǐ bù shuō qīngchu, wǒmen jiù bùnéng bāngzhù nǐ.
　　　　네가 분명히 말하지 않으면 우리가 너를 도울 수 없다.

　(4) 결과보어의 정반의문문 형식은 가능보어의 긍정형식과 부정형식을 나열하여 만든다.

　　那篇文章你看完了没了？
　　Nàpiān wénzhāng nǐ kàn wán le méi le?
　　　　저 문장을 넌 다 봤니, 못 봤니?

　　你学会骑车没了？
　　Nǐ xuéhuì qíchē méi le?

너는 운전을 배웠니, 안 배웠니?

2) 상용되는 결과보어

사람이나 사물이 어떠한 동작을 통해 어느 지점, 목적에 도달했는가, 동작이 어느 시간까지 지속되었는가를 나타낸다.

他已经回到家了。
Tā yǐjīng huídào jiā le.
　　나는 이미 집에 도착했다.

他买到那本英语小说了。
Tā mǎidào nàběn Yīngyǔ xiǎoshuō le.
　　그는 그 영어 소설을 샀다.

他每天晚上都学习到十一点钟。
Tā měitiān wǎnshang dōu xuéxí dào shíyīdiǎn zhōng.
　　그는 매일 저녁 11시까지 공부한다.

동작의 결과 사람이나 사물이 어떤 일정한 장소에 정착, 또는 존재한다. 이때 '在'뒤에는 항상 방위, 장소 나타내는 목적어가 온다.

他躺在草地上。
Tā tǎngzài cǎodì shang.
　　그는 잔디에 누웠다

我把文件放在你的桌子上了。

Wǒ bǎ wénjiàn fàngzài nǐde zhuōzi shàng le.
문서를 당신 책상 위에 올려놓았습니다.

开

사람 또는 사물이 동작을 통해 분리, 이동, 개방을 나타낸다.

请打开书，翻到第35页。
Qǐng dǎkāi shū, fāndào dì sānshíwǔ yè.
책을 열어 35페이지를 펴세요.

请你把门推开。
Qǐng nǐ bǎ mén tuīkāi.
문을 여세요.

张开嘴。
Zhāng kāi zuǐ.
입을 벌리다.

见

감각을 나타내는 동사 다음에서 동작의 결과를 나타낸다.

A: 你们看，树下边站着的那个人是谁？
Nǐmen kàn, shù xiàbian zhànzhe de nàge rén shì shuí?
얘들아 봐봐, 나무 아래 서있는 사람이 누구니?

B: 我看见了，是小王。
Wǒ kànjiànle, shì Xiǎo Wáng.
보인다, 小王이야.

他没有注意听，所以我刚才说的话他没有听见。

Tā méiyǒu zhùyì tīng, suǒyǐ wǒ gāngcái shuō de huà tā méiyǒu tīngjiàn.
그는 주의 깊게 듣지 않아, 내가 방금 한 말을 알아듣지 못했다.

동작이 예상되는 목적이나 결과에 도달했음을 나타낸다.

那本书我没买着, 借着了。
Nàběn shū wǒ méi mǎizháo, jièzháo le.
　　그 책을 나는 사지 못해 빌렸다.

昨天我去你宿舍的时候, 你睡着了。
Zuótiān wǒ qù nǐ sùshè de shíhou, nǐ shuìzháo le.
　　어제 나는 기숙사에 갔을 때, 너는 잠들었다.

住

동작을 통해 사람이나 사물을 어떤 장소에 고정, 또는 안정된 상태로 두는 것을 나타낸다.

给你铅笔, 拿住, 别掉了。
Gěi nǐ qiānbǐ, ná zhù, bié diào le.
　　너에게 연필을 줄게, 잘 들고 떨어뜨리지 마라.

这些生词我都记住了。
Zhèxiē shēngcí wǒ dōu jìzhù le.
　　이 단어들을 나는 기억했다.

동작이 완료되거나 만족한 상태에 이르렀음을 나타낸다.

我一定学好中文。
Wǒ yídìng xuéhǎo Zhōngwén.
나는 꼭 중국어를 잘 배우겠다.

请大家坐好，要开会了。
Qǐng dàjiā zuò hǎo, yào kāihuì le.
모두들 앉으세요, 회의를 시작합니다.

동작이나 행위가 완료됨을 나타낸다.

我看完了你给我的那本小说。
Wǒ kànwánle nǐ gěi wǒde nàběn xiǎoshuō.
네가 준 그 소설을 다 읽었다.

今天的作业我都作完了，我可以出去玩儿吗?
Jīntiān de zuòyè wǒ dōu zuòwánle, wǒ kěyǐ chūqù wánr ma?
오늘 숙제를 다 했는데, 나가 놀아도 되요?

동작 행위의 결과로 이해하게 되었음을 나타낸다.

你说得不清楚，大家都没有听懂。
Nǐ shuō de bù qīngchu, dàjiā dōu méiyǒu tīngdǒng.
네 말이 분명치 않아 모두 알아듣지 못했다.

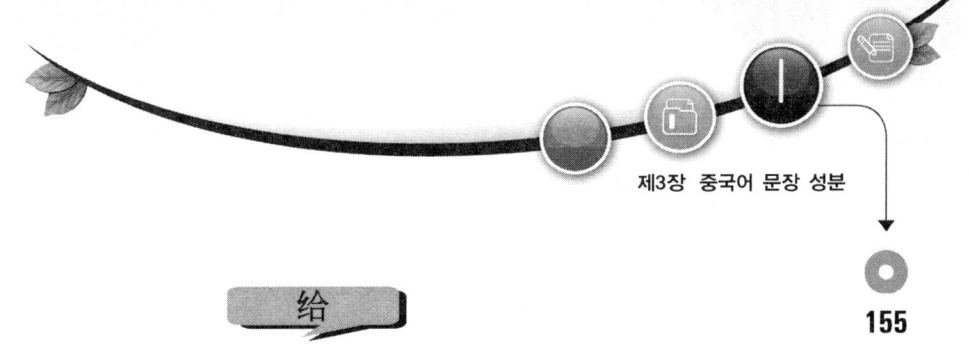

给

동작의 결과로 무언가를 사람에게 주어진 것을 나타낸다. 뒤에는 반드시 사람이나 집단을 나타내는 말이 온다.

他借给我一本小说。
Tā jiè gěi wǒ yìběn xiǎoshuō.
　　그는 나에게 소설 한권을 빌려 주었다.

那本词典我已经还给他了。
Nàběn cídiǎn wǒ yǐjīng huángěi tā le.
　　그 사전을 나는 이미 그에게 돌려주었다.

결과보어로 쓰일 때 동작의 완성 뒤에 합쳐지거나 결합한 결과를 나타낸다.

屋里有点冷，请关上窗户。
Wūli yǒudiǎn lěng, qǐng guānshang chuānghu.
　　방이 좀 추워요, 창문 좀 닫아주세요.

你不看电视，就把它关上吧。
Nǐ bú kàn diànshì, jiù bǎ tā guānshang ba.
　　너 TV 안 볼 거면 꺼라.

또한 동작을 통해 어떤 사물로 하여금 존재하게 하거나 어떤 곳에 부착되게 함을 나타낸다.

下雨了，穿上我的雨衣去吧!
Xiàyǔ le, chuānshang wǒde yǔyī qù ba!
　　비 온다, 내 우의 입고 가!

请在本子上写上自己的名字。
Qǐng zài běnzi shàng xiěshang zìjǐde míngzi.
공책 위에 자기 이름을 써 주세요.

동사 '见'은 결과보어의 역할을 하며 자주 '听', '看'과 같은 동사의 뒤에 쓰여 감각을 나타낸다. '看'은 눈으로 '본다'는 것으로 잘 보이는지 안 보이는지는 확실치 않다. 그러나 '看见'은 확실히 보이는 것이다. '听'과 '听见'도 마찬가지로 다르다.

昨天在商店我看见他在买东西。
Zuótiān zài shāngdiàn wǒ kànjian tā zài mǎi dōngxi.
어제 상점에서 난 그가 물건을 사는 것을 보았다.

我听见有人敲门。
Wǒ tīngjian yǒu rén qiāomén.
나는 누군가 문을 두드리는 소리를 들었다.

가능보어와 정도보어, 결과보어의 비교

	可能补语	程度补语	结果补语
긍정형식	写得好	写得好(写得很好)	写好了
부정형식	写不好	写得不好	没写好
정반의문문	写得好写不好	写得好写得不好	写好没写好
목적어동반	写得好汉字	写汉字写得好	汉字写好了
보어동반		写得好极了	

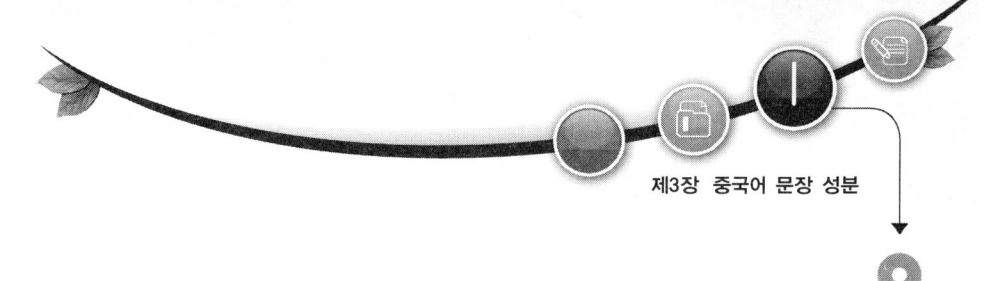

4 방향 보어

방향보어(趋向补语)는 방향을 나타내는 동사 '来', '去'와 '上', '下', '进', '出', '回', '过', '起' 등이 다른 동사의 뒤에 쓰여 그들의 보어를 충당하고, 동작의 방향을 보충 설명한다. 방향보어는 다음의 두 가지가 있다.

1) 단순방향보어: 来, 去

(1) 방향보어가 나타내는 방향은 말하는 사람을 기준으로 하며, 경성으로 읽는다.

他上来了。
Tā shànglái le.
　　그는 올라 왔다.

他带去了。
Tā dàiqù le.
　　그는 가지고 갔다.

他向我这儿跑来了。
Tā xiàng wǒ zhèr pǎo lái le.
　　그는 나 있는 곳으로 뛰어 왔다.

(2) 방향보어와 중심어 사이에 구조조사 '得'를 사용하지 않는다.

上去。
　　올라가다.

我们上得去。　　(이때 去는 上의 가능 보어)
Wǒmen shàng de qù.
　　우리는 올라 갈 수 있다.

(3) 목적어가 장소, 방위 나타낼 때 목적어는 동사와 방향보어 사이에 놓는다. 이때 동태조사 '了'는 사용 못하며 문미에 어기조사만이 사용된다.

他回学校去了。
Tā huí xuéxiào qù le.
　　그는 학교로 돌아간다.

他上楼来了。
Tā shànglóu lái le.
　　그는 이층으로 올라왔다.

他跑回家去了。
Tā pǎo huíjiā qù le.
　　그는 집으로 뛰어 갔다.

(4) 목적어가 사람이나 사물 나타낼 때 방향보어의 앞 또는 뒤에 놓을 수 있다. 이때 동태조사 '了'는 동사와 보어 사이에, 또는 보어 뒤에 놓을 수 있다.

他从外边搬来了一把椅子。
Tā cóng wàibiān bānlái le yì bǎ yǐzi.
　　그는 밖에서 의자 하나를 옮겨 왔다.

我要给小王带一封信去。
Wǒ yào gěi Xiǎo Wáng dài yì fēng xìn qù.
　　나는 小王에게 편지 한통을 가져가라고 주었다.

他买了三公斤水果来。
Tā mǎi le sān gōngjīn shuǐguǒ lái.
　　그는 3kg의 과일을 사가지고 왔다.

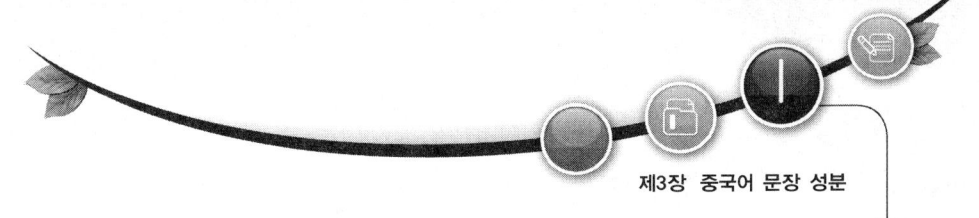

2) 복합방향보어

동사 '上', '下', '进', '出', '回', '过', '起' 등의 뒤에 간단한 방향보어 '来', '去'가 더해진 후, 다른 동사의 보어 역할이 가능해서 동작의 방향을 나타낸다.

(1) 8개의 동사와 단순방향보어와 결합하여 15개의 동보구를 구성한다. '来, 去'의 방향은 단순방향보어와 같다.

	上	下	进	出	回	过	起	到
来	上来	下来	进来	出来	回来	过来	起来	到…来
去	上去	下去	进去	出去	回去	过去		到…去

'上来, 上去'는 동작이 낮은 곳에서 높은 곳으로 이동함을 나타내며, '下来, 下去'는 높은 곳에서 낮은 곳으로 이동함을 나타낸다. '进来, 进去, 出来, 出去'는 동작의 출입이 어떠한 장소로부터임을 나타낸다. '过来, 过去'는 동작이 사물의 위치를 바꿔 놓거나 사물의 방향을 전환시킴을 나타낸다.

복합방향보어를 지닌 동사의 뒤에, 만약 장소를 나타내는 목적어가 있으면, 목적어는 반드시 '来, 去'의 앞에 놓인다.

> 他走进图书馆来了。
> Tā zǒu jìn túshūguǎn lái le.
> 　　그는 도서관으로 들어왔다.
>
> 汽车开过车库去了。
> Qìchē kāi guò chēkù qù le.
> 　　차는 차고 안으로 들어갔다.

만약 목적어가 일반 사물을 나타내는 단어나 구일 때, 그것은 '来 , 去'의 앞에 놓을 수 있고, 또한 '来 , 去'의 뒤에 놓을 수 있다.

拿出你的照片来, 给大家看看。
Ná chū nǐ de zhàopiàn lái, gěi dàjiā kànkan.
　　너의 사진을 꺼내서, 모두에게 보여줘라.

'了'는 일반적으로 문미에 놓는다. 만약 목적어를 지니지 않는 동사라도 동사의 뒤에 놓을 수 있다.

他爬上长城去了。
Tā páshàng Chángchéng qù le.
　　그는 장성을 기어 올라갔다.

汽车开过桥去了。
Qìchē kāi guò qiáo qù le.
　　차는 다리를 지나갔다.

我们叫她下来, 她就从楼上跑了下来。
Wǒmen jiào tā xià lái, tā jiù cóng lóushàng pǎo le xià lái.
　　우리는 그녀에게 내려오라 했고, 그녀는 위층에서 곧 뛰어 내려왔다.

(2) 복합방향보어의 의미 확대

동작이 시작되어서 계속됨을 나타낸다.

听了她的话, 大家都笑起来了。
Tīng le tā de huà, dàjiā dōu xiào qǐlái le.
　　그의 말을 듣고 모두는 웃기 시작했다.

분산된 상태에서 집중됨을 나타낸다.

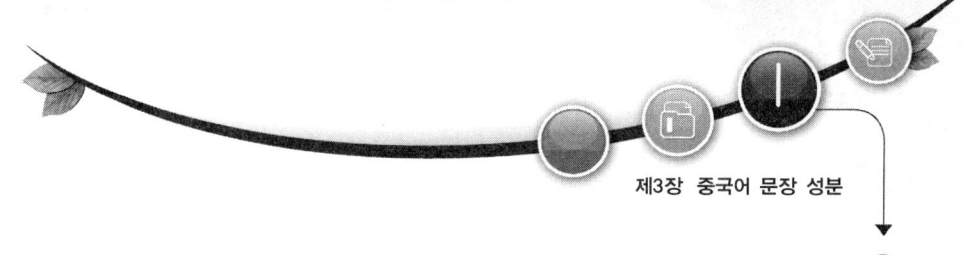

我们应该团结起来。
Wǒmen yīnggāi tuánjié qǐlái.
　　　우리는 단결해야만 한다.

用过的书你可以收起来了。
Yòng guò de shū nǐ kěyǐ shōu qǐlái le.
　　　사용한 책은 거두어 들어도 됩니다.

동작의 실제적인 진행(做…的时候)을 나타낸다.

说起来容易，做起来难。
Shuō qǐlái róngyì, zuò qǐlái nán.
　　　말하기는 쉽지만 하기는 어렵다.

기억해 어떠한 결과가 있음을 나타낸다.

想了半天才想起来了。
Xiǎng le bàntiān cái xiǎng qǐlái le.
　　　한참을 생각하고서야 생각이 났다.

我想不起来了。
Wǒ xiǎng bu qǐlái le.
　　　나는 생각이 나지 않는다.

下去

동작이 높은 곳으로 낮은 곳으로 향하거나 동작이 계속 진행됨을 나타낸다. 이때 목적어가 있다면 동사나 주어 앞에 놓이거나 '把'와 같은 허사를 사용해야 한다.

你说下去吧。

Nǐ shuō xiàqù ba.

네가 말해 봐

这些问题我们还要讨论下去。

Zhèxiē wèntí wǒmen háiyào tǎolùn xiàqù.

이 문제를 우리는 계속 토론해 나가기로 했다.

她要把那篇小说继续看下去。

Tā yào bǎ nà piān xiǎoshuō jìxù kàn xiàqù.

그녀는 그 소설을 계속해서 보았다.

出来

동작을 통해 사물에 어떤 결과가 발생함을 나타낸다.

她的意见都说出来了。

Tāde yìjiàn dōu shuō chūlái le.

그녀의 의견을 모두 말했다.

这儿有错字,你们看出来吗?

Zhèr yǒu cuòzì, nǐmen kàn chūlái ma?

여기 틀린 글자가 있는데 너희는 알 수 있겠니?

동작을 통해 식별, 분별해냄을 나타낸다.

检查出来。 Jiǎn chá chū lái. (검사하다)

认出来。　 Rèn chū lái.　 (알아보다)

下来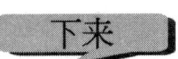

동작이나 상황이 점진적으로 변화함을 나타낸다.

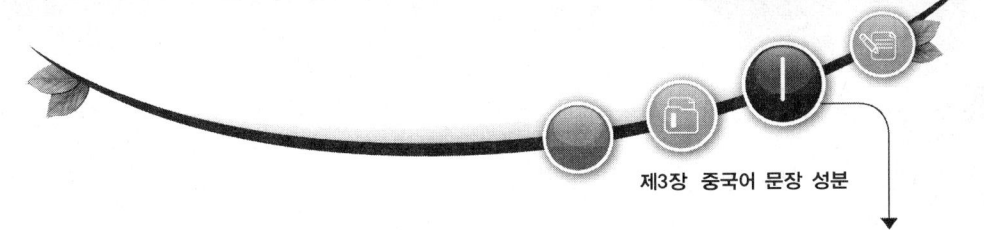

제3장 중국어 문장 성분

天黑下来了。
Tiān hēi xiàlái le.
　　날이 어두워진다.

记下来, 画下来, 写下来。
Jì xiàlái, huà xiàlái, xiě xiàlái.
　　외우고, 그리고, 써라.

동작을 통해 사람이나 사물이 사라지지 않도록 고정시킴을 나타낸다.

老师讲的内容我们都记下来了。
Lǎoshī jiǎngde nèiróng wǒmen dōu jì xiàlái le.
　　선생님이 가르쳐 주신 내용을 우리는 모두 기억했다.

他在广场前把车停了下来。
Tā zài guǎngchǎng qián bǎ chē tíng le xiàlái.
　　그는 광장 앞에 차를 세웠다.

过去·过来

지각 혹은 정상상태에서 벗어났을 경우에 '过去'를 사용해 나타내고 지각을 회복하거나 원래 정상상태로 돌아왔을 때 '过来'를 사용한다.

他被打得死了过去。
Tā bèi dǎde sǐle guòqu.
　　그는 맞아죽을 뻔했다.

他一生气, 突然晕了过去。
Tā yì shēngqì, tūrán yūnle guòqu.
　　그는 화가 치밀어 오르자 갑자기 기절하였다.

我们已经把错句改过来了。

　　Wǒmen yǐjīng bǎ cuòjù gǎi guòlái le.
　　　　우리들은 이미 틀린 문장을 고쳤다.

他终于醒过来了。
　　Tā zhōngyú xǐng guòlái le.
　　　　그는 결국 깨어났다.

5 수량 보어

　수량보어(数量补语)는 동사나 형용사 뒤에서 행위의 경험, 연속된 시간, 동작이 진행된 횟수, 사람이나 사물의 길이나 높이 등의 수량을 보충 설명한다. 수량보어는 다음의 세 가지가 있다.

1) 동량보어: 동작의 횟수를 나타냄.

　(1) 동량보어(动量补语)는 '수사+동량사'로 이루어져 보통 동사 뒤에서 보어가 되어 동작의 횟수를 나타낸다.

　　颐和园我去过三次了。
　　Yíhéyuán wǒ qùguo sāncì le.
　　　　이화원에 나는 3번 가보았다.

你在这儿等一下，我马上回来。
　　Nǐ zài zhèr děng yíxià, wǒ mǎshang huílái.
　　　　너는 여기서 기다려라, 내가 금방 올게.

这本小说你看过几遍?
　　Zhè běn xiǎoshuō nǐ kànguo jǐbiàn?
　　　　이 소설을 넌 몇 번 읽어봤니?

(2) 동사의 목적어가 만약 명사라면 동량보어는 일반적으로 목적어의 앞에 놓는다.

> 我来过好几次中国了。
> Wǒ láiguo hǎo jǐcì Zhōngguó le.
> 　　나는 여러 번 중국에 왔었다.

> 我们想参观一下艺术馆。
> Wǒmen xiǎng cānguān yíxià yìshùguǎn.
> 　　우리들은 잠시 예술관을 참관하고 싶다.

(3) 동사와 목적어가 만약 대사라면, 동량보어는 일반적으로 목적어의 앞에 놓는다.

> 我找过他三次了, 他都不在。
> Wǒ zhǎoguo tā sāncì le, tā dōu bú zài.
> 　　난 그를 세 번 찾아봤는데, 그는 없다.

> 玛丽来过这儿几次了。
> Mǎlì láiguo zhèr jǐcì le.
> 　　메리는 여기에 몇 번 왔었다.

(4) 일반 상황 하에서는 동량보어를 지닌 동사 앞에 부정부사가 사용되는 경우는 매우 적다. 때로는 변명·해명을 위해, 동사 앞에 '没(有)'나 '不是'를 사용하여 횟수를 부정하는 부정 동량보어를 나타낼 수 있다.

> 广州我只去过一次, 没去过两次。
> Guǎngzhōu wǒ zhǐ qùguo yícì, méi qùguo liǎngcì.
> 　　나는 광저우에 두 번이 아닌 단 한 번 갔었다.

> 那个电影我只看过一遍, 没看过两次。
> Nàge diànyǐng wǒ zhǐ kànguo yíbiàn, méi kànguo liǎngcì.
> 　　그 영화를 나는 두 번이 아닌 단 한번 봤다.

(5) 동량보어 '一下儿'는 어떤 때 구체적인 동작의 횟수 이외에, 동작 경험의 시간이 짧거나 가벼운 동작을 표시하고, 작용은 동사의 중첩과 작용이 같다.

我给大家介绍一下儿。
Wǒ gěi dàjiā jièshào yíxiàr.
　　제가 여러분께 소개해 드릴께요.

来，请你帮我一下儿。
Lái, qǐng nǐ bāng wǒ yíxiàr.
　　이봐! 네가 날 좀 도와줘.

2) 시간보어: 지속된 시간을 나타냄.

(1) 시간보어(时量补语)는 항상 동사 뒤에 놓이며 수사와 양사의 성격을 가진 명사로 구성된다.

他病了两天，没有来上课。
Tā bìngle liǎngtiān, méiyǒu lái shàngkè.
　　그는 이틀 동안 아파 수업에 오지 못했다.

讨论会开了一个小时。
Tǎolùnhuì kāile yíge xiǎoshí.
　　토론회는 한 시간 동안 열렸다.

(2) 목적어가 있으면 목적어를 사이에 두고 동사를 중복하며 시간보어는 중복된 동사 뒤에 두며, 목적어를 반복하지 않을 경우 목적어는 시간보어 뒤에 둔다.

我看电视看了两个钟头。
Wǒ kàn diànshì kànle liǎngge zhōngtóu.
我看了两个钟头电视。

나는 TV를 두 시간 동안 보았다.

他买书买了半天。
Tā mǎishū mǎile bàntiān.

他买了半天书。
그는 책 사는데 반나절이 걸렸다.

(3) 지속을 나타낼 수 없는 일부 동사는 시간보어를 목적어 뒤에 두고 동작이 발생한 때부터 어느 시기까지의 기간을 나타낸다.

他离开家一年了。
Tā líkāi jiā yìnián le.
그는 집 떠난 지 1년이 되었다.

他毕业两年了。
Tā bìyè liǎngnián le.
그는 졸업한 지 2년이 되었다.

我学汉语学了两年了。
Wǒ xué Hànyǔ xuéle liǎngnián le.
나는 중국어를 2년 공부했다.

(4) 목적어가 인칭대사가 아닐 경우, 시량보어는 동사와 목적어의 중간에 놓을 수 있고 시량보어와 목적어 사이에 '的'를 더할 수 있다.

我每天要听半个小时(的)新闻。
Wǒ měitiān yào tīng bànge xiǎoshí(de) xīnwén.
우리는 매일 30분씩 뉴스를 들어야 한다.

他开了一天(的)车, 太累了。
Tā kāile yìtiān(de) chē, tài lèi le.
그는 하루 동안 운전했더니, 매우 피곤했다.

(5) 목적어가 사람의 명사를 나타낼 경우, 시량보어는 목적어의 앞이나 뒤에 놓을 수 있다.

你等一会儿玛丽吧, 她马上就来。
Nǐ děng yíhuìr Mǎlì ba, tā mǎshàng jiù lái.
　　너 조금만 마리를 기다려봐, 그녀는 금방 올 거야.

(6) 목적어가 인칭대사일 경우, 시량보어는 단지 목적어의 뒤에 놓을 수 있다.

我找了你一个多小时了, 你去哪儿啦?
Wǒ zhǎole nǐ yígè duō xiǎoshí le, nǐ qù nǎr la?
　　내가 한 시간 남짓 널 찾았어, 너 어디 갔었니?

我等了他半天。
Wǒ děng le tā bàntiān.
　　나는 그를 한참동안 기다렸다.

(7) 시량보어를 지닌 동사는 앞에 부정부사의 상황과 동량보어를 같이 쓴다.

我只休息一天, 没休息两天。
Wǒ zhǐ xiūxi yìtiān, méi xiūxi liǎngtiān.
　　난 단지 하루 쉬었을 뿐이지 이틀 쉬지 않았다.

你太累了, 不休息一会儿不行啊?
Nǐ tài lèi le, bù xiūxi yíhuìr bùxíng a?
　　넌 너무 피곤해, 좀 쉬면 안 되겠니?

3) 명량보어 : 길이, 높이 등을 나타냄.

(1) 명량보어(数量补语)는 형용사 뒤에서 비교의 결과를 나타낸다.

这个班的学生比那个班多五个。
Zhège bānde xuésheng bǐ nàgè bān duō wǔge.
이 반의 학생들은 저 반보다 5명이 많다.

安娜比丽莎大两岁。
Ànnà bǐ Lìshā dà liǎngsuì.
안나는 리사보다 2살이 많다.

今年的苹果产量比去年多一倍。
Jīnniánde píngguǒ chǎnliàng bǐ qùnián duō yíbèi.
올해 사과 생산량이 작년보다 2배 더 많다.

(2) 수량보어를 동반한 동사는 중첩할 수 없다.

我们休息一会。우리 잠시 쉬자.
Wǒmen xiūxi yíhuì.
我只看一遍。 나는 한번만 봤다.
Wǒ zhǐ kàn yíbiàn.

(3) 부사로 된 부사어는 동사 앞에 있어야 하며 동사와 수량보어 사이에 올 수 없다.

我们大概要走十分钟。
Wǒmen dàgài yào zǒu shí fēnzhōng.
우리는 대략 10분은 가야 한다.
我们要走大概十分钟。(×)

(4) 목적어가 있으면 부사어는 중복된 동사 앞에 놓아야 하며 목적어를 동반한 동사 앞에 놓을 수 없다.

他学媒体专业刚学半年。
Tā xué Méitǐ zhuānyè gāng xué bàn nián.

그는 미디어를 전공한지 막 반년이 되었다.
他刚学媒体专业学半年。(×)

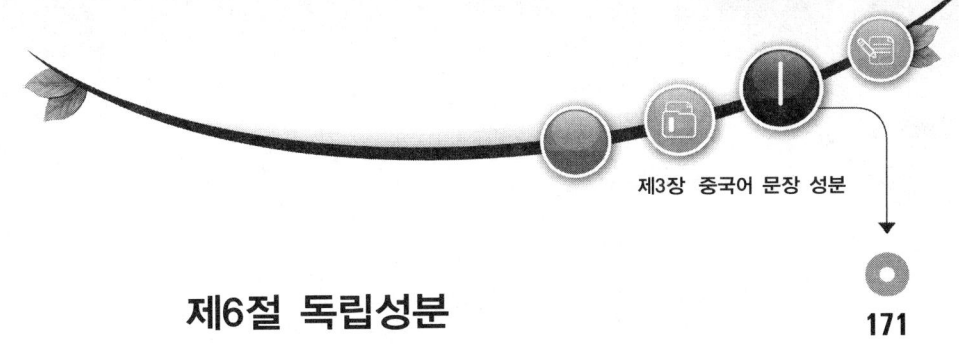

제6절 독립성분

문장 안에 기본 성분과 부가 성분 외에, 또한 독립 성분이 있다. 독립성분은 문장 구조 밖에서 독립적으로 쓰여, 어떠한 성분과도 상관없으며, 위치는 비교적 융통성이 있다. 독립 성분은 부르는 말, 감탄사와 삽입어 등을 포함한다.

1) 부르는 말

부르는 말은 다른 사람에 대한 칭호나 인사를 나타내는 독립성분이다. 부르는 말은 사람의 명사나 구를 나타낸다. 일반적으로 문두에 오며, 어떤 것은 문미에 놓을 수 있는 것도 있고, 또 다른 것은 문장 가운데 오는 것도 있다.

志文, 我们去图书馆吧!
Zhìwén, wǒmen qù túshūguǎn ba!
즈원, 우리 도서관 가자!

你呀, 孩子, 可要小心啊!
Nǐ yā, háizi, kě yào xiǎoxīn a!
너, 얘야, 조심해야 해!

你放心吧, 妈!
Nǐ fàngxīn ba, mā!
걱정마세요, 엄마!

2) 감탄사

감탄사는 강렬한 감정을 나타내는 독립 성분이며 주로 감탄사로 충당된다. 감탄사는 일반적으로 문두에 놓이며, 때로는 문미에 놓일 수도 있다.

哎呀, 我们好久不见了。

Àiya, wǒmen hǎojiǔbújiàn le.
  야아, 우리 정말 오랜만에 보는구나.

噢, 您就是张先生。
Ō, nín jiùshì Zhāng xiānsheng.
  오, 당신이 바로 장 선생님이시군요.

要是我呀, 哼!
Yàoshì wǒ ya, hēng!
  만약에 나라면, 흥!

3) 삽입어

삽입어는 상황의 추측, 전망에 대한 것을 나타내거나, 말하는 사람의 생각, 의견과 태도를 나타낸다. 또는 다른 사람의 집중을 유도하려는 독립성분으로 문장 안, 또는 문두에 올 수 있다. 삽입어의 뒤에는 일반적으로 말의 휴지(休止)가 있어야 하는데 서면상에서는 구두점을 사용해 나타낸다.

① 상황의 추측, 전망에 대해 나타낸다.
  상용하는 것은 '看(起)来', '看样子', '想来', '说不定'등이 있다.

这个主意, 想来又是小李出的。
Zhège zhǔyi, xiǎnglái yòu shì Xiǎo Lǐ chūde.
  이 의견은 생각해보니 또 이군이 낸 것이다.

看样子, 今天晚上要下雨。
Kàn yàngzi, jīntiān wǎnshang yào xiàyǔ.
  보아하니, 오늘 저녁에 비가 올 것 같군.

② 말하는 사람의 생각, 의견과 태도를 나타낸다.
  상용하는 것은 '我想', '我看', '依我看', '说真的', '说实话' 등이 있다.

这些句子，我想，你们都翻译过了。
Zhèxiē jùzi, wǒ xiǎng, nǐmen dōu fānyì guo le.
이 문장은 내 생각에 너희가 번역한 것이다.

说真的，我吃了不少，吃不下了。
Shuō zhēnde, wǒ chī le bùshǎo, chī buxià le。
사실대로 말해서 나는 많이 먹어 더 못 먹겠다.

③ 다른 사람의 집중을 끌 때를 나타낸다.
상용하는 것으로 '你看', '你听', '你想想', '请看', '你说' 등이 있다.

你看，这边的风景多美啊!
Nǐ kàn, zhèbiānde fēngjǐng duō měi a!
네가 봐, 이곳 경치가 얼마나 아름다운지!

你想想，这个句子翻译得对吗?
Nǐ xiǎngxiang, zhège jùzi fānyì de duì ma?
생각해 봐, 이 문장 번역한 것이 맞니?

제7절 복지성분

복지성분(复指)은 문장 안에서, 두 개의 단어가 같은 한 사람이나 한 가지 일을 가리킬 때, 서로 같은 문장성분을 담당한다. 그 중 하나는 구체적 사람이나 사물을 지시하고, 다른 하나는 해석을 하며 설명이나 대신 가리키는 작용을 나타내는데 뒤의 문장은 바로 앞의 중복 지시 성분이다.

이 두 부분은 같이 이어질 때도 있고 한 개가 문두에 있고, 한 개가 문장 가운데 있을 때도 있는데, 문장 가운데 있는 것은 일반적으로 대사이다.

我的朋友马克又来香港了。
Wǒde péngyou Mǎkè yòu lái Xiānggǎng le.
　　내 친구 마크는 또 홍콩에 왔다.

我读过中国作家鲁迅的很多作品。
Wǒ dú guò Zhōngguó zuòjiā LǔXùn de hěnduō zuòpǐn.
　　나는 중국작가 노신의 많은 작품을 읽어봤다.

我们的张老师, 他还是个京剧迷呢!
Wǒmen de Zhāng lǎoshī, tā háishì gè jīngjù mí ne!
　　우리 장 선생님은 역시 경극 팬이시다.

중국어 문장 유형

제1절 단문(单句)의 유형

1 동사술어문

동사술어문(动词谓语句)은 동사가 술어가 되어 주어가 '무엇을 하는가'를 설명한다. 동사 다음에 목적어를 가지거나 가지지 않을 수 있다.

(1) 4가지 기본 구조

① 주어 + 술어(동사)
　　我　　说, 你们　听。

② 주어 + 타동사 + 목적어
　　我们　　学习　　汉语。
　　他　　　看　　　报。

③ 주어 + 타동사 + 간접목적어 + 직접목적어
(이중목적어문 双宾句)

王老师　教　　　我们　　汉语。
我朋友　送　　　我　　　一本书。

이 문장에서는 술어 동사문은 두 개의 대상과 관련이 있으며, 두 개의 목적어를 가진다. 앞쪽의 목적어는 간접 목적어라 하고 일반적으로 사람을 가리킨다. 뒤쪽의 목적어는 직접 목적어라 하며 일반적으로 사물을 가리킨다.

我们问他一个问题。
Wǒmen wèn tā yíge wèntí.
　우리는 그에게 문제 하나를 물어 보았다.

他告诉我新宇在咖啡厅。
Tā gàosu wǒ Xīnyǔ zài kāfēitīng.
　그는 나에게 신위가 카페에 있다고 알려 주었다.

위의 예문 가운데에서 '我们', '他', '我' 모두는 간접 목적어이며, '汉语', '问题', '新宇在图书馆'은 직접목적어이다. 중국어에서 두 개의 목적어를 가질 수 있는 동사는 비교적 적으며 병렬할 수 없는 일부 동사들은 이중 목적어를 가질 수 있다.

他买我一本书。(×) → 他给我买一本书。(○)
　그는 나에게 책 한권을 주었다.
我介绍他我的朋友。(×)→ 我给他介绍我的朋友。(○)
　나는 그에게 내 친구를 소개시켜 주었다.

이 문장은 반드시 '给'를 사용해 목적어를 이끈다.

④ 주어 + 타동사 + 구

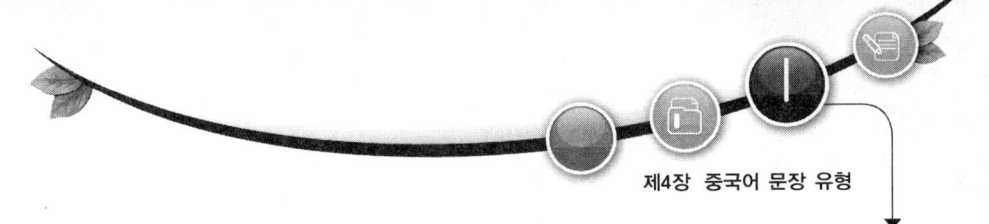

```
他    反对    我   这样做。
Tā    fǎnduì  wǒ   zhèyàng zuò.
我    看见    他   来了。
Wǒ    kànjiàn tā   lái le.
```

(2) 어법 특징

① 주어가 '무엇인가'를 설명할 때는 동사는 반드시 '是'를 사용한다.

北京是中国的首都。
Běijīng shì Zhōngguó de shǒudū.
  베이징은 중국의 수도이다.

那是图书馆。
Nà shì túshūguǎn.
  저것은 도서관이다.

② 부정문은 동사 앞에 '不'또는 '没有'를 더하는데 '不'는 주로 현재, 장래를 부정하고 때로 과거를 부정할 때도 사용한다. '没有'는 동작이 아직 발생하지 않았거나 완성되지 않았을 때 사용한다.

明天我们去参观, 不上课。
Míngtiān wǒmen qù cānguān, bú shàngkè.
  내일 나는 참관 가느라 수업을 받지 않는다.

我没(有)看见他。
Wǒ méi(yǒu) kànjiàn tā.
  나는 그를 보지 못했다.

③ 의문문은 문미에 '吗'를 붙이거나 동사술어의 긍정, 부정형식을 더해 사용한다.

今天你去不去北京大学?

Jīntiān nǐ qùbúqù Běijīng Dàxué?
오늘 너는 베이징 대학 가니?

那是不是图书馆？
Nà shìbúshì túshūguǎn？
저것 도서관 아니니?

1) 동사술어문

동사가 술어의 주요 성분으로 주어의 행위, 변화, 발전 등을 서술하는 문장을 말한다. 가장 간단한 형식은 '주어 + 술어(동사)' 구조로 예를 들면 다음과 같다.

我 来。   他们 喝。
去。   坐。
在。

다음으로 동사가 하나의 목적어를 수반하는 형식으로 '주어 + 술어(동사 + 목적어)'의 구조가 있다. 부정형은 동사 앞에 '不'를 쓴다.

我   喝   茶。
Wǒ   hē   chá.
　　나는 차를 마신다.

我   姓   李。
Wǒ   xìng   Lǐ.
　　나는 이씨이다.

我   认识   他。
Wǒ   rènshi   tā.
　　나는 그를 안다.

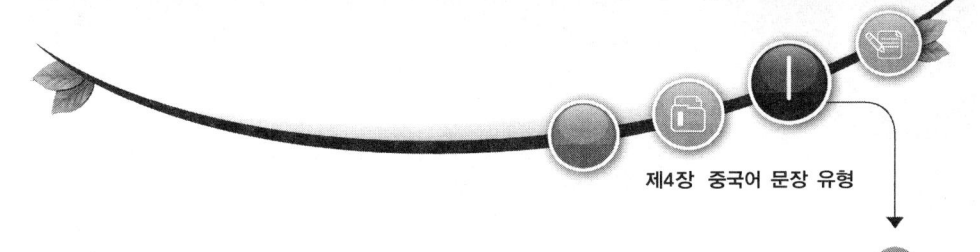

제4장 중국어 문장 유형

(1) '是'자문

동사 '是'가 술어의 중심어가 되는 문으로 동사술어문의 일종이다. 기본 문형은 'A+是+B'의 구조이며 이때 '是'는 긍정과 판단의 의미로 흔히 경성으로 발음한다. 부정문은 '是' 앞에 '不'를 붙이고, 의문문은 주어를 질문하는 대상으로 바꾸고 문장 뒤에 '吗'를 더한다.

这是书。　　→ 这不是书。　　→ 这是书吗?
我是韩国人。→ 我不是韩国人。→ 你是韩国人吗?

소유격 조사 '的'와 함께 써 다음과 같은 문형도 만들 수 있다.

这本书是我的(书)。　　(이 책은 나의 것입니다.)
他是我的朋友。　　　　(그는 내 친구입니다.)

(2) '是…的' 이용한 강조

이미 이루어진 동작의 경위, 행해진 시간, 장소, 방법 등을 특별히 강조할 때 사용한다. '是'와 '的'사이에는 일반적으로 동사구가 오며 '的'는 문장 끝에 온다. 긍정형식에서 '是'는 생략 가능하며 부정형식은 '不是…的'로 '是'는 생략하면 안 된다.

A: 你是从哪儿来的?
　　Nǐ shì cóng nǎr lái de?
　　너는 어디서 왔니?

B: 我是从首尔来的。
　　Wǒ shì cóng Shǒu'ěr lái de.
　　나는 서울에서 왔다.

A: 你是怎么来的?
　　Nǐ shì zěnme lái de?
　　당신은 어떻게 왔어요?

B: 我是坐车来的。

```
Wǒ shì zuòchē lái de.
```
나는 차를 타고 왔어요.

2 형용사술어문

형용사술어문(形容词谓语句)은 형용사가 술어가 되어 주어가 '어떠하다'는 것을 설명한다. 중국어의 형용사는 직접 주어 역할이 가능하며 동사 '是'의 도움을 필요로 하지 않는다.

他今天非常高兴。
Tā jīntiān fēicháng gāoxìng.
　　그는 오늘 매우 기쁘다.

我的衬衫太大。
Wǒde chènshān tài dà le.
　　나의 셔츠는 너무 크다.

同学们都很努力。
Tóngxuémen dōu hěn nǔlì.
　　급우들은 모두 아주 열심이다.

(1) 기본구조

주어 + 술어 (형용사)
他　　高，我　矮。
Tā　gāo, wǒ ǎi.
　　그는 키가 크고 나는 작다.

那个　贵，这个　便宜。
Nàge guì, zhège piányi.
　　저것은 싸고 이것은 비싸다.

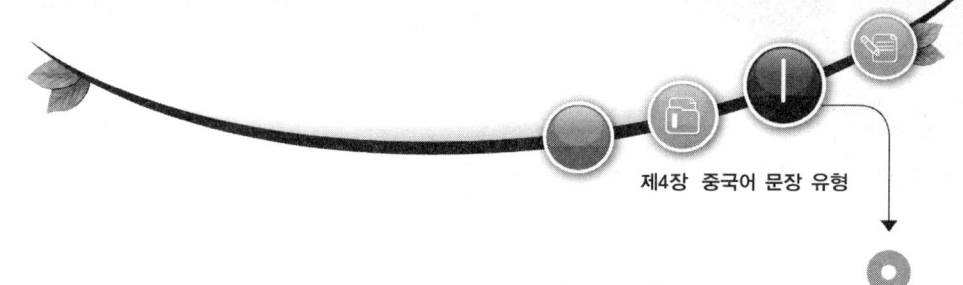

(2) 부정문

부정문은 형용사 술어 앞에 '不'를 더한다.

주어 + 不 + 형용사(술어)
他   不   高。
我   不   忙。

(3) 어법 특징

① 형용사 술어 앞에 동사 '是'를 더하면 강조, 긍정의 의미를 나타내며 이때 '是'에 강세를 둔다.

这个不好吃。 → 这个是不好吃。
　　　　　　　이것은 맛이 없다.

② 긍정형식으로 간단한 형용사 술어 앞에 일반적으로 '真, 太, 非常, 更, 很'등의 부사가 형용사 술어의 정도를 설명하는 부사어 역할을 한다. 부사 '很'을 사용할 경우 '很'은 '매우'의 뜻이 아니다. '很'을 사용하지 않을 경우 '비교'의 의미가 있다.

他的宿舍干净, 我的宿舍不干净。
Tāde sùshè gānjìng, wǒde sùshè bù gānjìng.
　　그의 기숙사는 깨끗하고, 내 기숙사는 깨끗하지 않다.

(4) 의문문

의문문은 문미에 '吗'를 두는 경우 외에 형용사술어의 긍정, 부정형식을 더해 사용한다.

我们的教室大不大?
Wǒmen de jiàoshì dà búdà?
　　우리 교실은 큰가요?

那些花好看不好看? Nàxiē huā hǎokàn bùhǎokàn?
그 꽃들은 예쁜가요?

参加舞会的人多不多?
Cānjiā wǔhuì de rén duō bùduō?
무도회에 참석하는 사람은 많나요?

형용사 술어문의 정반의문문은 일반적으로 '很'등의 부사를 형용사 앞에 사용하지 않는다.

她很高兴不很高兴。 (×)

3 주술술어문

주술술어문(主谓谓语句)는 주어와 술어로 이루어진 주술구가 술어가 되는 문장으로 형용사가 주술구의 술어로 사용될 때 주술 술어는 전체 문장의 주어를 묘사한다. 즉 아래 문장에서 술어 '可以'는 '괜찮다'는 의미의 형용사로 '身体'와 함께 전체 문장의 주어인 '我'의 상태를 묘사하는 것이다.

我 身体 还可以。
Wǒ shēntǐ hái kěyǐ.
내 건강은 그런대로 괜찮다.

他 发音 很好。
Tā fāyīn hěnhǎo.
그의 발음은 좋다.

她 学习 很努力。
Tā xuéxí hěn nǔlì.
그녀는 열심히 공부한다.

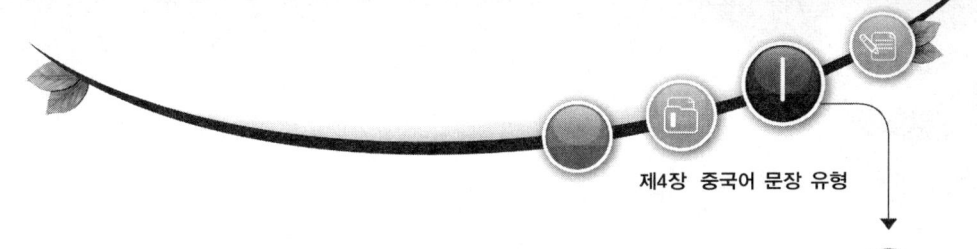

(1) 기본 구조

주어 + 술어(주어 + 술어)
他　　身体　好
这个青年　工作努力。
Zhège qīngnián gōngzuò nǔlì.

전체문장의 주어와 주술술어문의 주어가 가리키는 사람 또는 사물은 일정한 관계가 있으며 후자가 전자에 속한다.

(2) 부정문

부정문은 주술 술어 안의 술어 앞에 '不'나 '没有'를 더한다.

他身体不好。
　　그는 몸이 안 좋다.
这个青年工作不努力。
　　이 청년은 열심히 일하지 않는다.

4 명사술어문

명사술어문(名词谓语句)은 명사, 명사구 또는 부분적인 대명사가 술어가 되어 출신, 날짜, 절기, 직업, 명절, 가격 등을 나타내며 이때 주어와 술어는 동일성을 가진다.

(1) 기본 구조

주어 + 술어(명사, 수사, 수량구, 명사성 수식구)
　　我　　北京人。

今天 十五号。

(2) 어법 특징

① 주어와 명사술어 사이에 동사 '是'를 사용하지 않는다. '是'를 사용하면 동사술어문이 된다.

一年十二个月。

一年是十二个月。

Yīnián shì shí'èrge yuè.

② 부정문은 명사 술어 앞에 '不是'를 더한다.

주어 + '不' + 是(술어) + 목적어

A: 我北京人。 ⇒ B: 我不是北京人。

③ 구조가 간단하고 짧아 회화에서 많이 사용한다.

A: 今天星期几?

Jīntiān xīngqī jǐ?

오늘은 무슨 요일이니?

B: 今天星期六。

Jīntiān xīngqī liù.

오늘은 토요일입니다.

A: 今天几月几号?

Jīntiān jǐyuè jǐ hào?

오늘은 몇월 며칠이니?

B: 今天三月二十三号。

Jīntiān sānyuè èrshísān hào.

오늘은 3월 23일이야.

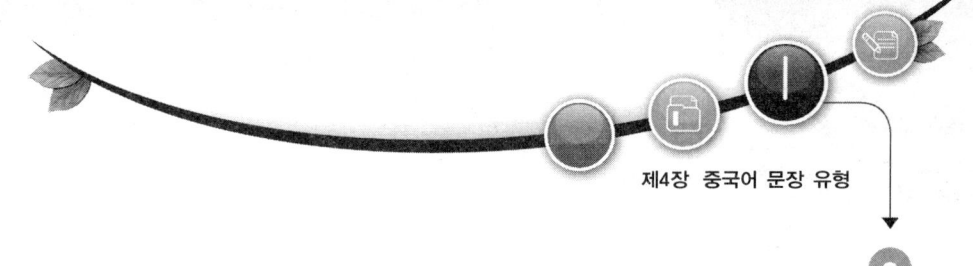

제4장 중국어 문장 유형

5 비주술문

중국어 문장의 절대 다수는 주어와 술어로 이루어지만 일부는 그렇지 않다. 이러한 문장을 '비주술문(非主谓句)'이라 한다. 비주술문은 주어가 없는 '무주어문(无主句)'과 하나의 낱말 또는 하나의 수식구 관계로 이루어진 '단어문(独词句)' 두 가지가 있다.

1) 무주어문

자연현상을 나타내는 무주어문: 대부분이 하나의 동사술어문로 이루어지며 문미에는 변화를 나타내는 조사 '了'가 온다.

要刮风了。
Yào guā fēng le.
　　바람이 불거야.

下雨了。
Xià yǔ le.
　　비가 온다.

出太阳了。
Chū tàiyáng le.
　　해가 떴다.

바람 또는 금지를 나타내는 무주어문

请勿吸烟!
Qǐng wù xīyān!
　　흡연 금지!

请安静!

Qǐng ānjìng!
조용히!

随手关门。
Suí shǒu guānmén.
문을 닫아 주세요.

축하를 나타내는 무주어문

祝你健康!
Zhù nǐ jiànkāng!
건강하기 바래!

祝你生日快乐!
Zhù nǐ shēngrì kuàilè!
생일 축하해!

为我们两国人民的友谊乾杯!
Wèi wǒmen liǎngguó rénmín de yǒuyì gānbēi.
우리 두 나라 국민의 우정을 위해 건배!

격언(格言)이나 언어(谚语)에 사용된 무주어문

活到老, 学到老。
Huó dào lǎo, xué dào lǎo.
죽을 때까지 살고, 죽을 때까지 배운다.

胜不骄, 败不馁。
Shèng bù jiāo, bài bù něi.
이겨도 교만해하지 않고, 져도 타협하지 않는다.

吃一堑, 长一智。

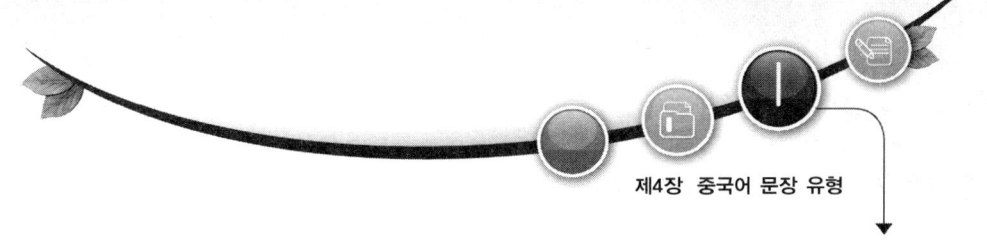

Chī yí qiàn, zhǎng yí zhì.
좌절한 만큼 현명해진다.

'有'로 시작되는 무주어 겸어문(兼语句)

有人请他吃饭。
Yǒurén qǐng tā chī fàn.
누군가 그를 식사에 초대했다.

有人给你打了一个电话。
Yǒurén gěi nǐ dǎ le yíge diànhuà.
누가 너에게 전화를 걸었다.

听, 有人在唱歌儿。
Tīng, yǒurén zài chàng gēr.
들어봐, 누가 노래를 부르고 있어.

'是'로 시작되는 무주어 겸어문

是他叫我吗?
Shì tā jiào wǒ ma?
그가 나를 불렀니?

是风把门吹开了。
Shì fēng bǎ mén chuī kāi le.
바람 때문에 문이 열렸다.

是张大夫救活了他。
Shì Zhāng dàifu jiùhuó le tā.
닥터 장이 그를 살렸다.

2) 단어문

단어문은 한 개의 단어 또는 하나의 수식구로 이루어진 문장이다.

火! Huǒ! 불이다!

注意! Zhùyì 주의!

多美丽的画!
Duō měilì de huà!
　　얼마나 아름다운 그림인가!

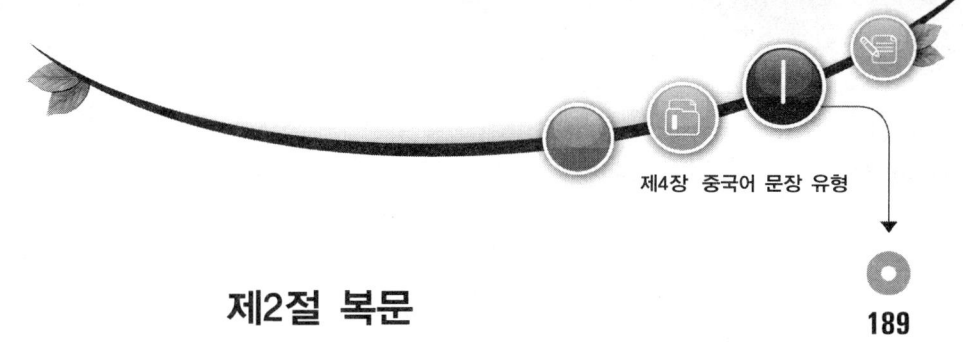

제4장 중국어 문장 유형

제2절 복문

복문(复句)은 두 개 혹은 두 개 이상의 밀접한 의미의 단문으로 구성된 문장이다. 중국어의 복문은 연합복문(联合句)와 주종복문(偏正夏句) 두 부분으로 나뉜다.

1 연합복문

연합복문(联合夏句)은 복문의 각 단문 사이의 관계는 평등하며 의미에 있어 주종의 구분이 없는 문장이다. 단문 사이의 의미에 따라 연합 복문은 다음의 몇 종류로 나눌 수 있다.

1) 병렬관계

각 단문이 몇 가지 사건을 설명하거나, 한 사건의 몇 가지 방면을 설명한다. 이러한 종류의 복문의 단문과 단문 사이는 일반적으로 접속사를 사용하지 않아도 된다.

我们复习生词、写汉字、作练习。
Wǒmen fùxí shēngcí、xiě Hànzì、zuò liànxí.
　　우리는 단어를 복습하고, 한자를 쓰고, 연습을 했다.

我今年三十二岁, 他今年二十三岁。
Wǒ jīnnián sānshí'èr suì, tā jīnnián èrshísān suì.
　　나는 올해 32세이고, 그는 23세이다.

我从香港来, 我朋友从上海来。
Wǒ cóng Xiānggǎng lái, wǒ péngyou cóng Shànghǎi lái.
　　나는 광저우에서 왔고, 내 친구는 상하이에서 왔다.

어떠한 것들은 '也', '又', '又…, 又…', '一边…, 一边…', '一面…, 一面…', '还是…, 而是…', '既…, 又…'와 같은 접속사를 이용하여 복문을 만든다.

这是新汽车，那也是新汽车。
Zhè shì xīn qìchē, nà yě shì xīn qìchē.
　　이것은 새 차이고 저것 역시 새 차이다.

他的鼻子又细又尖。
Tāde bízi yòuxì yòujiān.
　　그의 코는 가늘고 뾰족했다.

'一边…, 一边…' 혹은 '一面…, 一面…'으로 이루어진 복문은 몇 가지 동작이 동시에 일어남을 나타낸다. 형식은 '一边A, 一边B', 또는 '一面, 一面'이다. 이때 각 단문들의 주어는 반드시 같아야 한다.

他一边做生意，一边画画。
Tā yìbiān zuò shēngyì, yìbiān huàhuà.
　　그는 사업을 하는 한편 그림도 그린다.

孩子们一边跳舞，一边唱歌。
Háizimen yìbiān tiàowǔ, yìbiān chànggē.
　　아이들은 춤을 추며 노래를 한다.

马克一面看报，一面听广播。
Mǎkè yímiàn kànbào, yímiàn tīng guǎngbō.
　　마크는 신문을 보면서 방송을 들었다.

'一边' 가운데 '一'은 생략 가능해 '边…, 边…'의 형식으로 사용할 수 있다. 단, 같은 단음절동사와 결합 시에는 중간에 쉴 수 없다.

我们边喝边谈吧。
Wǒmen biān hē biān tán ba.
　　우리 마시면서 얘기합시다.

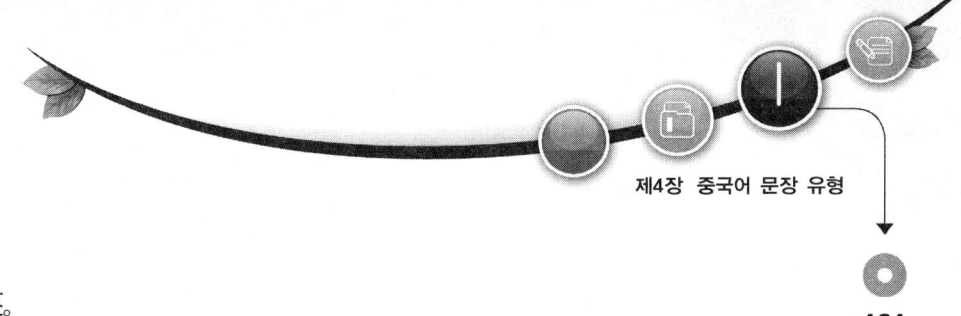

他边说边笑。
Tā biān shuō biān xiào.
　　　그는 말하면서 웃었다.

他们边走路，边说话。
Tāmen biān zǒulù, biān shuōhuà.
　　　그들은 걸으며 이야기했다.

'不是…而是…'로 이루어진 복문에서 앞 단문은 '不是'를 이용해 한 사건 혹은 한 방면의 상황을 부정한다. 두 번째 단문은 '而是'를 이용해 또 다른 하나의 사건 또는 한 방면의 상황을 긍정하며 대조를 이룬다. 형식은 '不是A, 而是B'이다.

단문의 주어가 같을 시에 '不是'는 주어의 앞, 뒤에 사용할 수 있으며, 단문의 주어가 다를 시에 '不是', '而是' 모두는 주어의 앞쪽에 놓는다.

我不是去上海，而是去广州。
Wǒ búshì qù Shànghǎi, érshì qù Guǎngzhōu.
　　　우리는 상하이로 가지 않고 광저우로 간다.

不是他没来，而是我们没有通知他。
Búshì tā méi lái, érshì wǒmen méiyǒu tōngzhī tā.
　　　그가 안 온 게 아니고 우리가 그에게 알리지 않았다.

'既… 又…'로 이루어진 복문은 두개의 단문이 하나의 동일한 사건을 설명해 두 방면의 성질 또는 상태를 가짐을 나타낸다. '既… 又…'는 동사 혹은 형용사를 연결한다. 형식은 '既A, 又B'이며 '既A, 也B'라고도 말할 수 있다.

每次回到这里，他都是既高兴又满足。
Měicì huídào zhèli, tā dōushì jì gāoxìng yòu mǎnzú.
　　　그는 집으로 돌아올 때마다 행복하고 만족스럽다.

这部电影既叫好，又叫座。

Zhèbù diànyǐng jì jiào hǎo, yòu jiào zuò.

　　이 영화는 갈채도 받고 관객들도 끌었다.

他既是文学家，也是个画家。

Tā jìshì wénxuéjiā, yěshì ge huàjiā.

　　그는 문학가이며 화가이다.

2) 승접관계

각 단문의 진술 순서에 따라 발생한 몇 가지 동작 혹은 몇 건의 사건을 연결한다. 각 단문의 앞뒤 순서는 일정하며 뒤집을 수 없다. 각 단문은 모두 접속사를 사용하지 않아도 된다. DBDUD

他一说，大家都笑了起来。

Tā yì shuō, dàjiā dōu xiào le qǐlái.

　　그가 말하면 모두 웃기 시작했다.

看着看着，他睡着了。

Kànzhe kànzhe, tā shuìzháo le.

　　보면서 그는 잠이 들었다.

'(首先)…'과 '然后…'를 연접해 사용할 수도 있다.

先清理一下嗓子，然后慢慢地说。

Xiān qīnglǐ yíxià sǎngzǐ, ránhòu mànmàndì shuō.

　　먼저 목청을 가다듬은 다음 천천히 말해라.

先调查一下，然后再做决定。

Xiān diàochá yíxià, ránhòu zài zuò juédìng.

　　먼저 조사를 한 연후에 결정하자.

두 번째 단문에 '更', '就', '于是' 등의 관련사를 사용할 수 있다.

> 他刚说过，便站起身走了。
> Tā gāng shuōguò, biàn zhàn qǐshēn zǒu le.
> 그는 말하고 바로 일어나 가버렸다.

> 她听完录音，就开始翻译。
> Tā tīngwán lùyīn, jiù kāishǐ fānyì.
> 그녀는 녹음을 듣고 번역을 시작했다.

'于是'로 이루어진 복문에서 두 번째 단문에서 표현한 사건은 첫 번째 단문의 상황을 이어서, 또는 앞 단문의 사건에 의해 발생한 것이다.

> 司机告诉我们，长城到了，于是我们都下了汽车。
> Sījī gàosu wǒmen, Chángchéng dàole, yúshì wǒmen dōu xià le qìchē.
> 기사가 우리에게 장성에 도착했다고 알려줘서 우리는 모두 차에서 내렸다.

> 坐汽车去那里不方便，于是我骑车去。
> Zuò qìchē qù nàlǐ bù fāngbiàn, yúshì wǒ qíchē qù.
> 거기에 차를 타고 가는 것은 불편하니 우리 자전거 타고 가자.

3) 점층관계

두 번째 단문이 첫 번째 단문보다 한층 더 나아간 의미를 나타낸다. '不但…而且…'는 항상 쓰이는 관련사이다. 만약 두 개 단문의 주어가 서로 같다면, 주어는 보통 첫 번째 단문에 있으며 '不但'은 주어 다음에 놓인다. 만약 단문의 주어가 다르다면 '不但'과 '而且'는 보통 각기 두 단문의 주어 앞에 놓는다.

> 他不但为人和善，而且工作相当出色。
> Tā búdàn wéirén héshàn, érqiě gōngzuò xiāngdāng chūsè.
> 그는 사람됨이 상냥할 뿐만 아니라, 업무도 훌륭하게 처리한다.

不但价钱便宜, 而且东西也好。
Búdàn jiàqián piányi, érqiě dōngxi yě hǎo.
　　값이 쌀 뿐만 아니라, 물건도 좋다

不但你愿意, 而且他也愿意。
Búdàn nǐ yuànyi, érqiě tā yě yuànyi.
　　네가 희망하고 있을 뿐만 아니라, 그도 희망하고 있다

4) 선택관계

단문들이 설명하고 있는 몇 개의 상황 가운데 하나를 선택할 수 있음을 나타낸다. '是…还是…'는 자주 쓰이는 관련사이다.

张老师是教语法, 还是教汉字？
Zhāng lǎoshī shì jiāo yǔfǎ, háishì jiāo Hànzì?
　　장 선생님은 어법을 가르치니 아니면 한자를 가르치니?

不能确定是他的还是我的。
Bùnéng quèdìng shì tāde háishì wǒde.
　　그의 것이라고도 내 것이라고도 확정할 수 없다

明天你们去长城, 还是去颐和园?
Míngtiān nǐmen qù Chángchéng, háishì qù Yíhéyuán?
　　내일 너희는 장성에 가니 아니면 이화원에 가니?

'宁可…也不'로 이루어진 복문에서 첫 번째 단문은 '宁可'를 이용해 한 항목을 선택 결정하며, 두 번째 단문의 '也不'를 이용해 다른 하나의 항목을 배제한다. '也不'가 대신 '决不'를 사용하기도 한다. '是…还是…'와 '或者…或者…'는 유동적이나, '宁可…也不(决不)…'는 선택에서 강한 의지를 나타낸다.

宁可少休息, 也不把作业留到明天去。

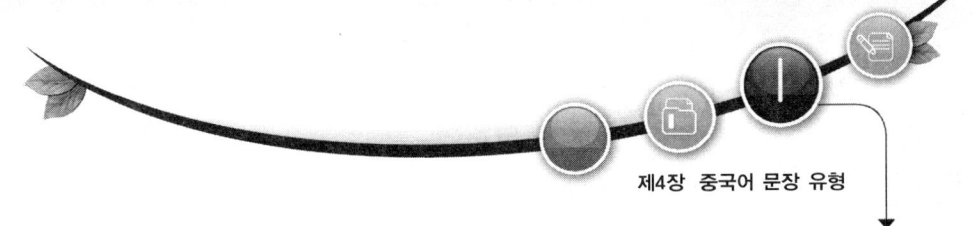

제4장 중국어 문장 유형

   Nìngkě shǎo xiūxi, yě bù bǎ zuòyè liú dào míngtiān qù.
   덜 쉬더라도 숙제를 내일까지 남겨둘 수는 없다.

宁可自己多做一点, 决不麻烦别人。
   Nìngkě zìjǐ duō zuò yìdiǎn, juébù máfan biérén.
   자기가 더 일하더라도 결코 다른 사람을 번거롭게 할 수는 없다.

2 주종복문

 주종복문(偏正复句)은 주종관계를 가진 단문들로 이루어지며, 각 단문들은 '수식'과 '피수식', '주'와 '종'의 관계를 가진다. 중요한 의미는 주절에 놓이며, 종속절은 '주절을 돋보이게 하는 작용'을 한다.

1) 역접관계

 첫 번째 단문(종속절)과 두 번째 단문(주절)이 서로 상반되거나 상대되는 의미를 가진다. 자주 쓰이는 관련사로는 '虽然…但是(可是)…', '只是', '否则'등이 있다.

   大家虽然很累, 可是都很愉快。
   Dàjiā suīrán hěn lèi, kěshì dōu hěn yúkuài.
   모두들 퍽 피곤하였지만 아주 유쾌하였다.

   你的病虽然好了, 但是还要多休息。
   Nǐde bìng suīrán hǎo le, dànshì háiyào duō xiūxi.
   그의 병은 좋아졌지만, 아직 더 쉬어야 한다.

 '虽然'은 종속절에서 주어 앞 또는 주어 뒤에 놓일 수 있으며, 때로 생략할 수도 있다. '但是(可是)'는 보통 주절의 맨 앞에 놓인다.

路上很辛苦，但是他们觉得很高兴。
Lùshang hěn xīnkǔ, dànshì tāmen juéde hěn gāoxìng.
　　도중에 매우 힘들었지만 그들은 즐거워했다.

他没来过中国，可是对北京的情况了解得很多。
Tā méi láiguo Zhōngguó, kěshì duì Běijīng de qíngkuàng liǎojiě de hěnduō.
　　그는 중국에 온 적이 없지만 베이징의 상황을 잘 이해하고 있다.

'只是'는 단독으로 사용 가능하며 '虽然'과 배합해 사용할 수도 있다. '只是'가 나타내는 역접의 의미는 '但是'보다 조금 가볍고, 어기도 비교적 부드럽다. 이것으로 이루어진 문장의 의미는 종속절에 치중되어 있으며, 주절은 단지 일부를 보충 또는 수정한다.

大家问他是什么事，他只是笑，不回答。
Dàjiā wèntā shì shénme shì, tā zhǐshì xiào, bù huídá.
　　모두들 그에게 무슨 일이냐고 물었으나, 그는 다만 웃기만 할 뿐, 대답을 하지 않았다

我早就想来看你了，只是怕你不在家。
Wǒ zǎojiù xiǎnglái kàn nǐ le, zhǐshì pà nǐ búzài jiā.
　　나는 일찌감치 너를 보러 오고 싶었지만 네가 집에 없을 것 같았다.

'不过'는 단독으로 사용할 수 있으며 '虽然'과 함께 사용할 수도 있다. 단, 전환의 어기가 '但是'보다 약하다.

刚到中国时，他生活不习惯，不过现在好了。
Gāng dào Zhōngguó shí, tā shēnghuó bù xíguàn, búguò xiànzài hǎo le.
　　중국에 막 왔을 때 그는 생활에 익숙하지 않았지만 지금은 좋아졌다.

你身体比以前好多了，不过还要注意。
Nǐ shēntǐ bǐ yǐqián hǎoduō le, búguò háiyào zhùyì.
　　너의 건강은 이번보다 많이 좋아졌지만 아직 더 주의해야 한다.

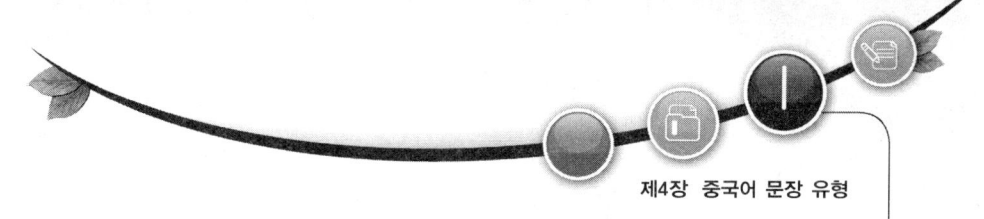

'不过'와 '只是' 모두는 전환을 나타내지만 쓰임이 약간 다르다. '不过'은 보통 구어에서 많이 쓰이며 어기가 '只是'보다 약간 강하고, '不过'는 뒤쪽에 쉴 수 있지만, '只是'은 일반적으로 쉴 수 없다.

'否则'는 뒷부분 첫째 문장의 문두에 쓰여 추론을 나타내고, 의미는 '如果不这样…就'이다.

> 学汉语应该多说、多练, 否则就学不好。
> Xué Hànyǔ yīnggāi duō shuō、duō liàn, fǒuzé jiù xuébuhǎo.
> 　　　중국어를 배우려면 많이 말하고, 많이 연습해야 그렇지 않으면 잘 배울 수 없다.
> 现在就得去, 否则要误事。
> Xiànzài jiùděi qù, fǒuzé yào wùshì.
> 　　　지금 바로 가야 한다, 그렇지 않으면 일을 그르치게 된다.

2) 인과관계

종속절은 원인을 나타내고, 주절은 결과를 나타내는 복문이다. 인과관계의 복문은 두 개의 절 가운데에서 모두 접속사를 사용할 수 있으며, 하나의 절 안에서만 접속사를 사용할 수도 있다. 자주 사용하는 접속사로는 '因为…所以', '由于…所以' 등이 있으며 두 개 중 어느 하나를 생략할 수도 있다.

> 因为今天有病, 所以我没上学。
> Yīnwèi jīntiān yǒu bìng, suǒyǐ wǒ méi shàngxué.
> 　　　오늘 병 때문에 나는 학교에 가지 않았다.
> 由于时间的关系, 今天到这里为止。
> Yóuyú shíjiān de guānxi, jīntiān dào zhèli wéizhǐ.
> 　　　시간 관계로 오늘은 여기서 마치겠다.
> 他们学习都很努力, 所以能学得很好。
> Tāmen xuéxí dōu hěn nǔlì, suǒyǐ néng xuéde hěn hǎo.
> 　　　그들은 모두 공부에 열심이니 잘 배울 수 있다.

3) 조건관계

주절은 결과를 나타내고, 종속절은 조건을 제시한다. 자주 사용하는 접속사로는 '只要…就…', '只有…才…'가 있다. '只要'와 '只有'는 주어의 앞에서, 또는 주어의 뒤에서도 사용할 수 있다. 단, '只有…才…'는 유일한 조건을 나타내며, 이러한 조건만이 다음의 결과를 발생시키며, 다른 조건은 같은 결과를 발생시키지 못한다는 것을 강조한다.

'只是…就…'가 나타내는 것은 필수적인 조건으로, 이러한 조건은 다음의 결과를 발생시킬 수 있다. 단, 다른 조건으로도 같은 결과를 발생시킬 수 있는 가능성을 배제하지 않는다.

只有你去叫他，他才会来。
Zhǐyǒu nǐ qù jiào tā, tā cái huì lái.
   네가 가서 그를 불러야만 그가 올 거야.

只要用功，就能学好。
Zhǐyào yònggōng, jiùnéng xuéhǎo.
   열심히 공부하기만 하면 마스터할 수 있다

只要用功，才能学好。
Zhǐyào yònggōng, cái néng xuéhǎo.
   열심히 공부해야만 마스터할 수 있다

4) 가정관계

종속절은 가정을 나타내고, 주절은 결과를 설명한다. '如果…就…'와 '要是…就…'는 자주 사용되는 접속사이다. '如果'와 '要是'는 주어의 앞에서 사용할 수 있으며 주어의 뒤에서도 사용할 수 있다. '如果'도 '假如'를 대신해 사용할 수 있으며, 그것의 용법은 기본적으로 같다.

如果你有事的话，就不用来了。

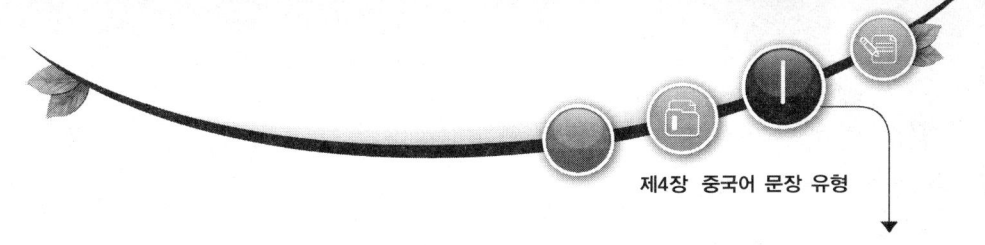

제4장 중국어 문장 유형

Rúguǒ nǐ yǒushì dehuà, jiù búyòng láile.

만약 네게 일이 있다면, 오지 않아도 된다.

要是你去看他, 最好先给他打个电话。

Yàoshì nǐ qù kàn tā, zuìhǎo xiān gěi tā dǎge diànhuà.

네가 그를 보러가려면 먼저 그에게 전화를 거는 것이 제일 좋겠다.

5) 목적관계

종속절은 어떠한 목적을 나타내고, 주절은 이러한 목적을 이루기 위해 행하는 행동을 나타낸다. 자주 사용하는 접속사로는 '为了', '为', '为的是', '好' 등이 있다. '为了', '为'는 일반적으로 종속절(첫 번째 절) 안에서 사용되며 '为的是', '好'의 전체는 주절(두 번째 절)에서 사용된다.

두 개의 절의 주어가 같지 않을 때 '好'는 주절의 주어 뒤쪽에서 사용되며, '为的是'는 반드시 주절의 문두, 주어의 앞에 쓰여야만 한다.

为了学习汉语, 我买了一本汉语大词典。
Wèile xuéxí Hànyǔ, wǒ mǎile yìběn Hànyǔ dà cídiǎn.

중국어를 공부하기 위해 나는 중국어 대사전을 한권 샀다.

她早就起来了, 为的是跟我们一起去长城。
Tā zǎojiù qǐlái le, wèideshì gēn wǒmen yìqǐ qù Chángchéng.

그녀는 우리와 함께 장성에 가기 위해 벌써 일어났다.

我们走吧, 好让他早点休息。
Wǒmen zǒu ba, hǎo ràng tā zǎodiǎn xiūxi.

우리 가자, 그가 일찍 쉬게.

你一定要来, 我们一起去吃饭。
Nǐ yídìng yào lái, wǒmen yìqǐ qù chī fàn.

너 꼭 와서 우리 함께 식사하자.

6) 취사관계

두 개의 절이 각기 두 개의 다른 사물을 나타내며, 화자는 두 개 중 하나는 취하고 하나는 버린다. 자주 사용하는 접속사로는 '宁可…也(决)不…', '宁可…也…', '与其…不如…'가 있다. '宁可…也…'는 비교를 통해 뒤쪽의 결과를 얻기 위해 앞쪽의 동작을 선택함을 나타낸다. '宁可'은 일반적으로 첫 번째 절에서 사용하고, '也'는 두 번째 절에서 사용한다. '也'는 항상 '要', '得' 등을 동반한다.

他宁可不休息, 也得把练习作完。
Tā nìngkě bù xiūxi, yě děi bǎ liànxí zuòwán.
　　그는 쉬지 않더라도 연습을 끝내야민 한다.

他宁可自己吃点亏, 也不让别人吃亏。
Tā nìngkě zìjǐ chīdiǎn kuī, yě búràng biérén chīkuī.
　　그는 자기가 조금 손해 볼지언정, 남을 손해 보게 하지는 않는다.

'与其…不如…'는 전후 두 개의 사물을 나타내거나, 선택한 뒤쪽이 더 낫다는 것을 나타낸다. '与其'는 일반적으로 첫째 절에서 사용하며, '不如'는 두 번째 절에서 사용한다. '不如'는 앞에 '还', '倒' 혹은 '真' 등을 더할 수도 있다.

与其读论语倒不如看小说。
Yǔqí dú Lùnyǔ bùrú kàn xiǎoshuō.
　　논어를 읽기보다는 소설을 보는 것이 더 낫다.

与其你走着去, 还不如我骑车去。
Yǔqí nǐ zǒuzhe qù, hái bùrú wǒ qíchē qù.
　　네가 걸어가는 것 보다 내가 자전거 타고 가는 게 낫겠다.

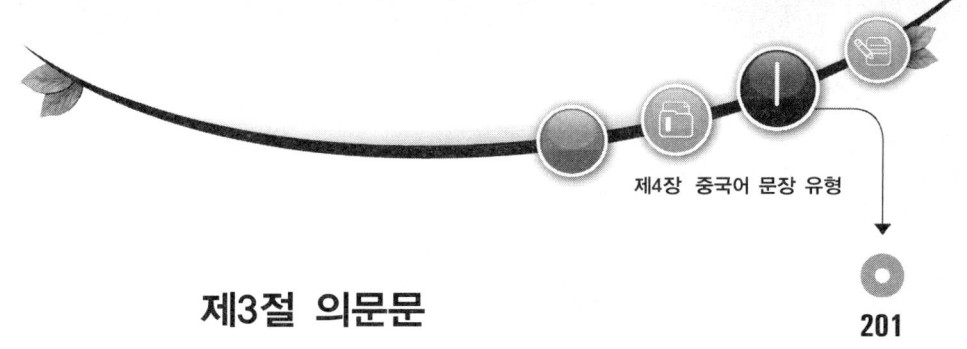

제4장 중국어 문장 유형

제3절 의문문

1) 어기조사 '吗', '吧', '呢'를 이용한 의문문

(1) 진술문 + 吗?

긍정이나 부정의 대답을 기대한다. 어순이 진술문의 어순과 완전히 일치하며 어조는 뒷부분이 높아진다. '?'가 생략되기도 하는데 이때는 분명치 않거나 믿지 못하겠다는 의미를 내포한다.

> 今天星期六吗?
> Jīntiān xīngqī liù ma?
>   오늘 토요일이니?
>
> 你身体好吗?
> Nǐ shēntǐ hǎo ma?
>   너는 건강하니?
>
> 那个学生是英国人吗?
> Nàge xuésheng shì Yīngguórén ma?
>   저 학생은 영국인이니?

(2) 진술문 + 吧?

대답에 대해 어느 정도의 예상을 하고 상대방의 확인을 바란다. 이때 어조는 내려간다. 이때 '吗'를 써도 되나 '吗'를 쓰면 어조가 올라가고, '吧'를 쓰면 어조가 내려간다. 문장 중에 추측을 나타내는 부사가 있으면 '吗'는 사용할 수 없다.

> 他还在学校吧?
> Tā hái zài xuéxiào ba?
>   그는 아직 학교에 있지?
>
> 你可能太累了吧?

Nǐ kěnéng tài lèi le ba?
> 너는 아주 피곤한 것 같은데?

你不会不知道吧?
Nǐ búhuì bùzhīdào ba?
> 당신 설마 모르지 않겠지요?

(3) 명사, 대사, 동사구조, 주술구조+ 呢?

문미에 조사 '呢'를 써 사람이나 사물이 '어디에 있는지' 또는 '어떠한지'를 묻는다.

金老师呢?
Jīn lǎoshī ne?
> 김선생님은 (어디 계시니)?

你的电影票呢?
Nǐde diànyǐng piào ne?
> 너의 영화 표는 (어디 있어)?

다른 의문문 뒤에 어기조사로 붙을 경우 앞 뒤 내용에 따라 완곡 또는 추궁하는 어투를 표현한다.

我想去参观, 你呢?
Wǒ xiǎng qù cānguān, nǐ ne?
> 나는 참관하고 싶은데 너는?

(如果)考不好呢?
(Rúguǒ) Kǎo bù hǎo ne?
> 만약에 시험을 잘 못 보면?

2) 의문대명사 이용한 의문문

의문대명사 '谁', '什么', '哪儿', '哪里', '哪', '怎么', '怎么样', '几', '多少', '为什么'등을 사용한다. 이때 의문대사는 물어보고자 하는 부분에 놓으며 대답할 때 어순은 변하지 않는다. 강세는 의문대사에 두며 의문문 끝에 어기조사 '呢' 또는 '啊'를 두어 어기를 완곡하게 한다.

谁今天没有来?　　⇒　金先生今天没有来。
Shuí jīntiān méiyǒu lái?　⇒　Jīn xiānsheng jīntiān méiyǒu lái.
　　오늘 누가 안 왔지?　　　미스터 김이 안 왔어.

他是谁?　　⇒　他是王老师。
Tā shì shuí?　⇒　Tā shì Wáng lǎoshī.
　　그는 누구지?　　　그는 왕 선생님이야.

那是什么?　　⇒　那是铅笔。
Nà shì shénme?　⇒　Nà shì qiānbǐ.
　　그것은 뭐지?　　　그건 연필이야.

你去哪儿?　　⇒　我去学校。
Nǐ qù nǎr?　⇒　Wǒ qù xuéxiào.
　　너는 어디 가니?　　　나는 학교에 가

昨天买的那件衣服怎么样?　⇒　昨天买的那件衣服很漂亮。
Zuótiān mǎide nàjiàn yīfu zěnmeyàng?　⇒　Zuótiān mǎide nàjiàn yīfu hěn piàoliang.
　　어제 산 그 옷은 어떠니?　　　　　　어제 산 그 옷 참 예뻐.

你们班有多少学生?　　⇒　我们班有二十个学生。
Nǐmen bān yǒu duōshǎo xuésheng?　⇒　Wǒmenbān yǒu èrshíge xuésheng.
　　너희 반 학생은 몇 명이니?　　　우리 반 학생은 20명이야.

你们是怎么来首尔的?　　⇒　我们是坐车来首尔的。

  Nǐmen shì zěnme lái Shǒu'ěr de? ⇒ Wǒmen shì zuòchē lái Shǒu'ěr de.
  너희는 어떻게 서울에 왔니?   우리는 차타고 서울에 왔어.

你昨天为什么没有来? ⇒ 我昨天病了。
  Nǐ zuótiān wèishénme méiyǒu lái? ⇒ Wǒ zuótiān bìngle.
  너는 어제 왜 안 왔니?   나는 어제 병이 났었어.

3) 정반의문문

술어의 긍정과 부정형식을 병렬해 의문을 나타낸다. 이때 긍정, 부정의 어순을 바꿀 수 없으며, 술어 앞에 조동사가 있으며 조동사의 긍정, 부정형식을 병렬한다. 목적어는 문미로 보내고 의문조사 '吗'는 함께 사용할 수 없다.

  这本书难不难?
  Zhèběn shū nánbunán?
    이 책은 어렵나요?

  你去不去电影院?
  Nǐ qùbuqù diànyǐngyuàn?
    당신 영화관에 갈래요?

  你有没有中国小说?
  Nǐ yǒu méiyǒu Zhōngguó xiǎoshuō?
    중국 소설 있어요?

  你是不是中国留学生?
  Nǐ shìbushì Zhōngguó liúxuéshēng?
    당신 중국유학생인가요?

동사가 만약 목적어를 가진다면 목적어를 긍정과 부정의 동사 가운데에 넣을 수 있다.

  你认识他不认识?

Nǐ rènshi tā bú rènshi?

당신 그 사람 알아요?

你有智能手机没有?

Nǐ yǒu zhìnéng shǒujī méiyǒu?

당신 스마트폰 있어요?

4) 선택의문문

'(是)……还是……'를 이용해 몇 가지 상황을 나열하고 상대방의 선택을 바라는 의문문이다. 묻고자 하는 상황이 두 가지 이상인 경우에 사용한다. 어조는 매 선택항목마다 올라가나 물음표는 문미에만 사용한다. 문장 끝에 의문조사 '吗'를 붙일 수 없다.

这个句子(是)对还是不对？　　对。/ 不对。
Zhège jùzi(shì)duì háishì búduì? Duì./ Búduì.

이 문장 맞나요, 틀리나요?　맞다. / 틀리다.

你现在(是)到图书馆去还是回宿舍去?
Nǐ xiànzài(shì) dào túshūguǎn qù háishì huí sùshè qù?

너는 지금 도서관에 가니 아니면 기숙사에 가니?

到图书馆去。/ 回宿舍去。
Dào túshūguǎn qù./ Huí sùshè qù.

도서관에 간다. / 기숙사에 간다.

这是你的书还是他的书？　是我的书。/ 是他的书。
Zhè shì nǐde shū háishì tāde shū? Shì wǒde shū./Shì tāde shū.

이것은 너의 책이니 그의 책이니?　나의 책이다. / 그의 책이다.

대답할 때 선택이 아닌 전체를 긍정 또는 부정할 수 있다.

你去, 还是他去？　　　　都去。/ 都不去。

Nǐ qù, háishì tā qù ?　　　Dōu qù. / Dōu búqù.
　　네가 가니, 그가 가니?　　　모두 가. / 모두 안 가.

'还是'가 진술문에 사용될 때는 불확실한 상황을 나타내며 문미에는 '。'를 붙인다.

我不知道他今天还是明天到达北京。
Wǒ bùzhīdào tā jīntiān háishì míngtiān dàodá Běijīng.
　　나는 그가 베이징에 오늘 올지, 내일 올지 모른다.

5) '是不是' 의문문

어떤 사실이 '是'인지 '不是'인지를 확인하기 위해 사용하며 '是不是'를 문두, 문미에 모두 사용할 수 있다. 동사 '是'가 술어인 문장은 일반적으로 정반의문문을 사용한다.

是不是那支笔很好 ?
那支笔是不是很好 ?
那支笔很好, 是不是 ?
Nà zhī bǐ hěn hǎo, shìbushì?
　　그 연필 좋은가요?

상대방에게 건의하거나 동의를 구할 때는 문두에 '是不是'를 놓고, 문미에 '好不好'나 '怎么样'을 사용한다. 문미에 '吗'를 사용할 수 없다.

我们是不是在这儿坐一会儿 ?
Wǒmen shìbushì zài zhèr zuò yíhuìr
我们在这儿坐一会儿好不好 ?
Wǒmen zài zhèr zuò yíhuìr hǎobuhǎo?
我们在这儿坐一会儿怎么样 ?
Wǒmen zài zhèr zuò yíhuìr zěnmeyàng?

우리 여기 잠시 앉는 게 어때?

6) 부사 '多'를 이용한 의문문

부사 '多'를 사용해 정도, 수량, 나이 등을 묻는다. 대개 단음절 형용사의 '高, 长, 远, 宽, 深, 重, 厚, 粗, 大'등의 적극적인 의미를 가진 형용사 앞에 사용된다. 대답을 할 때는 수량구를 사용해 정도를 설명해야 한다. 어기조사 '吗'는 사용할 수 없다.

你弟弟多大?
Nǐ dìdi duō dà?
　　네 동생은 몇 살이니?

那条公路有多长?
Nà tiáo gōnglù yǒu duō cháng?
　　그 고속도로는 얼마나 길어요?

那块石头有多重?
Nà kuài shítou yǒu duō zhòng?
　　그 돌은 얼마나 무겁니?

7) '是吗', '好吗' 또는 '行吗'를 이용한 의문문

A: 北京的夏天不太热, 是吗?
　　Běijīng de xiàtiān bú tài rè, shìma?
　　　　베이징의 여름은 그다지 덥지 않은가요?
B: 是啊。
　　Shì a.
　　　　그래요.
A: 他病得厉害, 是吗?
　　Tā bìngde lìhai, shì ma?

너 병이 심하다며, 그러니?

B: 不，不太厉害。

　　Bù, bú tài lìhai.

　　　아니야, 심하지 않아.

A: 中国人喜欢喝茶，是吗?

　　Zhōngguórén xǐhuan hē chá, shì ma?

　　　중국인은 차 마시는 것을 좋아한다며, 그러니?

B: 是啊。

　　Shì a.

　　　그래.

'好吗', '行吗'를 사용한 의문문은 항상 제안의 질문이나 대상에 대한 의견을 요청하는데 사용된다.

我们去散散步，好吗?

Wǒmen qù sàn sànbù, hǎoma?

　　우리 산보 가자, 어때?

我们去喝咖啡，行吗?

Wǒmen qù hē kāfēi, xíng ma?

　　우리 커피를 마시러 가자, 괜찮겠니?

제4절 특수한 동사술어문

1 '是'자문

'是'자문('是'字句)는 동사 '是'가 술어의 중심어가 되는 문장이다. 동사 '是'는 동작이나 행위가 아닌 판단과 긍정, 구별, 동등의 의미를 나타낸다. 주요 문형은 다음의 두 가지가 있다.

(1) 'A 是 B'

평서문은 'A是B'

这是书。
Zhè shì shū.
　　　이것은 책이다.

他是韩国学生。
Tā shì Hánguó xuésheng.
　　　그는 한국 학생이다.

부정문은 'A不是B'

这不是书。
Zhè búshì shū.
　　　이것은 책이 아니다.

他不是韩国学生。
Tā búshì Hánguó xuésheng.
　　　그는 한국학생이 아니다.

의문문은 'A是B吗?',

这是书吗?　　　　(이것은 책이니?)

他是韩国学生吗?　　　(그는 한국학생이니?)

'A是不是B?'

这是不是书?　　　　(이것은 책이 아닙니까?)

他是不是韩国学生?　(그는 한국학생이 아닙니까?)

이때 '是'는 일반적으로 약하게 읽는다. 부정형식은 '是'앞에 부정부사 '不'를 더한다. 질문할 때는 '吗'를 사용하거나 혹은 술어 '是'의 긍정 형식과 부정 형식을 병렬해서 사용한다.

(2) 'A是….的'

평서문은 'A是….的'

这本书是老师的。

Zhèběn shū shì lǎoshīde.

　　이 책은 선생님 것이다.

那支钢笔是他的。

Nà zhī gāngbǐ shì tā de.

　　그 만년필은 그의 것이다.

부정문은 'A不是….的'

这本书不是老师的。　　(이 책은 선생님 것이 아니다.)

那支钢笔不是他的。　　(그 만년필은 그의 것이 아니다.)

의문문은 'A是….的吗?'

这本书是老师的吗? (이 책은 선생님 것인가요?)

那支钢笔是他的吗? (그 만년필은 그의 것인가요?)

'A是不是….的?'

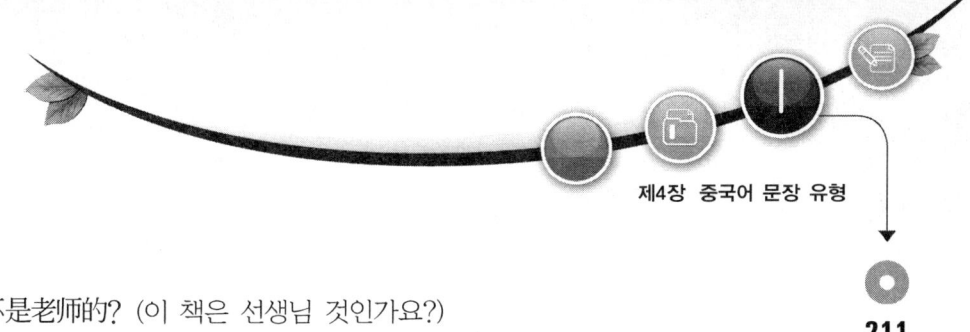

这本书是不是老师的? (이 책은 선생님 것인가요?)

那支钢笔是不是他的? (그 만년필은 그의 것이 아닌가요?)

대사, 형용사, 명사 등 뒤쪽에 조사 '的'를 더해 '的'자구를 조성하고, 명사의 작용을 가지고 있으며, 단독으로 활용할 수 있다. 이러한 종류의 '的'자구는 또한 항상 '是' 문맥 안에서 나타난다.

2 '有'자문

'有'자문('有'字句)은 동사 '有'가 술어의 중심어인 문장이다. 동사 '有'는 소유, 포함·소속, 존재, 열거, 포함, 수치의 예측·비교 등을 나타낸다. 부정문은 '有' 앞에 '没'를 더하며, '不'는 더할 수 없다.

(1) 소유를 표시하고, 문장 가운데 술어 역할을 하고, 항상 목적어를 동반한다. '有'와 목적어 사이에 항상 수량사가 있다.

我们家有五口人。
Wǒmen jiā yǒu wǔ kǒu rén.
  우리는 다섯 식구이다.

这个词有几种不同的用法。
Zhège cí yǒu jǐzhǒng bùtóng de yòngfǎ.
  이 단어는 몇 가지 다른 용법을 가지고 있다.

(2) 포함·소속의 의미를 나타낸다. 목적어는 일반적으로 수량사를 동반한다.

一年有十二个月, 五十二个星期。
Yìnián yǒu shí'èrge yuè, wǔshí'èr ge xīngqī.

　　　　　1년은 12개월이고 52주이다.

　　一星期有七天。
　　Yì xīngqī yǒu qī tiān.
　　　　　1주일은 7일이다.

　　人人都有两只手。
　　Rénrén dōu yǒu liǎngzhī shǒu.
　　　　　사람마다 모두 손이 두개다.

(3) 존재를 나타낸다. 문맥의 주어는 항상 방위, 장소, 시간의 명사를 표시한다.

　　这儿有两把椅子，我那儿没有。
　　Zhèr yǒu liǎngbǎ yǐzi, wǒ nàr méiyǒu.
　　　　　여기는 의자가 두 개 있는데 내가 있는 곳에는 없다.

　　屋子里有人。
　　Wūzi li yǒu rén.
　　　　　집에 누군가 있다.

　　唐朝有个诗人，叫李白。
　　Tángcháo yǒu ge shīrén, jiào Lǐ Bái.
　　　　　당나라 때 이백이라는 시인이 있었다.

　　今天晚上有电影。
　　Jīntiān wǎnshang yǒu diànyǐng.
　　　　　오늘 저녁에 영화를 상영한다.

(4) 열거를 나타낸다.

　　唐代著名诗人有李白、杜甫、白居易等。
　　Tángdài zhùmíng shīrén yǒu Lǐ Bái、Dù Fǔ、Bái Jūyì děng.
　　　　　당나라 때 유명한 시인으로 이백, 두보, 백거이 등이 있다.

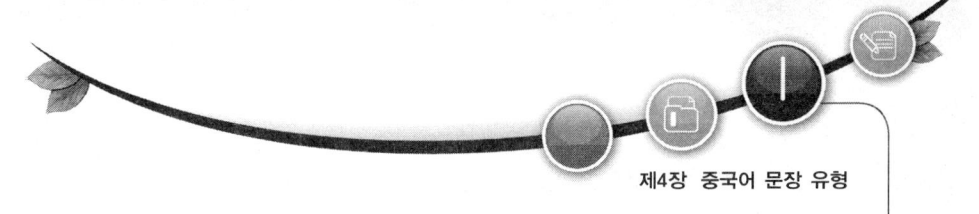

放假了，学生们都去旅行了，有的去上海、有的去杭州、有的去西安、成都。
Fàngjià le, xuésheng men dōu qù lǚxíng le, yǒude qù Shànghǎi, yǒude qù Hángzhōu, yǒude qù Xī'ān、Chéngdū.
　　방학을 해서 학생들은 여행을 갔다. 어떤 이는 상하이로, 어떤 이는 항저우로, 어떤 이는 서안으로, 성도로 갔다.

(5) 수치의 예측비교를 나타낸다.

我看他大约有三十多岁。
Wǒ kàn tā dàyuē yǒu sānshíduō suì.
　　내가 보기에 그는 약 서른이 조금 넘은 것 같다.

那条河有五百米宽。
Nà tiáo hé yǒu wǔbǎi mǐ kuān.
　　그 강의 너비는 500미터이다.

这棵树有楼那么高了。
Zhè kē shù yǒu lóu nàme gāo le.
　　이 나무는 건물만큼 높다.

他高有170厘米，重有65公斤。
Tā gāo yǒu yībǎi qīshí límǐ, zhòng yǒu liùshí wǔ gōngjīn.
　　그는 키가 170센티미터이고, 체중이 65킬로그램이다.

3 연동문

　　연동문(连动句)은 하나의 주어 밑에 둘 또는 그 이상의 동사나 동사구가 어떤 관계를 가지고 연이어 사용된 것이다. 이때 두 동사 또는 동사구의 순서는 고정되어 있으며 바꾸면 안 된다.

(1) 기본 형식

주어 + 술어(동사1) + 목적어1 + 술어(동사2) + 목적어2

我骑自行车去公园。
Wǒ qí zìxíngchē qù gōngyuán.
　　　나는 자전거를 타고 공원에 갔다.

我去图书馆借书。
Wǒ qù túshūguǎn jiè shū.
　　　나는 책을 빌리러 도서관에 간다.

(2) 연동문의 종류

① 동사2가 동사1의 목적이다.

我们星期日去天安门玩。
Wǒmen xīngqī rì qù Tiān'ānmén wán.
　　　우리는 일요일에 천안문에 간다.

我去宿舍找他。
Wǒ qù sùshè zhǎo tā.
　　　나는 기숙사로 그를 찾아 갔다.

② 동사1이 동사 2의 수단과 방식을 설명한다.

我坐飞机去上海。
Wǒ zuò fēijī qù Shànghǎi.
　　　나는 비행기를 타고 상하이로 갔다.

他用左手写字。
Tā yòng zuǒshǒu xiě zì.
　　　그는 왼손으로 글씨를 쓴다.

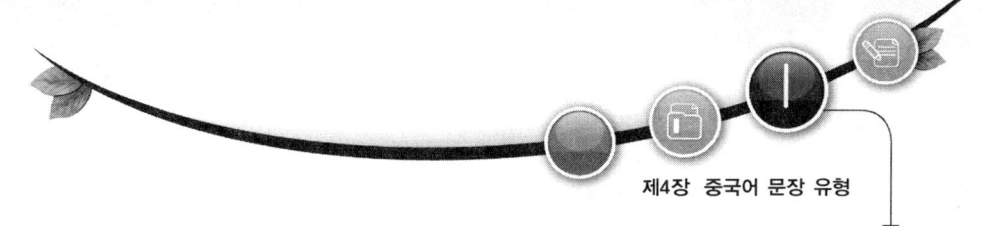

③ 동사1이 '有'를 사용한 연동문일 때 동사2는 목적어를 가지지 않으며 '有'의 목적어는 의미상 동사2의 동작의 대상이다

你<u>最近</u><u>有</u>小说<u>看</u>吗?　　　　－ 有。
Nǐ zuìjìn yǒu xiǎoshuō kàn ma? － Yǒu.
　　너는 최근 보고 있는 소설이 있니?　－ 있어.

他家生活很苦, <u>没有饭吃</u>, <u>没有衣服穿</u>。
Tājiā shēnghuó hěn kǔ, méiyǒu fàn chī, méiyǒu yīfu chuān.
　　그의 집은 생활이 힘들어 먹을 밥도 입을 옷도 없었다.

④ 동사2는 목적어를 가지며 동사2가 동사1의 목적어의 용도를 보충 설명한다.

我<u>有</u>几个问题要<u>问</u>你。
Wǒ yǒu jǐ ge wèntí yào wèn nǐ.
　　나는 몇 문제 너한테 물어볼 것이 있다.

我每天都<u>有</u>时间<u>锻炼</u>身体。
Wǒ měitiān dōu yǒu shíjiān duànliàn shēntǐ.
　　나는 매일 신체 단련하는 시간을 가진다.

⑤ 부정문은 '不'또는 '没有'를 동사1 앞에 둔다.

我们星期日不<u>去</u>天安门<u>玩</u>。
Wǒmen xīngqī rì búqù Tiān'ānmén wán.
　　우리는 일요일에 천안문으로 놀러 가지 않는다.

我最近没<u>有</u>小说<u>看</u>。
Wǒ zuìjìn méiyǒu xiǎoshuō kàn.
　　나는 최근에 보고 있는 소설이 없다.

⑥ 동작이 이미 완성되었음을 나타낼 때 일반적으로 어기조사 '了'를 문장 끝, 또는

동사2 뒤에 둔다.

我们都去学校考期末考试了。
我们都去学校考了期末考试。
Wǒmen dōu qù xuéxiào kǎole qīmò kǎoshì.
　　우리는 모두 학교로 가서 기말시험을 보았다.

⑦ 동사성 연합구는 연동문이 아니며 이때 동사의 순서가 바뀌어도 의미변화가 없다.

我每天早上散散步、打羽毛球。
Wǒ měitiān zǎoshang sànsànbù、dǎ yǔmáoqiú.
　　우리는 매일 아침에 산보를 하고 배드민턴을 한다.

他们在写诗画画儿。
Tāmen zài xiě shī huà huàr.
　　그들은 시를 쓰고 그림을 그린다.

4 겸어문

겸어문(兼语句)은 한 문장 안에 두 개의 동사가 있고 앞 동사의 목적어가 동시에 뒤의 동사의 주어를 겸하는 동사술어문을 말하며, 이때 목적어 성분을 '겸어(兼语)'라고 한다.

(1) 기본형식

'주어 + (문장전체의)술어 + 겸어(목적어 겸 주어) + 술어'

他们请我唱歌。
Tāmen qǐng wǒ chàng gē.
　　그들은 나에게 노래를 부르라고 청했다.

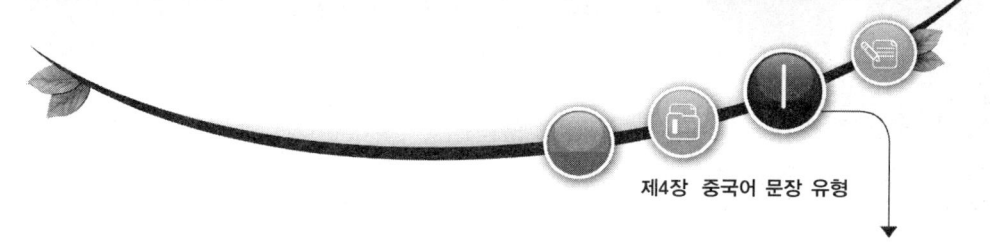

(2) 겸어문의 종류

① 일반적 겸어문 : 첫 번째 술어가 사역의 의미를 가진다. 여기에 사용되는 동사는 '请 qǐng, 让 ràng, 叫 jiào, 使 shǐ, 派 pài, 劝 quàn, 求 qiú, 选 xuǎn, 要求 yāoqiú, 请求 qǐngqiú' 등이다.

我们选小李当我们的班长。
Wǒmen xuǎn Xiǎo Lǐ dāng wǒmen de bānzhǎng.
우리는 小李를 우리의 반장으로 뽑았다.

这件事使我们很感动。
Zhèjiàn shì shǐ wǒmen hěn gǎndòng.
이 일은 우리를 감동시켰다.

小王叫我告诉你这件事。
Xiǎo Wáng jiào wǒ gàosu nǐ zhèjiàn shì.
小王은 나에게 이 일을 너에게 알리라고 했어.

② 무주어 겸어문 : 첫 번째 술어가 '有, 是, 请'의 동사로 주어가 없거나 생략된 문장이다.

小金, 楼下有人找你。
Xiǎo Jīn, lóuxià yǒu rén zhǎo nǐ.
金군, 아래층에서 누군가 너를 찾아.

你听, 外边是谁在唱歌?
Nǐ tīng, wàibian shì shuí zài chànggē?
들어봐, 밖에서 누가 노래를 하니?

大夫, 我们宿舍有一个同学病了, 请你去看看。
Dàifu, wǒmen sùshè yǒu yíge tóngxué bìngle, qǐng nǐ qù kànkan.
의사 선생님, 우리 숙사에 한 급우가 병이 났어요, 가서 좀 봐주세요.

(3) 어법 특징

① 겸어 뒤에는 다른 성분을 더할 수도 있다.

我请他明天早上到我这儿来。
Wǒ qǐng tā míngtiān zǎoshang dào wǒ zhèr lái.
　　나는 그를 내일 아침에 내게로 와 달라고 부탁했다.

② 부정사는 일반적으로 첫 번째 술어 앞에 놓는다. 그러나 저지의 의미를 가진 '別', '不要'는 두 번째 술어 앞에 사용할 수 있다.

我们没请他来, 是他自己来的。
Wǒmen méi qǐng tā lái, shì tā zìjǐ lái de.
　　우리는 그를 청하지 않았다, 그가 스스로 왔다.

现在上课, 请大家不要说话。
Xiànzài shàngkè, qǐng dàjiā búyào shuōhuà.
　　지금은 수업중이니, 모두 말을 하지 마십시오.

③ 능원동사는 일반적으로 첫 번째 동사 앞에 놓는다.

我想请你来作一个报告。
Wǒ xiǎng qǐng nǐ lái zuò yíge bàogào.
　　나는 너에게 발표를 하나 부탁할 생각이다.

5 존현문

존현문(存现句)은 사람 또는 사물이 존재, 출현, 소실했음을 나타내는 문장이다.

(1) 기본 문형

부사어(장소, 시간) + 술어(동사) + (동태조사) + 목적어(존재, 출현, 소실된 사람 또는 사물)

桌子上放着两本书。
Zhuōzi shang fàngzhe liǎngběn shū.
　　책상 위에 두 권의 책이 놓여 있다.

(2) 어법 특징

① 존현문에는 주어가 없다.
② 문두에 출현하는 장소를 나타내는 일반명사 뒤에는 항상 방위사를 더해야 한다.

前边来了一个人。
Qiánbiān lái le yíge rén.
　　앞으로 한 사람이 왔다.
早上他就走了。
Zǎoshang tā jiù zǒu le.
　　아침에 그는 가버렸다.

(3) 존현문의 종류

① 존재를 표현한다. : 주로 사람과 사물의 정태와 방치를 표현하는 동사를 사용. 이때 동작의 결과 상태의 지속을 나타내는 동태조사 '着'이 쓰인다. 예를 들면 '住 zhù, 睡 shuì, 站 zhàn, 坐 zuò, 立 lì, 放 fàng, 挂 guà, 摆 bǎi, 插 chā, 堵 dǔ'등의 동사들이다.

墙上挂着一张世界地图。
Qiáng shang guàzhe yìzhāng shìjiè dìtú.
　　벽에 세계지도 한 장이 걸려 있다.
大树下坐着几位老人。

Dàshù xià zuòzhe jǐwèi lǎorén.
큰 나무 아래 노인 몇 분이 앉아계시다.

② 출현 또는 소실을 표현한다. : 주로 사람과 사물의 출현 또는 소실 나타내는 동사 사용. 이때 조사 '了'나 '동사 + 방향보어'의 형식으로 쓰인다. 예를 들면 '来lái, 起qǐ, 出现chūxiàn, 上(来), 进(来), 走(出来), 死sǐ, 丢diū, 跑pǎo' 등의 동사들이다.

大路上走过来两个人。
Dàlùshang zǒu guòlái liǎngge rén.
큰 길로 두 사람이 걸어 왔다.

我们院里搬走了一家人。
Wǒmen yuànli bānzǒule yìjiā rén.
우리 마당에서 한 가족이 이사를 갔다.

부정문은 동사 앞에 부정사 '没'를 사용하며 이때 목적어 앞에 수사나 지시대사는 사용하지 않는다.

近来我家没来客人。
Jìnlái wǒjiā méilái kèrén.
최근에 우리 집에는 손님이 안 왔다.

6 '把'자문

'把'자문('把'字句)은 중국어에서 일상적으로 사용하는 동사 술어문 가운데 하나이다. 개사 '把'와 명사 혹은 대명사구로 개사구를 이루고 동사의 부사어 역할을 하며 술어 동사가 목적어를 어떻게 처리했는지와 처리 결과를 강조해 설명할 때 주로 사용한다. 이런 처리는 대상의 위치를 바꾸거나, 상태 변화 또는 다른 영향을 미치기도 한다. '把'자문에서 '把'와

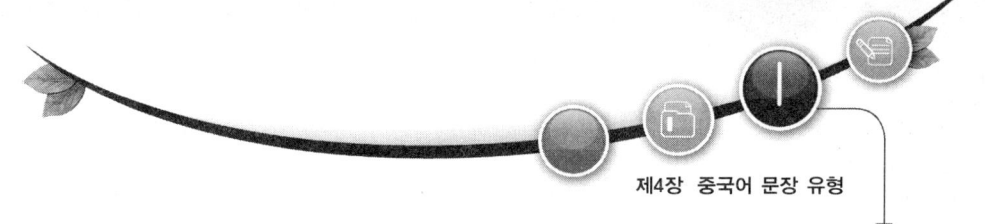

목적어(처리 대상)은 반드시 주어 다음, 동사 앞에 와야 한다.

我把这本书翻译完了。
Wǒ bǎ zhèběn shū fānyì wánle.
　　　나는 이 책을 다 번역했다.

他把你的电话号码忘了。
Tā bǎ nǐde diànhuà hàomǎ wàngle.
　　　그는 너의 전화번호를 잊어 버렸다.

请把电视机开开。
Qǐng bǎ diànshìjī kāikai.
　　　TV를 좀 켜주세요.

她把照相机带来了。
Tā bǎ zhàoxiàngjī dàilái le.
　　　그녀는 사진기를 가지고 왔다.

(1) '把'자문의 어법 특징

① '把'자문의 주요 동사는 반드시 타동사로 '把'의 목적어에 동작을 하고 영향을 미쳐야 한다. 예를 들어 '我把这本小说看完了.' 가운데의 '看'은 '小说'에 동작해 '看小说'라고 말할 수 있다. 사람이나 사물을 지배하지 못하거나 영향을 주지 못하는, 예를 들어 '有, 在, 是, 来, 觉得' 등의 동사는 '把'자문에 사용할 수 없다.

② '把'자문의 목적어는 일반적으로 말하는 사람의 심중에 이미 확정적인 것으로, 앞에 항상 지시 대사나 관형어가 오거나 대화를 하는 쌍방이 모두 확실히 알고 있는 것이다. 예를 들어 '我想把一本书看一遍.'이라고 말할 수 없고, '我想把这(那)本书看一遍.'이라고 말할 수 있다.

③ '把'자문에서 술어동사는 단독으로 존재할 수 없고, 그 뒤에 반드시 동작의 결과나 영향을 설명하는 동태조사 '了'나 '着 zhe', 중첩된 동사나 보어 등의 부대 성분이 와야 한다.

他把杯里的茶喝了。

Tā bǎ bēi lǐ de chá hē le.

　　그는 잔의 차를 마셨다.

我把这本字典买来了。

Wǒ bǎ zhèběn zìdiǎn mǎi lái le.

　　그가 이 사전을 사왔다.

小孩子把那本书弄脏了。

Xiǎoháizi bǎ nàběn shū nòngzāng le.

　　아이는 그 책을 더럽혔다.

快把大衣穿上，外边很冷。

Kuài bǎ dàyī chuānshàng, wàibiān hěn lěng.

　　빨리 외투를 입어, 밖이 춥다.

你把这篇文章看看。

Nǐ bǎ zhè piān wénzhāng kànkan.

　　이 글 좀 보렴.

'把'자문에는 동사 뒤에 가능보어를 쓸 수 없다. 왜냐하면 가능보어는 일종의 가능만을 나타내며 동작의 결과를 나타내지는 못한다. 또한 동사 뒤에 과거경험을 나타내는 동태조사 '过'를 쓸 수 없다.

④ '把'자문에서 능원동사나 부정부사는 '把' 앞에 쓴다.

我们应该把汉语学好。(○)

Wǒmen yīnggāi bǎ Hànyǔ xuéhǎo.

我们把汉语应该学好。(×)

我还没有把这本小说翻译完。(○)

Wǒ hái méiyǒu bǎ zhèběn xiǎoshuō fānyì wán.

我把这本小说还没有翻译完。(×)

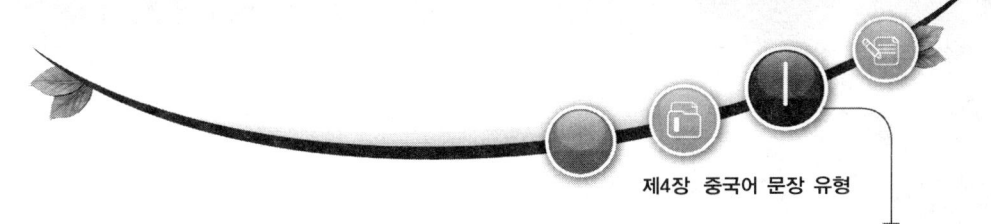

제4장 중국어 문장 유형

(2) 언제 '把'자문을 사용할까?

표현 면에서는 어떤 사람이나 사물이 어떤 동작의 처리나 영향을 받았는지를 설명할 때, 또는 어떠한 사람이나 사물이 어떤 동작의 처리나 영향을 받았는지 알아볼 때 사용한다.

문장의 구조로 본다면

① 동사술어가 '成, 为, 作'를 포함하거나, 또는 '成, 为, 作'가 결과 보어가 되고, 또 두 개의 목적어가 있을 때, 일반적으로 '把'자구를 쓴다.

요把美元换算成韩币。
Yào bǎ měiyuán huànsuàn chéng Hánbì.
　　달러를 원화로 바꿔야 한다.

他把这本英语小说翻译成中文了。
Tā bǎ zhèběn Yīngyǔ xiǎoshuō fānyì chéng Zhōngwén le.
　　그는 이 영어 소설을 중국어로 번역했다.

大家把他选为俱乐部代表。
Dàjiā bǎ tā xuǎnwéi jùlèbù dàibiǎo.
　　모두들 그를 동호회 대표로 선출했다.

② 동사 뒤에는 결과보어 '在, 到, 上, 入'이 있고, 또한 장소를 나타내는 목적어를 동반해 처리를 받은 사람이나 사물이 어떠한 장소에 위치할 때 일반적으로 '把'자문을 사용한다.

他们把水果放在桌子上。
Tāmen bǎ shuǐguǒ fàngzài zhuōzi shàng.
　　그들은 과일을 탁자 위에 놓았다.

大家把病人送到医院去了。
Dàjiā bǎ bìngrén sòngdào yīyuàn qù le.
　　모두들 환자를 병원까지 데려다 주었다.

③ 동사 술어 뒤에서 결과 보어 '给'가 대상이 되는 목적어를 동반하고, 사람이나 사물의 동작을 통해 어떠한 대상에 도달했음을 설명할 때는 반드시 '把'자문을 사용해야 한다.

玛莉把在中国照的照片寄给父母。
Mǎlì bǎ zài Zhōngguó zhào de zhàopiàn jì gěi fùmǔ.
마리는 중국에서 찍은 사진을 부모에게 보냈다.

我把这本小说送给了我朋友。
Wǒ bǎ zhèběn xiǎoshuō sònggěi le wǒ péngyou.
나는 이 소설을 내 친구에게 선물했다.

④ 이중 목적어를 동반한 동사술어문에서, 직접목적어가 이미 알고 있거나 특정한 경우에는 일반적으로 '把'자문을 사용한다.

他把那张画给了我。
Tā bǎ nàzhāng huà gěi le wǒ.
그는 그 그림을 나에게 주었다.

她把刚才听到的好消息告诉了大家。
Tā bǎ gāngcái tīngdào de hǎo xiāoxi gàosù le dàjiā.
그는 방금 들은 희소식을 모두에게 알렸다.

⑤ 술어동사 앞에 있는 '都', '全'등의 범위를 나타내는 부사가 있을 때, 만약에 목적어가 있다면 '把'자문을 사용한다.

你把那些水果都吃了。
Nǐ bǎ nàxiē shuǐguǒ dōu chī le.
너는 그 과일들을 모두 먹어라.

我把钱全花完了。
Wǒ bǎ qián quán huā wán le.

나는 돈을 다 써버렸다.

7 '被'자문

중국어에서 피동의 의미를 나타내는 두 가지 문장유형이 있다. 하나는 유형은 어떠한 표시도 없는 것으로, 일반적으로 '의미상의 피동문(被动句)'이라고 하며, 다른 하나는 피동의 의미를 나타내는 개사 '被', '叫', '让' 등을 이용한 문장으로 '被'자문('被'字句)이라고 한다.

(1) 의미상의 피동문

중국어에서 어떤 문장들의 주어는 동작의 지배를 받는 피동문이지만, 형식상으로는 주어가 동작을 하는 동사 술어문과는 차이가 없다. 이것을 '의미상의 피동문'이라고 부른다. 이런 종류의 문장은 자주 사용되며, 이때 주어는 어떠한 사물이며 문맥에서 확정적인 것이다.

信已经写好了。
Xìn yǐjīng xiěhǎo le.
　　편지는 이미 다 썼다.

电影票卖完了。
Diànyǐng piào mài wán le.
　　영화표는 다 팔렸다.

杯子打破了。
Bēizi dǎ pò le.
　　잔은 깨졌다.

问题已经解决了。
Wèntí yǐjīng jiějué le.
　　문제는 이미 해결되었다.

이러한 문장에서 술어동사는 일반적으로 한 개의 간단한 동사가 아니며, 종종 부사어, 보어, 능원동사나 동태조사 '了', '过'등을 동반한다.

(2) '被'자문

중국어에서 술어동사 앞에 개사 '被', '叫', '让'이 있는 문장을 '被'자문이라고 한다. '被'자문의 주어는 문장 앞에 위치하고, 동사의 동작을 받는 사람이다.

这辆汽车被那位工人修好了。
Zhè liàng qìchē bèi nàwèi gōngrén xiūhǎo le.
  이 자동차는 그 수리공이 다 수리했다.

他被大家选为班长了。
Tā bèi dàjiā xuǎnwéi bānzhǎng le.
  모두는 그를 반장으로 뽑았다.

那本小说昨天让人借走了。
Nàběn xiǎoshuō zuótiān ràng rén jièzǒu le.
  그 소설은 어제 다른 사람이 빌려갔다.

我的自行车叫弟弟骑到学校去了。
Wǒde zìxíngchē jiào dìdi qídào xuéxiào qù le.
  내 자전거는 동생이 학교로 타고 갔다.

我的钢笔给别人用坏了。
Wǒde gāngbǐ gěi biérén yòng huài le.
  내 만년필은 다른 사람이 망가뜨렸다.

  '被'는 서면어에 많이 쓰이고, '让', '叫'는 구어에 자주 쓰인다.

['被'자문의 어법특징]

① '被'자문의 주어는 일반적으로 이미 알고 있거나, 확정적인 것이다.

② 술어동사는 일반적으로 한 개의 간단한 동사가 아니고, 또한 자주 동태조사 '了'나 '过', 보어, 목적어, 부사어, 능원동사 등을 동반해 동작의 결과, 정도, 시간 등을 설명한다.

③ 만약 동작의 주체자를 말할 필요가 없거나 말할 수 없을 때, 일반적으로 범칭을 나타내는 '人'으로 대체해 사용할 수 있다.

　　我的汉英词典叫人借走了。
　　Wǒde HànYīng cídiǎn jiào rén jiè zǒu le.
　　　　내 중영사전은 다른 사람이 빌려갔다.

　　张教师被请去讲中国文学了。
　　Zhāng jiàoshī bèi qǐng qù jiǎng Zhōngguó wénxué le.
　　　　장 선생님은 중국문학 강의를 요청받아 가셨다.

④ 동작의 주체를 명백히 가리킬 필요가 없을 때, '被'는 동사 앞에 직접 사용할 수도 있으나, '让'이나 '叫'의 뒤에는 반드시 동작의 주체나 범칭을 나타내는 '人'을 써야 한다.

　　忽然，门被撞开了。
　　Hūrán, mén bèi zhuàngkāi le.
　　　　갑자기 문이 부딪쳐 열렸다.

　　作报告的同志让我们请来了。
　　Zuò bàogào de tóngzhì ràng wǒmen qǐng lái le.
　　　　발표하는 급우는 우리가 불러왔다.

⑤ 만약 부정부사나 능원동사가 있다면, 모두 '被'자 앞쪽에 놓인다.

　　要是你看了这部电影，也一定会被吸引住。
　　Yàoshì nǐ kànle zhèbù diànyǐng, yě yídìnghuì bèi xīyǐn zhù.
　　　　만약에 네가 이 영화를 보면 넌 분명 끌릴 것이다.

> 那本书还没有被借走。
> Nàběn shū háiméiyǒu bèi jiè zǒu.
> 그 책은 아직 다른 사람이 빌려가지 않았다.

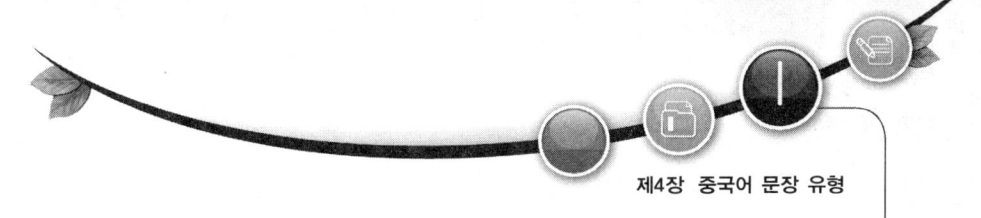

제4장 중국어 문장 유형

제5절 동작 상태의 표현

동태(动态)란 즉, 동작의 상황을 나타낸다. 이것은 어떤 동작의 시작부터 진행되어 마무리하기까지 변화하는 가운데 어느 단계의 동작인가를 보여주는 것이다. 즉, '…한 적이 있다', '곧…하려하고 있다', '…를 계속 하고 있다', '아직도 …하기를 계속하다', '…하기를 끝내다', '…한 결과가 남아있다' 등등의 여러 단계를 표현하는 것으로 동작의 진행 순서대로 본다면 다음과 같이 정리할 수 있다.

① 임박: 곧…하려 하다.　　　就要·快要·快+동사+了
② 개시: …하기 시작하다.　　 동사+起来
③ 진행: …하고 있는 중이다.　 正·正在·在+동사+呢
④ 지속: …하고 있다.　　　　동사+着
⑤ 계속: …하기를 계속하다.　 동사+下去
⑥ 완료: …했다.　　　　　　동사+了
⑦ 경험: …한 적이 있다.　　　동사+过

위에서 보는 바와 같이 동작의 각 단계를 표현하기 위해 동사 앞과 뒤에 부가되는 부사와 조사, 방향보어 등의 각 성분들을 동태라고 한다.

1 진행의 '正在…呢'

1) 正在…呢

동태표시인 '正在…呢'로 동사를 둘러싸 동작 진행을 나타낼 수 있으며, 이 중에서 어느 하나가 빠져도 진행형을 나타내는 것이 가능하다. 이때 '正'과 '在'는 모두 부사이다.

주어 + 正[在/正在] + 동사 + (목적어) + (呢)

他们正开会(呢)。

Tāmen zhèng kāihuì (ne).

그들은 회의 중이다.

他们在休息(呢)。

Tāmen zài xiūxi (ne).

그들은 휴식 중이다.

他们正在晒衣服(呢)。

Tāmen zhèngzài shài yīfu (ne).

그들은 옷을 말리고 있는 중이다.

他倒茶呢。 ← 현재

Tā dào chá ne.

그는 차를 따른다.

昨天我们去他家的时候, 他正在弹钢琴。 ← 과거

Zuótiān wǒmen qù tājiā de shíhou, tā zhèngzài tán gāngqín.

어제 우리들이 그의 집에 갔을 때, 그는 피아노를 치고 있었다.

明天你到这儿的时候, 他会在等你。 ← 미래

Míngtiān nǐ dào zhèr de shíhou, tā huì zài děng nǐ.

내일 네가 여기에 도착할 때, 그는 너를 기다리고 있을 것이다.

2) 부정문과 의문문

동태란 어떤 동작의 한 단계가 '실현'되는 것을 말하므로 그 부정에는 늘 실현되지 않았다는 의미로 '没有'가 쓰인다. 이것은 진행형 외의 모든 상태 표현에 해당한다.

부정 : 没 + (在) + 동사

他没在看书, 他在写信呢。

Tā méi zài kànshū, tā zài xiěxìn ne.

그는 책을 보는 중이 아니고, 편지를 쓰는 중이다.

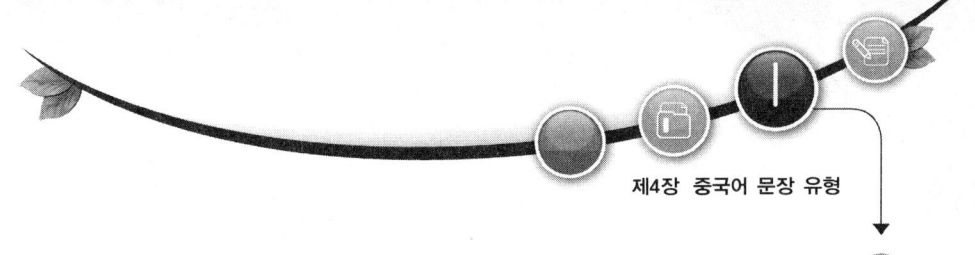

제4장 중국어 문장 유형

他们没在开会。
Tāmen méi zài kāihuì.
　　그들은 회의 중이 아니다.

이렇듯 부정은 '没(有)'를 사용하고, 그 진행형의 표시는 없애버리는 것이 보통이다. 의문은 일반적으로 '吗' 의문문을 만든다. 그 밖에 의문대사 '什么'등을 사용해 의문대사를 이용한 의문문을 만들 수도 있다.

의문문 : 진술문 + 吗?

他们在打球吗? → 对[是]。 / 没有。
Tāmen zài dǎqiú ma? → Duì[Shì]. / Méiyǒu.
　　그들은 공놀이를 하고 있습니까? → 그렇다. / 아니다.

他在看电视吗? → 对[是]。 / 没有。
Tā zài kàn diànshì ma? Duì[Shì]. / Méiyǒu.
　　그들은 TV를 보고 있습니까? → 그렇다. /아니다.

3) 과거, 현재, 미래 표현

'그때 …하고 있었다', '지금 …하고 있다', '그때 …하고 있을 것이다' 와 같이 과거, 현재와 미래의 어느 것에도 진행형을 쓸 수 있다.

昨天我去他家的时候, 他正在弹钢琴。
Zuótiān wǒ qù tājiā de shíhou, tā zhèngzài tán gāngqín.
　　어제 그의 집에 갔을 때 그는 피아노를 치고 있었다.

他在弹钢琴呢。
　　그는 지금 피아노를 치고 있는 걸.

明天你到这儿的时候, 他会在弹钢琴。
Míngtiān nǐ dào zhèr de shíhou, tā huì zài tán gāngqín.

내일 당신이 여기 왔을 때 그는 피아노를 치고 있을 것이다.

문장에서 보듯이 동태는 시간사를 활용해 자유로운 시간 표현이 가능하다. 시간은 '昨天'이나 '明天'이 나타내고 동태표시 '正在…呢'는 시간과 관계없이 진행을 나타낸다. 단, 미래의 경우에는 능원동사(조동사) '会'(…일 것이다)나 부사 '一定'(반드시 …이다) 등이 자주 쓰인다. 또한, 진행을 나타내는 '在'를 '正在'와 함께 쓰지 않고 동음을 피하기 위해 개사 '在' 만 사용한다.

他正在在屋里睡觉呢。 (×)
他在屋里睡觉呢。　　 (○)
他正在屋里睡觉呢。　 (○)
Tā zhèngzài wūli shuìjiào ne.
　그는 집에서 자고 있다.

['不是'를 이용한 부정문 표현]

他没有看书, 他在看电视呢。
Tā méiyǒu kànshū, tā zài kàn diànshì ne.
　그는 책을 읽고 있지 않고 TV를 보고 있던데.

위의 문장에 그가 '책을 읽고 있는 것은 아니다'의 의미로 '책을 읽고 있다'라는 진행 중의 명제를 부정할 때에는 '不是'로 부정한다.

他不是在看书, (是)在看电视呢。
Tā búshì zài kànshū, (shì) zài kàn diànshì ne.
　그는 책을 읽고 있는 것이 아니고, (바로)책을 읽고 있던 걸.

A: 他去的时候, 你正在睡觉吗?
　　Tā qù de shíhou, nǐ zhèngzài shuìjiào ma?
　　그가 갔을 때 너는 자고 있는 중이었니?

B: 我不是**在**睡觉，而是在学习呢。
　　Wǒ búshì zài shuìjiào, érshì zài xuéxí ne.
　　자고 있었던 것은 아니고, 마침 밥을 하고 있었어.

이와 같이 '不是'는 진행 중인 명제를 부정한다. 마찬가지로 진행 중인 것에 대해 '…하고 있는 중인지?'를 확인하고자 할 때 '是不是'를 이용해 다음과 같이 표현할 수 있다.

他是不是**在**看书?
他是不是**在**看电视呢?

['在'의 다양한 용법]

① 동사 – 존재를 나타내는 '在'
　　他今天在家。
　　　　그는 오늘 집에 있다
　　你的书包在这儿。
　　Nǐde shūbāo zài zhèr.
　　　　네 가방은 여기 있다.

② 개사 – 장소를 나타내는 '在'
　　我在家吃晚饭。
　　Wǒ zài jiā chī wǎnfàn.
　　　　나는 집에서 저녁을 먹는다.
　　我生在首尔，长在首尔。
　　Wǒ shēng zài Shǒu'ěr, zhǎng zài Shǒu'ěr.
　　　　나는 서울에서 나고 자랐다.

③ 부사 – 진행을 나타내는 '在'
　　他在看电视呢。

> Tā zài kàn diànshì ne.
> 그는 TV를 보고 있다.
> 他不是在跑而是在飞。
> Tā búshì zài pǎo érshì zài fēi.
> 그는 달리고 있는 게 아니라 날고 있다.

2 지속의 着

1) 동사+着

지속의 동태에는 두 가지가 있으며 첫째는 '그가 눈을 감고 있다'와 같이 동작 그 자체의 지속 상태, 둘째는 '여기에 많은 차가 정차해 있다'와 같이 어떤 동작의 결과가 거기에 남아있는 잔존(殘存)상태이다.

着 : 동사 뒤에 붙어서 동작의 지속을 나타낸다.

① 형식 : 주어 + 동사 + 着 + (목적어)

他眼睛闭着。
Tā yǎnjing bìzhe.
  그는 눈을 감고 있다.

他穿着一件大衣。
Tā chuānzhe yíjiàn dàyī.
  그녀는 외투를 입고 있다.

窗户开着, 门关着。
Chuānghu kāizhe, mén guānzhe.
  창은 열려 있고, 문은 닫혀 있다.

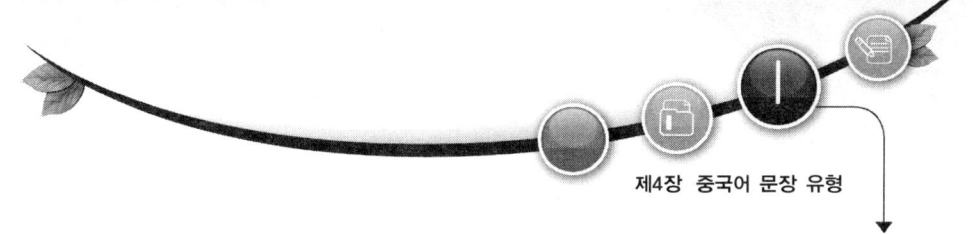

제4장 중국어 문장 유형

那个妇女抱着一个孩子。
Nàgè fùnǚ bàozhe yíge háizi.
　　그 여자는 한 아이를 안고 있다.

昨天这儿停着很多车。　←　과거
Zuótiān Zhèr tíngzhe hěnduō chē.
　　어제 여기에 많은 차가 정차해 있었다.

今天这儿又停着很多车。　←　현재
Jīntiān zhèr yòu tíngzhe hěnduō chē.
　　오늘 여기에 또 많은 차가 있다.

明天这儿还会停着很多车。　←　미래
Míngtiān zhèr hái huì tíngzhe hěnduō chē.
　　내일 여기에 여전히 많은 차가 있을 것이다.

2) 부정문

지속형의 부정에도 '没有'를 사용한다. 단 동작의 지속과 동작의 결과에 따라 다음과 같이 '着'의 유무에 차이가 생기는 경우도 있다.

부정 : 没 + 동사 + 着

他眼睛没闭着。
Tā yǎnjing méi bìzhe.
　　그는 눈감고 있지 않다.

他站着呢。　→　他没站着。
Tā zhànzhe ne.　→　Tā méi zhànzhe.
　　그는 서 있어.　→　그는 서 있지 않았다.

他写着信呢。　→　他没写信。
Tā xiězhe xìn ne.　→　Tā méi xiě xìn.
그는 편지를 쓰는 중이야. → 그는 편지를 안 썼다.

(3) 의문문

의문형은 '吗'로 묻거나 '동사着没有?'를 사용해 표현한다.

의문문 : 진술문 + 吗[没有]

> 他躺着没有? → 躺着呢。　　/ 没有。[没躺着]
> Tā tǎngzhe méiyǒu? → Tǎngzhe ne. / Méiyǒu.[Méi tǎngzhe]
> 　　그는 누워 있습니까? → 누워 있다./ 누워 있지 않다.
>
> 外边下着雨吗? → 下着呢。　　/ 没有。[没下]
> Wàibiān xiàzhe yǔ ma? → Xiàzhe ne. / Méiyǒu.[Méi xià]
> 　　밖에 비가 옵니까? → 온다./ 오지 않는다.

(4) 과거, 현재, 미래 표현

> 昨天我去找他的时候, 他正打着电话呢。
> Zuótiān wǒ qù zhǎo tāde shíhou, tā zhèng dǎzhe diànhuà ne.
> 　　어제 내가 그녀를 찾아갔을 때, 그녀는 마침 전화를 걸고 있었다.
>
> 明天你来的时候, 桌子上会摆着看着都好吃的饭菜。
> Míngtiān nǐ lái de shíhou, zhuōzi shang bǎizhe kànzhe dōu hǎochīde fàncài.
> 　　내일 네가 왔을 때, 식탁위에는 보기에도 맛있는 요리가 차려져 있을 거야.

[진행형과 지속형의 차이]

1. 동작의 종류와 모습

예를 들면 우리말로 '그는 노래를 부르고 있다'라고 말하는 것을 다음과 같이 표현한다.

他正在唱歌儿呢。
Tā zhèngzài chàng gēr ne.
　　그는 지금 노래를 부르고 있어.

他们正在说话呢。
Tāmen zhèngzài shuōhuà ne.
　　그들은 지금 이야기를 하고 있어

이때, '唱歌儿', '说话' 라는 종류의 동작, 행위라고 인정 판단하여 진행되고 있음을 설명한다.

조금 더 동작, 행위에 한층 다가가 살펴보니 아직 노래나 얘기를 계속하더라는 상황은 다음과 같이 표현한다.

他唱着歌儿呢。
Tā chàngzhe gēr ne.
　　그는 노래하고 있는 걸.

他们说着话呢。
Tāmen shuōzhe huà ne.
　　그들은 이야기 하고 있는 걸.

시점을 조금 더 가깝게 해서 그 노래하는 모습이나 얘기하는 모양을 잘 알게 되면 '得意扬扬地'이나 '在那儿愉快地'등의 상황어를 덧붙여 다음과 같이도 표현할 수 있다.

他得意扬扬地唱着歌儿呢。
Tā déyìyángyáng de chàngzhe gēr ne.
　　그는 득의양양하게 노래 부르고 있던 걸.

他们在那儿愉快地说着话呢。
Tāmen zài nàr yúkuàide shuōzhe huà ne.
그들은 거기서 즐겁게 이야기 하고 있던 걸

2. 진행과 지속은 함께 쓰인다.

지속에는 동작의 지속과 결과의 잔존이 있다. 그중 동작의 지속은 진행형과 가깝고, 동작의 모습을 '正在…呢'로 표현할 수 있다. 동작의 지속, 진행 동시 발생을 다음과 같이 표현할 수 있다.

他正打着电话呢。
Tā zhèng dǎzhe diànhuà ne.
그는 전화를 하고 있는 중이다.

我们正在谈着话呢。
Wǒmen zhèngzài tánzhe huà ne.
우리들은 이야기를 하는 중이다.

그러나 결과의 잔존에는 다음의 표현법이 없다.

桌子上正在摆着碗筷。 (×)

3 완료 실현의 了

동작이 완료되었거나 실현되었다 하는 동작, 행위의 모습을 나타내는 것이 완료, 실현의 상태입니다.

(1) 동사+了

완료실현의 '了'는 동사 뒤에 붙어서 동작의 실현 완성 상태를 나타낸다.

- 주어 + 동사 + 了 + 목적어(수량사 또는 기타 수식어)

他成功了。
Tā chénggōng le.
　　그는 성공했다.

他写了两封信。
Tā xiě le liǎngfēng xìn.
　　그는 2통의 편지를 썼다.

他答应了这个要求。
Tā dāyìng le zhège yāoqiú.
　　그는 이 요구를 들어줬다.

他买了一盒巧克力。
Tā mǎile yìhé qiǎokèlì.
　　그는 한 갑의 초콜릿을 샀다.

我弟弟进了那所幼儿园。
Wǒ dìdi jìnle nà suǒ yòu'éryuán.
　　내 남동생은 그 유치원에 들어갔다.

昨天上午他们参观了一个美术馆。　← 과거
Zuótiān shàngwǔ tāmen cānguān le yíge měishùguǎn.
　　어제 오전 그들은 미술관을 참관했다.

他们刚参观了一个美术馆。　← 현재
Tāmen gāng cānguān le yíge měishùguǎn.
　　그들은 방금 미술관을 참관했다.

明天下午他们参观了美术馆就去大使馆。　← 미래
Míngtiān xiàwǔ tāmen cānguān le měishùguǎn jiù qù dàshǐguǎn.
　　내일 오후 그들은 미술관을 참관한 후 대사관에 간다.

이들은 우리말로 번역할 때 '…했다'로 되는 수가 많기 때문에 과거시제를 나타내는 것으로 생각하기 쉽다. 하지만 진행형이나 지속형이 과거, 현재, 미래 어느 때에도 쓸 수 있는 것과 같이 완료, 실현의 '了' 또한 시제로부터 자유롭다.

2) 부정문

'…하지 않았다', '…하지 않고 있었다' 하고 부정할 때는 '没有'를 사용하며, 이때 동태조사 '了'는 없어진다.

부정 : 没 + 동사

他没成功。
　　그는 성공하지 못했다.

他没答应这个要求。
Tā méi dāying zhège yāoqiú.
　　그는 이 요구를 들어주지 않았다.

'…하지 않았다'에는 '没有'라는 표현법이 자주 쓰인다.

3) 의문문

의문문은 '吗' 의문문과 '정반의문문'을 이용해 표현할 수 있다.

['吗' 의문문]

你买了巧克力吗?
　Nǐ mǎile qiǎokèlì ma?
　　너는 초콜릿을 샀니?

[정반의문문]

① 你买了巧克力没有?

② 你买没买巧克力?

정반의문문 ①은 '没有'가 문장 끝에 나온다. 이 문장 끝에 '没有'는 보통 '没'라고는 하지 않고 생략없는 '没有'를 쓴다. 정반의문문 ②의 '看没看' 유형은 생략된 '没'만을 쓴다.

4) 문장 마무리하기

'我买了词典'과 같이 동사가 목적어를 동반할 때, 또는 '我买了两本词典' 과 같이 목적어에 '두 권'과 같은 수량사 등의 관형어가 붙는 경우와 붙지 않는 경우, 문장을 끝내는 방법이 다르다.

① 수식이 없는 목적어 – 문장 끝에 어기조사 '了' 필요

   我 买了 词典。   (×)
   我 写了 信。   (×)

이처럼 '동사+了+목적어' 로는 문장이 딱 끝나지 않고, 뒤에 무언가 말이 이어질 것 같은 느낌이다. 이와 같이 목적어 '词典', '信'에 관형어가 없고, '已经', '昨天' 등 부사어도 없는 경우, 이 문장을 마무리하려면 '인정'의 어기조사 '了'로 문장을 마무리한다.

   我买了词典了。
        나는 사전을 샀다.
   我写了信了。
        그는 편지를 썼다.

이것으로써 문장은 안정되게 마무리 된다. 또한 '샀다', '썼다' 등 특별히 완료, 실현에 역점을 둘 필요가 없다면 다음과 같이

   我买(了)词典了。
   我写(了)信了。

문장 끝에 어기조사 '了'를 남기고 동사 뒤의 동태조사 '了'는 없애버려도 된다. 오히려 이것이 자연스러운 문장으로, '吗'의문문이나 정반의문문의 부정형에서도 마찬가지이다.

他写什么了。
　　그는 무엇을 썼니?
他写自己的名字了。
　　그는 자기 이름을 썼어.
他写自己的名字了吗?
他写没写自己的名字?
　　그는 자기 이름을 썼니?

② 수식이 있는 목적어 – 수량사 등 관형어 + 목적어

목적어 앞에 수식어가 있으면 문장 끝에 '了' 없이 문장을 마무리할 수 있다.

我买了两本词典。
Wǒ mǎile liǎngběn cídiǎn.
　　나는 사전 두 권을 샀다.
我买了很多时尚杂志。
Wǒ mǎi le hěnduō shíshàng zázhì.
　　나는 많은 패션 잡지를 샀다.
他们参观了我们学校的图书馆。
Tāmen cānguān le wǒmen xuéxiào de túshūguǎn.
　　그들은 우리 학교 도서관을 견학했다.

이처럼 两本词典과 같은 수량사 등의 관형어가 목적어에 붙어 있거나 목적어에 '很多中文杂志', '我们学校的图书馆'라는 관형어가 있으면 문장 끝의 어기조사 '了'는 불필요하다.

③ '동사¹+了+목적어' + 就·再·才+ 동사²

동사 1이 완성된 후에 就·再·才등의 접속사를 이용해 불완전한 내용을 보완해 문장을 마무리해준다.

我学了汉语再学中国美术。
Wǒ xuéle Hànyǔ zài xué Zhōngguó měishù.
　　나는 중국어를 배우고 나서 중국미술을 배운다.

我毕了业就去北京。
Wǒ bìleyè jiù qù Běijīng.
　　나는 졸업하면 바로 베이징에 간다.

他换了衣服才上班了。
Tā huànle yīfu cái shàngbānle.
　　그는 옷을 갈아입고서야 출근했다.

['了' 사용의 주의점]

> 매일 규칙적으로 발생하는 동작은 시태조사 '了'를 붙이지 않는다.
> 　　每天到了十点钟就要睡。
> 　　Měitiān dào le shídiǎn zhōng jiù yàoshuì.
> 　　　　매일 10시만 되면 잔다.
> 　　冬天我常常滑氷。
> 　　Dōngtiān wǒ chángchang huábīng.
> 　　　　겨울에 나는 항상 스케이트를 탄다.
> 동사 중첩 시 두 동사 사이에 시태조사 '了'를 붙인다.
> 　　昨天我们在一起聊了聊。
> 　　Zuótiān wǒmen zài yìqǐ liáo le liáo.
> 　　　　어제 우리들은 함께 이야기를 했다.

4 경험의 过

경험의 상태란 과거에 …한 적이 있음을 나타낸다.

1) 경험을 나타내는 '过'

경험은 과거에 '…한 적이 있음'을 나타낸다.

주어 + 동사 + 过 + 목적어

他来过这儿。
Tā lái guo zhèr.
　　그는 여기 온 적이 있다.

他学过中医。
Tā xué guo Zhōngyī.
　　그는 중의학을 배운 적이 있다.

我吃过这种药。
Wǒ chī guo zhè zhǒng yào.
　　나는 이런 약을 먹은 적이 있다.

이때 동사의 앞에 자주 부사 '曾经(일찍이, 이전에)'가 쓰이기도 하는데 경험의 '동사 + 过' 뒤에는 과거의 일이지만 완료 의미의 '了'가 붙지 않는다는 것에 주의한다.

我曾经看过这种电影。
Wǒ céngjīng kàn guo zhè zhǒng diànyǐng.
　　나는 일찍이 이런 영화를 본 적이 있다.

他曾经看见过我哥哥。
Tā céngjīng kàn jiàn guo wǒ gēge.
　　그는 이전에 나의 형을 본 적이 있다.

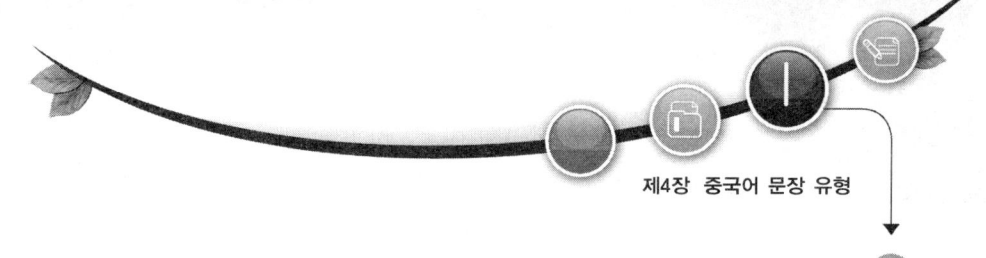

2) 부정문

'…한 적이 없다'라고 부정할 때에는 '没有'를 쓰고, '过'는 그대로 사용한다.

没(有) + 동사 + 过

    我没(有)看过这种电影。
      Wǒ méi(yǒu) kàn guo zhè zhǒng diànyǐng.
        나는 이런 영화를 본 적이 없다.

    我没(有)学过汉语。
      Wǒ méi(yǒu)xué guo Hànyǔ.
        나는 중국어를 배운 적이 없다.

    我没(有)听过这个歌儿。
      Wǒ méi(yǒu) tīng guo zhège gēr.
        나는 이런 노래를 들은 적이 없다.

부정문에는 부사 '从来'가 함께 쓰여 '여태까지…한 적이 없음'을 나타내기도 한다.

    我从来没(有)看过这种电影。
    Wǒ cónglái méi(yǒu) kàn guo zhè zhǒng diànyǐng.
        나는 여태까지 이런 영화를 본 적이 없다.

    我从来没(有)学过汉语。
    Wǒ cónglái méi(yǒu) xué guo Hànyǔ.
        나는 여태까지 중국어를 배운 적이 없다.

    我从来没(有)听过这个歌儿。
    Wǒ cónglái méi(yǒu) tīng guo zhège gēr.
        나는 여태까지 이런 노래를 들은 적이 없다.

이처럼 긍정부정에 따라 함께 쓰이는 부사가 달라진다.

3) 의문문

'吗'의문문 및 정반의문문의 표현법은 다음과 같다.

진술문 + 吗[没有]?

> 你爬过这坐山吗? → 爬过。 / 没爬过。
> Nǐ pá guo zhè zuò shān ma? → Pá guo. / Méi pá guo.
> 너는 이 산을 등산한 적이 있니? → 있다./ 없다.
> 他们来过这里没有? → 来过。 / 没来过。
> Tāmen lái guo zhèli méiyǒu? → Lái guo. / Méi lái guo.
> 그들은 여기 온 적이 있니? → 있다./ 없다.

4) 종결을 나타내는 '过'

동사 过에는 원래 '지나가다', '넘기다'의 의미가 있는데 경험의 동태조사인 过는 '…한 적이 있다'의 의미로 过이라 한다면, 동사 뒤에 붙어 그 동작이 '이미 지나갔음'을 나타내는 종결의 의미의 过도 있다. 이때过의 뒤에는 변화를 나타내는 어기조사 了가 쓰일 수 있으며 경성으로 또는 4성으로 읽어도 되며, 문법적으로는 결과보어로 사용된 것이다.

> 行李检查过了, 没问题。
> Xíngli jiǎnchá guò le, méi wèntí.
> 짐을 모두 검사했는데 문제가 없다.
> 他们吃过了午饭, 就走了。
> Tāmen chī guò le wǔfàn, jiù zǒu le.
> 그들은 점심을 먹고, 곧 나갔다.

부정문에서는 '了'가 없어지고 '没有…呢'가 된다.

> 午饭, 你吃过²了吗? – 还没有吃呢。

제4장 중국어 문장 유형

Wǔfàn, nǐ chī guò le ma? – Hái méiyǒu chī ne.
점심, 드셨습니까? – 아직 안 먹었습니다.

5 임박의 '要 …了'

1) 要 …了

동작이 임박했다는 것은 '곧 …하려 한다'는 의미로 '要'의 앞에는 부사 '快', '就', '将' 등이 자주 사용된다.

他要回来了。
Tā yào huí lái le.
　　그는 곧 돌아올 것이다.

天要下雨了。
Tiān yào xià yǔ le.
　　곧 비가 오려 한다.

2) 快(要)…了

春天快要到了。
Chūntiān kuài yào dào le.
　　봄이 곧 오려한다.

他快要毕业了。
Tā kuàiyào bìyè le.
　　그는 곧 졸업합니다.

快放暑假了。

Kuài fàng shǔjià le.
곧 여름방학이다.

'快要…了' 또는 '快…了'로 시간이 보다 절박하게 다가오는 느낌을 표현한다. 그러나 '快(要)…了'는 다음과 같이 구체적인 시간을 나타내는 말과는 같이 쓸 수 없다.

明年我们快毕业了。 (×)
他三点快要了。 (×)

이런 경우에는 다음에 나오는 '就要…了'를 쓴다.

3) '就要…了'

앞에 시간사가 자주 온다.

四年的大学生活就要结束了。
Sìnián de dàxué shēnghuó jiùyào jiéshù le.
    4년간의 대학생활을 곧 끝날 것이다.
火车马上就要开了。
Huǒchē mǎshang jiùyào kāi le.
    기차는 곧 출발한다.
天眼看就要黑了。
Tiān yǎnkàn jiùyào hēi le.
    순식간에 해가 저물었다.

'就要…了'는 그 앞에 '马上(즉시)', '眼看(곧 금방)'등의 시간부사를 동반하여 보다 절박한 느낌을 나타낸다. 또한 '星期一'등의 시간사가 있을 때에도 사용할 수 있다.

4) '将要…了'

'快要…了'와 '就要…了'가 구어에서 많이 쓰이는 데 비해서, '将要…了'는 문어체 표현이다.

他大学将要毕业了。
Tā dàxué jiāngyào bìyèle.
      그는 대학을 곧 졸업할 것이다.

夏天来了, 公交车将要晚下班了
xiàtiān lái le, gōngjiāochē jiāngyào wǎn xiàbānle.
      여름이 왔으니, 버스는 곧 늦게 퇴근할 거다.

의문은 '吗' 부정의 대답에는 '还没(…)呢'를 사용한다.

他们快要回国了吗?　　　- 还没(回国)呢。
Tāmen kuàiyào huíguó le ma? - Hái méi(huíguó)ne.
      그들은 곧 귀국합니까?　 - 아직 귀국하지 않습니다.

你们就要开学了吗?　　　- 还没呢。
Nǐmen jiùyào kāixué le ma? - Hái méi ne.
      당신들은 곧 개학을 합니까? - 아직 아닙니다.

제6절 비교의 방식

1 '比'를 사용한 비교

개사 '比'는 두 사람이나 두 사물간의 성질이나 형상 또는 정도상의 차이를 비교할 때 사용하며, 술어를 사용해 비교의 결과를 나타낸다.

这个房间比那个房间大。
Zhège fángjiān bǐ nàge fángjiān dà.
　　이 방은 그 방보다 크다.

我比他忙。
Wǒ bǐ tā máng.
　　그는 나보다 바쁘다.

上海的冬天比天津暖和。
Shànghǎi de dōngtiān bǐ Tiānjīn nuǎnhuo.
　　상하이의 겨울은 톈진보다 따뜻하다.

'比'는 또한 동일한 사물의 시기가 다름을 비교를 할 때도 사용한다.

他今天比昨天来得早。
Tā jīntiān bǐ zuótiān lái de zǎo.
　　그는 어제보다 오늘 일찍 왔다.

我朋友学习比以前好了。
Wǒ péngyou xuéxí bǐ yǐqián hǎo le.
　　내 친구는 이전보다 공부하는 게 좋아졌다.

만약 두 가지 사물을 명확히 가리켜 구체적으로 차이를 표시하고자 할 때는 술어의 주요

성분 뒤에 수량사를 써서 보어역할을 한다.

> 他比我小三岁。
> Tā bǐ wǒ xiǎo sān suì.
>> 그는 나보다 3살이 어리다.
>
> 这个班比那个班多五个学生。
> Zhège bān bǐ nàge bān duō wǔ ge xuésheng.
>> 이반은 저 반보다 학생 다섯이 많다.

만약 대략적인 차이를 나타내야 할 경우에는 '一点儿' 혹은 '一些'를 이용하여 차이가 매우 적음을 설명할 수 있고, 구조조사 '得'와 정도보어 '多'를 사용하여 차이가 매우 큼을 설명한다.

> 他比我大一点儿。
> Tā bǐ wǒ dà yìdiǎnr.
>> 그는 나보다 나이가 조금 많다.
>
> 这座楼比那座楼高得多。
> Zhè zuò lóu bǐ nà zuò lóu gāo de duō.
>> 이 건물은 저 건물 보다 훨씬 높다.

또한 형용사 앞에 비교의 정도를 나타내는 부사 '更', '还'등을 사용할 수 있다. 그러나 정도를 나타내는 부사 '很', '非常', '十分'등은 사용할 수 없다.

> 我比他更忙。
> Wǒ bǐ tā gèng máng.
>> 나는 그보다 더 바쁘다.
>
> 妹妹比弟弟还高。
> Mèimei bǐ dìdi hái gāo.
>> 여동생은 남동생보다 키가 더 크다.

일부 동사 술어문에서도 '比'를 사용해 비교를 나타낼 수 있다.

  丽莎比彼得注意语法。
  Lìshā bǐ Bǐdé zhùyì yǔfǎ.
    마리는 피터보다 어법에 신경을 쓴다.
  他比我了解中国的情况。
  Tā bǐ wǒ liǎojiě Zhōngguó de qíngkuàng.
    그는 나보다 중국 상황을 이해하고 있다.

만약 정도보어를 지닌 동사라면, '比'는 동사 앞에 놓거나 보어의 주요 성분 앞에 놓는다. 만약 그 동사가 목적어도 지닌다면, '比'는 중복된 동사 앞이나 보어의 주요 성분 앞에 놓인다.

  新宇比我跑得快。
  Xīnyǔ bǐ wǒ pǎo de kuài.
    신위는 나보다 빨리 달린다.
  他写汉字比我写得好。
  Tā xiě Hànzì bǐ wǒ xiě de hǎo.
    그는 한자를 나보다 잘 쓴다.

비교적 구체적인 차이를 나타낼 경우에는 부사어 '早', '晚' 혹은 '多', '少'를 동사 앞에 사용하고, 구체적인 차이를 동사의 뒤에 둔다.

  我比他早来了十分钟。
  Wǒ bǐ tā zǎo lái le shí fēnzhōng.
    나는 그보다 10분 일찍 왔다.
  她比我多买了两件衣服。
  Tā bǐ wǒ duō mǎi le liǎng jiàn yīfu.
    그녀는 나보다 두 벌을 더 샀다.

'比'를 사용한 비교 문에서, 부정문의 경우에는 개사 '比'의 앞에 부정부사 '不'을 사용한다.

这件衬衫不比那件新。
Zhè jiàn chènshān bùbǐ nà jiàn xīn.
저 셔츠는 이것보다 새것이다.

我每天不比他来得早。
Wǒ měitiān bùbǐ tā lái de zǎo.
그는 매일 나보다 일찍 온다.

2 '有' 또는 '没有'를 사용한 비교

'有' 또는 '没有'를 사용해 비교 대상을 이끌어 내고, 술어를 이용해 비교의 방면이나 도달 기준에 이루거나 이르지 못했음을 나타낸다. 이 방식의 비교는 부정문과 의문문에 많이 쓰인다.

他有我这么喜欢小动物?
Tā yǒu wǒ zhème xǐhuan xiǎo dòngwù?
그도 나만큼 작은 동물들을 좋아하니?

她跑得没有你快。
Tā pǎo de méiyǒu nǐ kuài.
그녀는 나보다 빨리 뛰지 못한다.

这儿没有海边有意思。
Zhèr méiyǒu hǎibiān yǒu yìsi.
이곳은 해변보다 재미없다.

형용사외에도 정도를 판단할 수 있는 동사나 능원동사도 사용된다. 이러한 문장에서

'有(没有)'와 '比'의 위치는 같다.

>你有他那么会下棋吗?
>Nǐ yǒu tā nàme huì xiàqí ma?
>>너는 그만큼 장기를 잘 두느냐?
>
>他没有我喜欢古典音乐。
>Tā méiyǒu wǒ xǐhuan gǔdiǎn yīnyuè.
>>그는 나처럼 클래식을 좋아하지 않는다.
>
>你跳舞跳得没有她好。
>Nǐ tiàowǔ tiào de méiyǒu tā hǎo.
>>너는 그녀보다 춤을 잘 못 춘다.

이때 '没有…'와 '不比…'의 의미는 다르다. 즉, '她没有我漂亮.'의 의미는 '그녀는 나보다 예쁘지 않다'이고, '他不比我漂亮.'의 의미는 '그녀가 나보다 예쁜 것은 아니다'로 그녀가 나보다 예쁘지 않거나 비슷하다는 가능성을 나타낸다.

'有' 혹은 '没有'를 사용해 비교를 표시한 문장은, 단지 두 가지 사물의 일반적인 비교 관계만을 나타낸다. 때문에 술어부분에 다시 구체적인 차이를 나타내는 보어를 쓰지 않는다.

3 '跟…一样'을 사용한 비교

'跟…一样'문은 두 가지 사물의 비교 결과가 같거나 유사함을 나타낼 때 사용한다. 개사 '跟'은 비교대상을 이끌고, 형용사 '一样'은 술어의 주요부분이 된다.

>他的行动坐卧跟他父亲一样。
>Tāde xíngdòng zuòwò gēn tā fùqīn yíyàng.
>>그의 행동거지는 그의 아버지 그대로이다.

他跟他哥哥跑得一样快。
Tā gēn tā gēge pǎode yíyàng kuài.
그는 그의 형과 똑같이 빨리 뛴다.

비교하는 두 대상의 명사가 관형어를 가지고 있다면, 두 번째 명사는 생략할 수 있으며, 때로는 '的'도 생략할 수 있다.

这本书跟那本一样厚。
Zhè běn shū gēn nà běn yíyàng hòu.
이 책과 저 책은 두께가 같다.

这儿的公园跟那儿一样多。
Zhèr de gōngyuán gēn nàr yíyàng duō.
여기는 공원이 거기처럼 많다.

'跟…一样'는 문장에서 부사어 역할을 할 수 있으며, 관형어나 보어 역할을 할 수도 있다.

我要买一件跟你那件一样的手机。
Wǒ yào mǎi yí jiàn gēn nǐ nà jiàn yíyàng de shǒujī.
나는 너와 같은 핸드폰을 사려고 한다.

我说汉语说得跟中国人一样。
Wǒ shuō Hànyǔ shuō de gēn Zhōngguórén yíyàng.
나는 중국인처럼 중국어를 말한다.

'跟…一样'의 부정형식은 '跟…不一样'이며, '不跟…一样'으로도 쓸 수 있다.

这个句子的意思跟那个句子不一样。
Zhège jùzi de yìsi gēn nàge jùzi bù yíyàng.
이 문장의 의미는 저 문장의 의미와 다르다.

今年的冬天天气跟去年不一样。
Jīnnián de dōngtiān tiānqì gēn qùnián bù yíyàng.
올해의 겨울 날씨는 작년과 다르다.

'跟…一样'의 정반의문문은 '跟…一样不一样'이다.

这幅画跟那幅一样不一样?
Zhè fú huà gēn nà fú yíyàng bù yíyàng?
이 그림은 저 그림과 같니 다르니?

他跟你一样不一样高?
Tā gēn nǐ yíyàng bù yíyàng gāo?
그와 너는 키가 같니 다르니?

他跟你一样(大)不一样(大)。
Tā gēn nǐ yíyàng(dà) bù yíyàng(dà).

4 '最' 또는 '更'을 사용한 비교

1) '最'를 사용한 비교

부사 '最'는 항상 형용사 또는 심리 활동을 나타내는 동사를 수식한다. 부사어로 쓰일 때는 성질의 상태의 정도가 다른 것을 초월해 최고점에 이르렀음을 나타낸다.

他今天来得最早。
Tā jīntiān lái de zuì zǎo.
그는 오늘 제일 일찍 왔다.

这是最重要的问题。
Zhè shì zuì zhòngyào de wèntí.

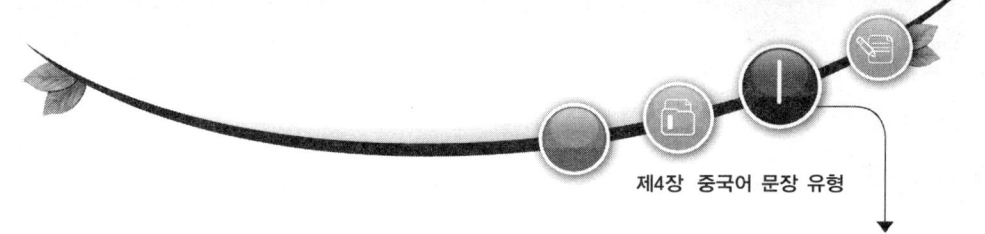

이것은 제일 중요한 문제이다.

我最喜欢游泳。

Wǒ zuì xǐhuan yóuyǒng.

나는 수영을 제일 좋아한다.

2) '更'을 사용한 비교

부사 '更' 역시 항상 형용사 또는 심리 활동을 나타내는 동사를 수식한다. 부사어로 쓰일 때는 성질의 상태의 정도가 일보 전진했음을 나타낸다.

这种方法好, 那种方法更好。

Zhè zhǒng fāngfǎ hǎo, nà zhǒng fāngfǎ gèng hǎo.

이런 방법도 좋고, 저 방법은 더 좋다.

他你比以前更健康了。

Tā nǐ bǐ yǐqián gèng jiànkāng le.

그는 이전보다 더 건강해졌다.

天很黑, 又下着雨, 路更难走了。

Tiān hěn hēi, yòu xià zhe yǔ, lù gèng nán zǒu le.

날은 어두워지고 비까지 내리니, 길은 더욱 가기 어렵게 되었다

3) '越来越'를 이용한 비교

사람이나 사물이 시간의 추이에 따라 어떤 방면에서 변화하는 것을 나타낸다. 뒤의 술어는 변화되는 방면을 나타내며, 보통 문장 끝에 어기조사 '了'를 사용해 변화를 나타낸다.

他越来越健康。

Tā yuèláiyuè jiànkāng.

그는 점점 건강해졌다.

我越来越喜欢我的工作了。

Wǒ yuèláiyuè xǐhuan wǒ de gōngzuò le.

    나는 점점 내 일을 좋아하게 되었다.

风不但没停，反而越来越大了

Fēng búdàn méi tíng , fǎnér yuèláiyuè dà le.

    바람은 멈추지 않을 뿐만 아니라, 오히려 갈수록 점점 더 거세졌다

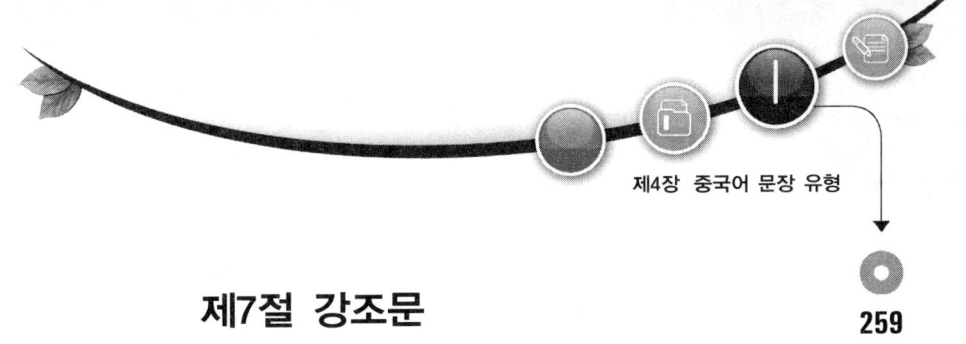

제4장 중국어 문장 유형

제7절 강조문

1 '是 … 的'문

'是…的'문은 이미 발생한 동작의 시간, 지점, 방식 등을 특별히 강조해서 설명해야 할 때 사용한다. 이때 '是'는 강조 설명하는 부분을 앞에 놓고 (때로는 생략도 가능하다), '的'은 문미에 놓는다.

我是1985年开始学习汉语的。(시간)
Wǒ shì yī jiǔ bā wǔ nián kāishǐ xuéxí Hànyǔ de.
나는 1985년에 중국어 공부를 시작했다.

客人是从上海来的。(지점)
Kèrén shì cóng Shànghǎi lái de.
손님은 상하이에서 왔다.

我们(是)坐飞机来的。(방식)
Wǒmen(shì)zuò fēijī lái de.
우리는 비행기를 타고 왔다.

(1) 과거에 발생했던 어떤 사건을 나타내는 일반적인 동사술어문과 '是……的'를 사용하는 동사술어문이 표현하고자 하는 의미는 다르다.

昨天上午九点半我们出发了。(어제 오전에 발생한 일을 서술)
Zuótiān shàngwǔ jiǔdiǎn bàn wǒmen chūfā le.
我们是九点半出发的。 (출발시간인 '九点半'을 강조)
Wǒmen shì jiǔdiǎn bàn chūfā de.

(2) '是……的'을 사용한 문장에서 만약 동사가 목적어를 갖고 있으며, 이 목적어가 명사라면 '的'는 목적어 앞에 놓을 수 있다.

> 我是从外文书店买的这些书。
> Wǒ shì cóng wàiwén shūdiàn mǎi de zhèxiē shū.
>> 나는 외문서점에서 이 책들을 샀다.

> 他是在广州上的飞机。
> Tā shì zài Guǎngzhōu shàng de fēijī.
>> 그는 광저우에서 비행기를 탔다.

(3) 만약 목적어가 대명사 혹은 목적어 뒤에 방향보어가 온다면 '的'는 반드시 문미에 놓는다.

> 我们是在街上遇见他的。
> Wǒmen shì zài jiē shàng yùjiàn tā de.
>> 우리는 길에서 우연히 만났다.

> 我们是从他那儿借来这辆车的。
> Wǒmen shì cóng tā nàr jiè lái zhè liàng chē de.
>> 우리는 그에게서 이 차를 빌려 왔다.

(4) '是…的'문의 부정형식은 '不是…的'이다.

> 我们不是坐汽车来的，是骑自行车来的。
> Wǒmen búshì zuò qìchē lái de, shì qí zìxíngchē lái de.
>> 우리는 차를 타고 온 것이 아니고 자전거를 타고 왔다.

> 他不是从广州来的，是从上海来的。
> Tā búshì cóng Guǎngzhōu lái de, shì cóng Shànghǎi lái de.
>> 그는 광저우에서 온 것이 아니고, 상하이에서 왔다.

(5) '是…的'문은 목적, 용도, 유래 등을 강조하기 위해 사용할 수 있으며 이러한 문장에서도 '的'는 반드시 문미에 놓는다.

> 他是为学习汉语来北京的。(목적)
> Tā shì wèi xuéxí Hànyǔ lái Běijīng de.
> > 그는 중국어 공부를 위해 베이징에 온 것이다.
>
> 笔是用来写字的。(용도)
> Bǐ shì yòng lái xiě zì de.
> > 연필은 글씨를 쓰기 위해 사용하는 것이다.
>
> 这种电视是那个工场生产的。(유래)
> Zhè zhǒng diànshì shì nàge gōngchǎng shēngchǎn de.
> > 이 TV는 그 공장에서 생산한 것이다.

(6) '是…的'문은 또한 동작의 주체를 강조하기 위해 사용할 수 있다.

> 这本书是他写的。
> Zhè běn shū shì tā xiě de.
> > 이 책은 그가 쓴 것이다.
>
> 他的病是张大夫给治好的。
> Tāde bìng shì Zhāng dàifu gěi zhì hǎo de.
> > 그의 병은 닥터 장이 고친 것이다.
>
> 这个主意是谁出的?
> Zhège zhǔyi shì shuí chū de?
> > 이 생각은 누가 한 것이지?

2 반문을 사용한 강조

1) '不是…吗?'

'不是…吗?'문은 이미 알고 있는 사실과 맞지 않는 상황이 발생했을 때 반문하는 형식으로 긍정을 강조하는 문장이다. '不是'는 강조하는 성분 앞, 또는 주어 앞이나 뒤에 두며 '吗'는 문장 끝에 둔다.

> 那不是你弟弟吗?
> Nà búshì nǐ dìdì ma?
> 그 사람 당신 동생 아니에요? (동생인지 알고 있었는데)

> 我们不是已经约好了吗?
> Wǒmen búshì yǐjīng yuē hǎo le ma?
> 우리 이미 약속한 거 아니었어요? (약속한 줄 알고 있었는데)

'不是' 뒤의 동사가 '是'인 경우 '是'를 중첩하지 않는다.

> 那位不是你女朋友吗?
> Nà wèi búshì nǐ nǚ péngyou ma?
> 저 사람 당신 여자 친구 아니에요?

2) '哪儿…啊?'

'哪兒…啊?'문은 어떤 상황이 실제 상황과 서로 부합되지 않음을 강조하는 문장이다. 부정형식은 긍정의 의미를 강조한다. '哪兒'을 강조해서 읽으며, 문장 끝의 '啊'는 확신을 나타낸다.

> 我哪儿有工夫啊?　　　　(我没有功夫。)

```
                Wǒ nǎr yǒu gōngfu a?        (Wǒ méiyǒu gōngfu.)
                내가 무슨 여유가 있겠어요?   (여유가 없다)
            他哪儿不知道啊?                  (他知道。)
                Tā nǎr bù zhīdào a?          (Tā zhīdào.)
                그가 뭘 몰라요?              (그는 알고 있다.)
```

3 '连…都(也)'문

'连…都(也)'문은 강조하고자 하는 대상도 마찬가지여서 나머지는 말할 나위가 없음을 나타내는 문장이다. '连一…都(也)'형식의 경우 '连'은 생략이 가능하며 최소한의 수량에도 미치지 못함을 강조하는 문장으로 '没有'나 '不'의 부정형식을 취한다.

```
        连小孩子都知道, 你怎么不知道?
            Lián xiǎoháizi dōu zhīdào, nǐ zěnme bù zhīdào?
                어린아이조차 아는데 어떻게 네가 모르니?
    教室里(连)一个学生也没有。
        Jiàoshì li (lián) yíge xuésheng yě méiyǒu.
                교실 안에는 한명의 학생도 없다.
    他生气地(连)一句话也不说。
        Tā shēngqì de (lián) yíjù huà yě bù shuō.
                그는 화가나 말 한 마디 안했다.
```

4 부사 '是'를 사용한 강조

부사 '是'를 동사나 형용사 술어 앞에 사용하여 서술하는 상황이 확실함을 강조하는 문장이다. '是'뒤에 동사나 동사구, 형용사나 형용사구가 모두 올 수 있다. '是'를 강조해 읽는다.

   他是来。   (동사)
   Tā shì lái.
     그는 온다니까요.

   他是说得很快。 (동사보어구)
   Tā shì shuōde hěn kuài.
     그는 말이 빠르다니까요.

   她是非常认真。 (형용사구)
   Tā shì fēicháng rènzhēn.
     그녀는 아주 열심이라니까요.

   我是在念书。   (진행)
   Wǒ shì zài niàn shū.
     나는 책을 읽고 있다니까요.

   他是去机场了。 (완료)
   Tā shì qù jīchǎng le.
     그는 공항으로 갔다니까요.

동사 '是'앞에서는 사용할 수 없으며 부정형식이 없다.

   我是买了汉语书。
   Wǒ shì mǎi le Hànyǔ shū.
     나는 중국어 책을 샀다니까요.

   我不是买了汉语书。(×)

5 부사 '就'를 사용한 강조

부사 '就'는 동사 앞에서 여러 가지 강조의 의미를 나타내는데 다음의 예문과 같다.

他就是我们的汉语老师。　　　　　(바로…이다: 正是)
Tā jiù shì wǒmen de Hànyǔ lǎoshī.
　　그가 바로 우리 중국어 선생님이시다.

我就给你送去。　　　　　(즉시: 马上)
Wǒ jiù gěi nǐ sòng qù.
　　내가 바로 너에게 보내 줄게.

我们班就有一个中国学生。　　　　　(단지: 只)
Wǒmen bān jiù yǒu yíge Zhōngguó xuésheng.
　　우리 반에는 중국 학생이 한명 밖에 없다.

我说不看, 我就不看。　　　　　(반드시: 坚决)
Wǒ shuō búkàn, wǒ jiù bú kàn.
　　내가 안본다면 난 반드시 안 본다.

6 이중부정을 사용한 강조

부정부사 '不'와 '没有'를 사용해 이중부정을 함으로써 상황이 필연적임을 강조하는 문장이다. 부정부사 뒤의 술어는 정도부사의 수식을 받을 수 없다.

1) 不…不… : …하지 않으면 안 된다.

他不能不去。
Tā bùnéng bú qù.
　　그는 가지 않을 수 없다.

你不去不行。
　Nǐ bú qù bù xíng.
　　나는 안 가면 안 된다.

2) 不…没有… : …이 없으면 안 된다.

他不应该没有钱。
　Tā bù yīnggāi méiyǒu qián.
　　그는 돈이 없으면 안 된다.

我们家不能没有你。
　Wǒmen jiā bùnéng méiyǒu nǐ.
　　우리 집에는 네가 없으면 안 된다.

3) 没有…不… : …하지 않는 …는 없다.

他没有一天不喝酒。
　Tā méiyǒu yìtiān bù hējiǔ.
　　그는 술을 안 마시는 날이 하루도 없다.

我们学校没有一个人不认识他。
　Wǒmen xuéxiào méiyǒu yí ge rén bú rènshi tā.
　　우리 학교에 그를 모르는 사람이 없다.

4) 没有不… : …하지 않는 게 없다.

他没有不能解决的问题。
　Tā méiyǒu bùnéng jiějué de wèntí.
　　그는 해결 못하는 문제가 없다.

他没有不想看的节目。

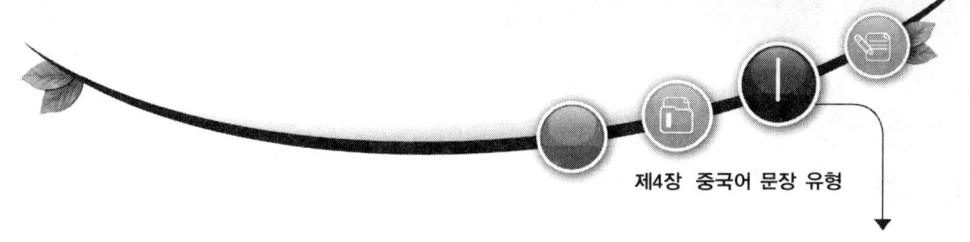

제4장 중국어 문장 유형

Tā méiyǒu bùxiǎng kàn de jiémù.
그는 안보고 싶은 프로그램이 없다.
他没有不很想看的节目。(×)

[부록 1] 틀린 문장 고치기

1. 你光一个人去, 行吗? ⇨ 光你一个人去, 行吗?
   너 혼자만 가도 괜찮겠어?

   星期天就没有课。 ⇨ 就星期天没有课?
   일요일만 수업이 없다.

   ▶▶ 범위 부사 '光, 就'가 명사를 한정할 때는 목적어의 앞에 올 수 없고, 주어의 앞에만 온다.

2. 你要是又这么不讲理, 我就不客气了。
   ⇨ 你要是再这么不讲理, 我就不客气了。
   네가 다시 이렇게 말도 안 되게 굴면 나도 가만있지 않겠다.

   ▶▶ '又'는 명령문과 가정문에 쓰일 수 없으며, 이때는 '再'를 써야 한다.

3. 你再能帮帮他吗? ⇨ 你能再帮帮他吗?
   다시 그를 도와줄 수 있겠니?

   你能又说话了。 ⇨ 你又能说话了。
   그는 다시 말할 수 있게 되었다.

   ▶▶ '再'는 조동사 뒤에, '又'는 조동사 앞에 와야 한다.

4. 他很喜欢去玩, 什么看电影啦, 找朋友们聊天啦, 从来没作在家里。
   ⇨ 他很喜欢去玩, 什么看电影啦, 找朋友们聊天啦, 从来不作在家里。
   그는 노는 것을 좋아한다. 무슨 영화를 본다던가, 친구를 찾아 이야기를 한다던가, 결코 집에 가만히 있지 않는다.

   ▶▶ 보통 일어나는 동작이나 습관적인 동작, 행위 등을 부정할 땐 '没'가 아닌 '不'를 쓴다.

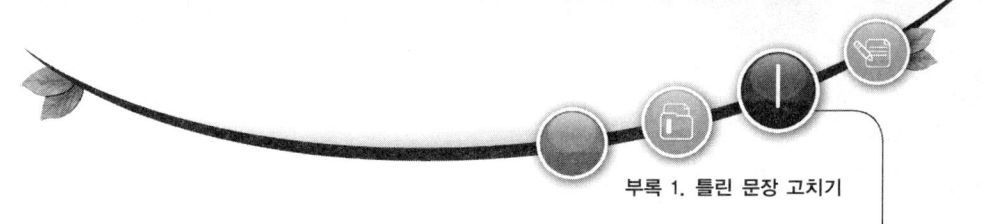

부록 1. 틀린 문장 고치기

5. 天空没有云, 现在没可能下雨。 ⇨ 天空没有云, 现在不可能下雨。

하늘에 구름이 없으니 지금 비가 올 리 없다.

≫ 좋아하는 행동을 바라는 것이나 가능성을 부정할 땐 '不'를 쓴다.

6. 每天早上他就七点钟到教室学习。 ⇨ 每天早上他七点钟就到教室学习。

그는 매일 아침 7시에 교실에 가서 공부를 한다.

≫ '就'는 부사어로 쓰여 시간이 이르다는 것을 나타내며, 시간을 나타내는 말 뒤에 놓인다.

7. 这样他们可以变为有利於人民的人。
⇨ 这样他们可以变为对人民有利的人。

이렇게 그들은 인민에게 이득이 되는 사람으로 바뀔 수 있다.

≫ '对+목적어'의 전치사구는 문장에서 단지 부사어나 관형어로 쓰일 수 있다.

8. 在草操场上的人很多。 ⇨ 草操场上的人很多。

잔디 운동장에 사람이 많다.

≫ 장소를 나타내는 말이나 고유명사가 관형어로 쓰일 때에는 앞에 전치사 '在'를 쓰지 않는다.

9. 根据需要, 幼儿园被组织起来了。 ⇨ 根据需要, 幼儿园组织起来了。

필요에 따라 유치원은 만들어 질 수 있다.

≫ 동작의 주체를 언급할 필요가 없고, 문장의 주어가 사물이어서 동작의 주체로 오인될 리가 없는 경우, '의미상의 피동문'을 쓴다.

10. 他一直爱着你好几年。 ⇨ 他一直爱着你。

그는 계속해서 너를 사랑하고 있어.

≫ 지속 용법에서는 뒤에 구체적인 시간의 길이를 나타내는 어구를 쓸 수 없다.

269

11. 他看着我一下。 ⇨ 他看着我。
   그는 나를 보고 있다.
   ▶▶ 지속용법에서는 뒤에 동량(动量)을 나타내는 어구를 쓸 수 없다.

12. 我们同意着这个计划。 ⇨ 我们同意这个计划。
   우리는 이 계획에 동의했다.
   ▶▶ 비지속성 동사는 진행태나 지속태를 표현하는 문장에 쓰일 수 없다.

13. 你哪天去了北京? 前天去了。 ⇨ 你哪天去的北京?　前天去的。
   니는 언제 베이징에 갔었니? 그저께 갔었어.
   ▶▶ 동작이 과거에 일어났음을 나타내는 문장의 부사어를 물을 때에는 了를 쓸 수 없고 的를 써야 한다.

14. 从上面谈的, 我们知道了电的应用很广泛。
   ⇨ 从上面谈的, 我们知道电的应用很广泛。
   위에서 이야기 한 것으로 우리는 전기의 응용범위가 넓다는 것을 알 수 있다.
   ▶▶ 주술구나 동빈구를 목적어로 갖는 동사 뒤에는 동태조사 '了'를 쓸 수 없다. 단, '忘'은 예외이다.

15. 那些同学们中就有我们班的。 ⇨ 那些同学中就有我们班的。
   그 급우들 가운데 우리 반 급우가 있다.
   ▶▶ 관형어가 있어서 이미 복수를 나타내고 있을 때에는 다시 조사 '们'을 쓰지 않는다.

16. 我正想看那个歌舞表演的时候, 老师给我了一张票。
   ⇨ 我正想看那个歌舞表演的时候, 老师给我一张票。
   내가 그 가무 연기를 보고 싶다고 생각하고 있을 때 선생님이 나에게 표 한 장을

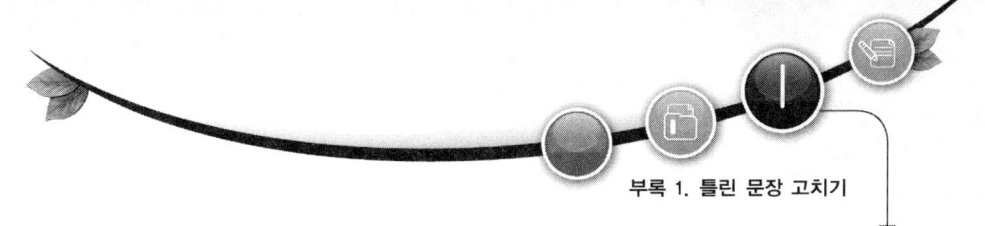

부록 1. 틀린 문장 고치기

주셨다.

>> 두개의 목적어를 동반하고, 직접 목적어 앞에 관형어가 있을 때, 동태조사 '了'는 간접 목적어 앞에 놓인다.

17. 他买了很别致的一件礼品。⇨ 他买了一件很别致的礼品。

그는 매우 특별한 선물 하나를 샀다.

>> 한정성 관형어는 앞에 놓이고, 묘사성 관형어는 뒤에 놓인다.

18. 他激动喊到 :"星星回来吧!" ⇨ 他激动地喊到 :"星星回来吧!"

그는 격정적으로 외쳤다. "별아 돌아와!"

>> 부사어가 뒤의 동작 뿐 아니라 앞의 주어도 설명할 경우에는 '地'를 써야한다.

19. 除了教学方法以外, 我的生活在北京大学跟你的生活在大学一样。
⇨ 除了教学方法以外, 我在北京大学的生活跟你在大学的生活一样。

교학방법 외에는 내가 베이징대학에서 생활할 때와 너의 대학 생활이 같다.

>> 관형어는 중심어 앞에 놓여야 한다.

20. 我随着他走, 因为他认识路到那儿。
⇨ 我随着他走, 因为他认识到那儿的路 。

그가 그곳에 가는 길을 알기에, 나는 그를 따라 걸었다.

>> 관형어는 중심어 앞에 놓이며, 동사, 동사구, 전치사구가 관형어로 쓰일 땐 중심어 사이에 '的' 써야 한다.

21. 因为是他的第一次住院, 她很着急。 ⇨ 因为是他第一次住院, 她很着急。

그가 첫 번째 병원에 입원하는 것이기에 그녀는 조급했다.

>> 주어와 술어 사이에서는 구조조사 '的'를 쓸 수 없다.

22. 听了这个好消息，小刘非常着急。⇨ 听了这个好的消息，小刘非常着急。
 이 좋은 소식을 듣고 小刘는 매우 조급해 했다.
 ▶ 형용사구가 관형어로 쓰일 땐 반드시 중심어와의 사이에 구조조사 '的'를 써야 한다.(단 很多, 不少 등 일부는 예외)

23. 这个乡的每年平均苗产是多少？⇨ 这个乡每年的平均苗产是多少？
 이 마을의 매년 평균 모종 생산량은 얼마입니까?
 ▶ '每年'이 관형어로 쓰일 땐 중심어와의 사이에 구조조사 '的'를 써야 한다.

24. 一年他们的活儿就白干了。⇨ 他们一年的活儿就白干了。
 그들의 1년 노동이 허사가 되었다.
 ▶ 중심어 하나가 두개의 관형어를 수반할 때, 소유관계를 나타내는 인칭대사가 앞에 오고 시간 명사는 뒤에 온다.

25. 我们参观了一个北京的区。⇨ 我们参观了北京的一个区。
 우리는 베이징의 한 지역을 참관했다.
 ▶ 명사나 인칭대사가 수량사와 함께 관형어로 쓰일 땐 명사나 인칭대사가 앞에, 수량사가 뒤에 온다.

26. 这是中国历史上第一次爆发的农民起义。
 ⇨ 这是中国历史上爆发的第一次农民起义。
 이것은 중국 역사상 일어난 첫 번째 농민 기의이다.
 ▶ 동사와 수량사가 동시에 관형어로 쓰일 땐 동사가 앞에, 수량사가 뒤에 놓인다.

27. 今天冷，你要穿上多一点儿。⇨ 今天冷，你要多穿上一点儿。
 오늘은 추우니, 옷을 더 입어라.
 ▶ 快, 少, 多 등의 부사어는 중심어 앞에 놓이며, 단음절 형용사가 부사어로 쓰일

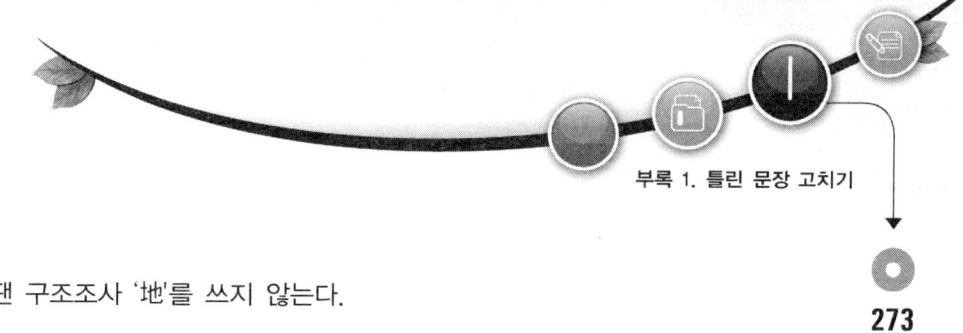

땐 구조조사 '地'를 쓰지 않는다.

부록 1. 틀린 문장 고치기

273

28. 这本书我看了一天才看完，他就看完了半天。
   ⇨ 这本书我看了一天才看完，他半天就看完了。
   이 책을 다 보는데 나는 하루나 걸렸는데, 그는 겨우 반나절 걸렸다.
   ▶▶ 시간의 길이를 나타내는 시간사가 부사어로 쓰일 때에는 반드시 술어 앞이나 문장 앞에 두어야 한다.

29. 联欢会给我们带来友宜了。 ⇨ 联欢会给我们带来了友宜。
   친목회는 우리에게 우정을 가져다주었다.
   ▶▶ 목적어가 추상적 사물일 때 '了'는 목적어 앞, 보어 뒤에 놓인다.

30. 这瓶里的牛奶我喝得完吗? ⇨ 这瓶里的牛奶我可以喝完吗?
   이 병 속의 우유, 내가 먹어도 될까?
   ▶▶ '허가'나 '허락'의 의미에는 가능보어를 쓸 수 없다.

31. 听到这个损失我们很难过得直哭。 ⇨ 听到这个损失我们难过得直哭。
   그 손실에 대해 듣고서 우리는 괴로워 계속 울었다.
   ▶▶ 정도보어가 있을 때에는 술어 앞에 정도부사 '很'이나 '非常' 등을 쓸 수 없다.

32. 你连一块石头也搬不动，怎么能搬山走呢?
   ⇨ 你连一块石头也搬不动，怎么能搬走山呢?
   돌 한 덩어리도 못 들면서 어떻게 산을 옮길 수 있어?
   ▶▶ 목적어는 반드시 동사와 결과보어 뒤에 나와야 한다.

33. 他从楼下上来我的房间借书。 ⇨ 他从楼下上我的房间来借书。
   그는 아래층에서 내 방으로 와 책을 빌렸다.

▶▶ 방향보어에 장소를 나타내는 목적어가 올 때 목적어는 '来'나 '去'의 앞에 놓인다.

34. 要不是那个小孩子告诉我, 我还没有找到他。
    ⇨ 要不是那个小孩子告诉我, 我还找不到他。
    그 아이가 알려주지 않았다면 나는 아직 그를 못 찾았을 것이다.

    ▶▶ 동사가 결과보어를 수반하여 조건이 이러한 결과의 실현이 허락되는지의 여부를 나타낼 때, 반드시 가능보어로 표현해야 한다.

35. 我等了他三十分多钟。 ⇨ 我等了他三十多分钟。
    나는 그를 30여분 기다렸다.

    ▶▶ 1만 이하의 숫자에서 일의 자리가 0으로 끝나는 정수의 경우, 多는 양사 혹은 양사성 명사 앞에 놓인다.

36. 产量比去年增加了二十一多斤。 ⇨ 产量比去年增加了二十一斤多。
    생산량은 작년보다 21여근이 증가했다.

    ▶▶ 1만 이하의 숫자에서 일의 자리가 1~9로 끝나는 정수의 경우, 多는 양사 뒤에 놓인다.

37. 今年这里的蔬菜产量一亿三千万多斤。
    ⇨ 今年这里的蔬菜产量一亿三千多万斤。
    올해 이곳의 채소 생산량은 1억 3천여만 근이다.

    ▶▶ 1만 이상의 숫자에서 어림수가 정수가 되었을 때, 多는 万, 亿 등의 앞에 놓인다.

38. 他们每天生产六万公升多牛奶。 ⇨ 他们每天生产六万多公升牛奶。
    그들은 매일 6만여 리터의 우유를 생산한다.

    ▶▶ 1만 이상의 숫자에서 어림수가 정수 뒤의 나머지가 되었을 때, 多는 万, 亿등의 뒤에 놓인다.

부록 1. 틀린 문장 고치기

39. 我们是两个月半前到中国来的。 ⇨ 我们是两个半月前到中国来的。

우리는 두 달 반 전에 중국에 왔다.

≫ 半이 다른 수사와 함께 쓰이면 半은 양사 뒤, 명사 앞에 놓인다.

40. 去年我们旅游了三半个月。 ⇨ 去年我们旅游了三个半月。

작년에 우리는 3개월 반을 여행했다.

≫ 半이 다른 수사와 함께 쓰이면 半은 양사 뒤, 명사 앞에 놓인다.

41. 长江比黄河多少长公里? ⇨ 长江比黄河长多少公里?

장강은 황하보다 몇 킬로나 깁니까?

≫ 의문대사 多少는 술어 앞에서 부사어로 쓰일 수 없고, 명사 앞에 놓이거나 혹은 명사와 양사 앞에서 관형어로 쓰인다.

42. 他们两个应该作让步一些。 ⇨ 他们两个应该作一些让步。

그들 둘은 마땅히 조금씩 양보해야 한다.

≫ 불확정 양사로서 적은 양을 표시하는 一些는 단지 명사 앞에서만 관형어로 쓰인다.

43. 我听说过北京一些的情况。 ⇨ 我听说过北京的一些情况。

베이징의 상황들에 대해 들어본 적 있니?

≫ 一些와 명사 사이에는 구조조사 的를 쓸수 없고, 的를 北京 뒤에 놓아 소유관계를 나타내야 한다.

44. 我会说汉语一点儿。 ⇨ 我会说一点儿汉语。

나는 약간의 중국어를 할 줄 안다.

≫ 一点儿은 동사나 형용사 뒤, 명사 앞에서 관형어로 쓰인다.

45. 请代我问好你的父母亲。 ⇨ 请代我问你的父母亲好。
　　　　　내 대신 네 부모님께 안부 좀 전해줘.

　　　▶▶ 이합사가 술어로 쓰이면 뒤에 다시 목적어를 가질 수 없다.

46. 他一本外文还图书馆。 ⇨ 他还图书馆一本外文书。
　　　　　그는 도서관에 외국서적 한권을 반납했다.

　　　▶▶ '还'은 2개의 목적어를 취할 수 있는 동사이므로, 간접목적어를 앞에, 직접목적어를 뒤에 놓는다.

47. 学校同意他能够上二年级吗? ⇨ 学校能够同意他上二年级吗?
　　　　　그가 2학년으로 진급하는 것을 학교가 충분히 동의합니까?

　　　▶▶ 조동사는 주어 뒤, 동사 앞에 놓는다.

48. 星期六晚上他找朋友们愿意玩一玩。
　　　⇨ 星期六晚上他愿意找朋友们玩一玩。
　　　　　토요일 저녁 그는 친구들을 찾아 놀려고 한다.

　　　▶▶ 연동문에서 조동사는 첫 번째 동사 앞에 놓는다.

49. 我们跟他们可以谈话了。 ⇨ 我们可以跟他们谈话了。
　　　　　우리는 그들과 이야기 할 수 있다.

　　　▶▶ 전치사구와 조동사가 같은 동사 앞에 출현할 때, 조동사는 전치사구 앞에 놓여야 한다.

50. 我们痛痛快快地可以玩几天。 ⇨ 我们可以痛痛快快地玩几天。
　　　　　우리는 통쾌하게 며칠 놀 수 있다.

　　　▶▶ 묘사성 부사어와 조동사가 같은 술어동사 앞에 쓰일 때, 조동사는 부사어 앞에 놓인다.

부록 1. 틀린 문장 고치기

51. 你把你的学习方法能不能给我们介绍一下?
    ⇨ 你能不能把你的学习方法给我们介绍一下?
    너는 너의 학습 방법을 우리에게 소개해 줄 수 있니?
    ≫ 把자구에서 조동사는 把자구 앞에 놓인다.

52. 我们不非常赞成他的意见。 ⇨ 我们非常不赞成他的意见。
    우리는 그의 의견에 아주 반대한다.
    ≫ 부정부사 不는 부사 非常 앞에 쓸 수 없다.

53. 到北京以后, 他立刻不到学校去。 ⇨ 到北京以后, 他不立刻到学校去。
    베이징에 도착한 이후, 그는 즉시 학교로 가지 않았다.
    ≫ 부사 立刻는 반드시 부정사 뒤에 놓인다.

54. 他希望你以后常常也来玩儿。 ⇨ 他希望你以后也常常来玩儿。
    그는 네가 다음에도 자주 올라오길 바란다.
    ≫ 빈도부사 也와 시간부사 常常이 연이어 나올 때 빈도부사가 먼저 나온다.

55. 现在我们跟中国同学常常说汉语。 ⇨ 现在我们常常跟中国同学说汉语。
    현재 우리는 자주 중국 친구들과 중국어를 말한다.
    ≫ 시간부사 常常은 전치사구 앞에 놓인다.

56. 每天早上他就是七点钟到教室学习。
    ⇨ 每天早上他是七点钟就到教室学习。
    매일 아침 그는 7시에 교실로 가 공부를 한다.
    ≫ 부사 就는 부사어로 쓰이며, 시간을 나타내는 말 뒤에 놓인다.

57. 明天考完试, 我们都就放假了。 ⇨ 明天考完试, 我们就都放假了。

내일 시험이 끝나면, 우리는 방학이다.

▶▶ 부사 就는 총괄을 나타내는 부사어 都 앞에 놓인다.

58. 每天中午一下课，我们去食堂就吃饭。
⇨ 每天中午一下课，我们就去食堂吃饭。

매일 점심 수업이 끝나면 우리는 식당으로 가 밥을 먹는다.

▶▶ 연동문에서 부사 就는 첫 번째 동사 앞에 놓인다.

59. 你去哪儿，我们都也去哪儿。 ⇨ 你去哪儿，我们也都去哪儿。

네가 어딜 가든지 우리도 갈 것이다.

▶▶ 빈도부사 也는 범위부사 都 앞에 놓인다.

60. 现在六点五十五分了，快要音乐会开始了。
⇨ 现在六点五十五分了，音乐会快要开始了。

지금 6시 55분이다. 음악회는 곧 시작될 것이다.

▶▶ 快要는 부사로서, 동사 앞에서 부사어로 쓰이므로, 주어 뒤, 술어동사 앞에 놓인다.

61. 地主逼他住在一起跟一个有钱的人。
⇨ 地主逼他跟一个有钱的人住在一起。

지주는 그와 한 부자가 함께 살도록 했다.

▶▶ '跟…'의 전치사구는 동사 앞에 놓여서 동작의 대상을 이끌어낸다.

62. 他妈每天从家去工厂早晨六点钟。 ⇨ 他妈每天早晨六点钟从家去工厂。

그의 엄마는 매일 아침 6시 집에서 공장으로 간다.

▶▶ 시간기점과 장소기점을 나타내는 말이 한 문장에서 쓰일 때, 장소를 나타내는 말이 동사와 가깝게 쓰인다.

부록 1. 틀린 문장 고치기

63. 我问了一个工人关于生活情况。 ⇨ 关于生活情况我问了一个工人。
　　　나는 한 노동자에게 생활 형편에 대해 물었다.
　　　▶ 于로 이루어진 전치사구가 부사어로 쓰일 땐 반드시 주어 앞에 놓인다.

64. 在这个地方你们踢足球吗? ⇨ 你们在这个地方踢足球吗?
　　　너희는 이곳에서 축구를 하니?
　　　▶ 在로 이루어진 전치사구가 장소를 나타낼 땐 주어 뒤에서 부사어로 쓰인다.

65. 我和我的朋友喜欢了这个学校。 ⇨ 我和我的朋友喜欢了这个学校了。
　　　나와 내 친구는 이 학교를 좋아하게 되었다.
　　　▶ 喜欢은 그 자체로 지속의 의미를 지닌 심리활동을 나타내는 동사로서, 완료를 의미하는 동태조사 了를 쓸 수 없고, 문미에 변화를 나타내는 어기조사 了의 의미로 써야 한다.

66. 早上我吃早饭了，就去教室了。 ⇨ 早上我吃了早饭，就去教室了。
　　　아침에 나는 아침을 먹고, 바로 교실로 갔다.
　　　▶ 연속적으로 발생된 두개의 동작을 연결시키는 복문에서는, 앞절의 문미에 어기조사 了를 쓸 수 없고, 앞 동작의 완성을 설명하는 동태조사 了를 쓸 수 있다.

67. 他的鼻子和眼睛，眉毛都长得像他父亲。
　　⇨ 他的鼻子，眼睛和眉毛都长得像他父亲。
　　　그의 코, 눈과 눈썹 모두 그의 아버지를 닮았다.
　　　▶ 두개 이상의 단어를 병렬할 경우, 주어나 목적어로 쓰일 때, 和는 마지막 두 개의 단어 사이에 쓴다.

68. 经过两天两夜的战斗，终于敌人消灭了。
　　⇨ 经过两天两夜的战斗，终于消灭了敌人。

이틀 밤낮의 전투 끝에 마침내 적들을 무찔렀다.

>> 대비, 강조를 나타내는 이외의 동사술어문에서 목적어는 일반적으로 동사 뒤에 놓인다.

69. 身体他不舒服。 ⇨ 他身体不舒服。
   그는 몸이 좀 안 좋다.

   >> 주술 술어문에서 주술구의 주어가 가리키는 사람이나 사물은 전체 문장의 주어가 나타내는 사람이나 사물의 일부분에 속한다.

70. 老师多么工作认真啊！ ⇨ 老师工作多么认真啊！
    선생님께서는 일에 매우 열심이시다.

    >> 주술 술어문에서 부사어는 서술어 앞에 놓는다.

71. 大雄和雄猫都身体很好. ⇨ 大雄和雄猫身体都很好.
    곰과 코알라는 매우 건강하다.

    >> 주술술어문에서 부사어는 서술어 앞에 놓는다.

72. 尽管他不学习努力，他的考试成绩还可以。
    ⇨ 尽管他学习不努力，他的考试成绩还可以。
    그가 공부에 열심히 아니라 해도 그의 시험 성적은 그런대로 괜찮다.

    >> 주술구가 술어로 쓰일 때, 부정부사 不는 서술어 앞에 놓는다.

73. 八楼是七楼和九楼的中间。 ⇨ 七楼和九楼的中间是八楼。
    7층과 9층 사이는 8층이다.

    >> '是'가 술어로 쓰여 존재를 나타낼 때는 '장소명사 + 是 + 사람이나 사물'의 순서로 쓰인다.

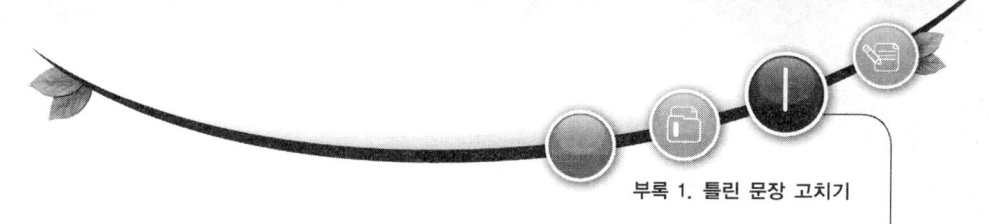

부록 1. 틀린 문장 고치기

74. 他是一位我们学校的好老师。⇨ 他是我们学校的一位好老师。
   그는 우리 학교의 좋은 선생님이시다.
   ≫ 명사 앞에서 수식이나 제한을 나타내는 여러 낱말이나 구가 동시에 관형어로 쓰일 때, 배열순서는 '소유관계를 나타내는 명사나 대사 + 지시대사 + 수량구 + 수식관계를 나타내는 형용사나 명사'이다.

75. 在公园他昨天划船划了多长时间? ⇨ 他昨天在公园划船划了多长时间?
   그는 어제 공원에서 배를 몇 시간이나 탔니?
   ≫ 시간명사와 장소를 나타내는 전치사구가 함께 부사어로 쓰일 땐, 시간 명사가 장소 부사어 앞에 놓인다.

76. 他们比我们今天早回来一个小时。⇨ 他们今天比我们早回来一个小时。
   그는 오늘 우리보다 1시간 일찍 돌아왔다.
   ≫ 比자문에서의 배열순서는 '시간명사 + 비교성분 나타내는 전치사구 + 早'이다.

77. 他每天早上在教室都跟阿里一起听录音。
   ⇨ 他每天早上都在教室跟阿里一起听录音。
   그는 매일 아침 교실에서 아리와 함께 녹음을 듣는다.
   ≫ 문장에서 2개의 전치사구가 쓰였을 때 부사 '都'는 첫 번째 전치사구 앞에 놓인다.

78. 请你给我们把你的学习方法介绍一下。
   ⇨ 请你把你的学习方法给我们介绍一下。
   너의 학습 방법을 우리에게 소개해 다오.
   ≫ 把자문에서 동작의 대상을 표시하는 전치사구는 把자구와 동사의 사이에 놓인다.

79. 我昨天特地买一本字典到新华书店去了。
   ⇨ 我昨天特地到新华书店去买了一本字典。

우리는 어제 특별히 신화서점에 가서 자전 한권을 샀다.

>> 연동문에서 뒤의 동작이 앞 동작을 보충 설명할 때, 목적을 나타내는 동사구는 뒤에 놓인다.

80. 从附近的城市来了很多旅行者开着汽车。
⇨ 很多旅行者开着汽车从附近的城市来了。

많은 여행자들이 차를 몰고 근처의 도시에서 왔다.

>> 연동문에서 방식을 나타내는 동사구는 첫 번째 동사구로 쓰인다.

81. 我出去不买东西。⇨ 我不出去买东西。

그는 물건 사러 나가지 않았다.

>> 연동문의 부정식에서 부정부사 不는 첫 번째 술어동사 앞에 놓여 술부 전체를 부정한다.

82. 他们去了礼堂听报告。⇨ 他们去礼堂听了报告。

그들은 예배당에 가서 보고를 들었다.

>> 연동문에서 동태조사 了는 마지막 동사 뒤에 놓인다.

83. 你去快告诉他⇨ 你快去告诉他。

너는 빨리 가서 그에게 알려라.

>> 연동문에서 부사어는 첫 번째 술어동사 앞에 놓는다.

84. 刚才我听中文广播懂了。⇨ 刚才我听懂中文广播了。

방금 나는 중국어 방송을 알아들었다.

>> 결과보어와 중심어는 긴밀하게 연결되어 있어서 그 사이에 기타성분을 삽입할 수 없다. 목적어는 동사와 결과보어 뒤에 놓는다.

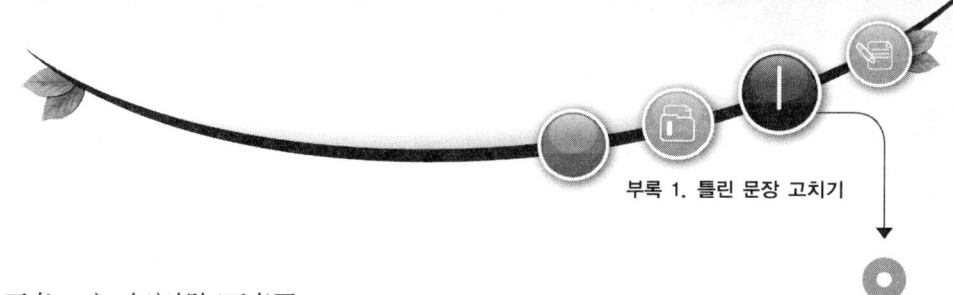

부록 1. 틀린 문장 고치기

85. 大家都打了开书。 ⇨ 大家都打开书了。
    모두들 책을 폈다.
    ▶▶ 동사와 결과보어 사이에 동태조사 '了'를 쓸 수 없고, '了'는 보어 뒤에 놓는다.

86. 我们把病人到医院送去吧。 ⇨ 我们把病人送到医院去吧。
    우리는 환자를 병원으로 보냈다.
    ▶▶ 동작이 변화에 의해 야기된 결과를 표시할 때는 반드시 결과보어로써 표현해야 한다. 결과보어는 동사 바로 뒤에 놓는다.

87. 这间屋子不打扫得干净。 ⇨ 这间屋子打扫得不干净。
    이 방은 매우 깨끗이 청소되어 있다.
    ▶▶ 정도보어를 동반한 문장의 중심은 보어 부분이므로 보어를 부정해야 한다. 따라서 부정부사 不를 보어 앞에 놓는다.

88. 他们表演节目得非常好。 ⇨ 他们节目表演得非常好。
    그들의 프로그램은 연기가 매우 좋았다.
    ▶▶ 동사가 정도보어와 목적어를 동시에 수반할 때 목적어를 동사 앞에 놓는다.

89. 他已经讲这个问题讲得很清楚了。 ⇨ 他讲这个问题已经讲得很清楚了。
    그는 이 문제에 대해 이미 분명히 설명했다.
    ▶▶ 정도보어가 있는 문장에서 동사가 목적어를 동반하여 목적어 뒤에 동사를 한번 중복했을 때, 부사어는 중복된 동사 앞에 놓는다.

90. 我回去宿舍找他了。 ⇨ 我回宿舍去找他了。
    나는 기숙사로 돌아와 그를 찾았다.
    ▶▶ 동사 뒤에 단순 방향보어가 있을 때, 장소 목적어는 복합 방향보어 사이에 놓는다.

[부록 2] 중국어 문장분호

문장부호는 문장 각 부분 사이에 표시하여 논리적 관계를 명시하거나 문장의 정확한 의미를 전달하기 위하여 표기법의 보조수단으로 쓰이는 부호이다. 문장부호들의 쓰임을 바로 알면 문장의 정확한 의미파악에 도움이 된다.

명칭		부호	용 법 설 명	용 례
중국어	한국어			
句号	마침표	。	진술문이나 부드러운 어두의 청유문에 우리는 온점(.)을 중국어에서는 고리점(。)을 사용한다.	我是韩国人。
逗号	쉼표	,	한 문장 내 주어와 술어사이, 동사와 목적어사이, 부사어다음, 그리고 복문사이에 쓰여 휴지를 나타낸다.	北京，是中国的首都。 对于这个城市,他并不陌生。
顿号	작은 쉼표	、	문장 안에서 병렬 관계를 가진 단어 또는 구사이의 짧은 음운적 휴지를 나타낸다.	爸爸、妈妈都很好。
分号	쌍반점	;	병렬된 복문사이, 나열된 각 항목들 사이에 사용한다.	早上，我去读书; 晚上，我温习功课。
冒号	쌍점	:	편지나 연설문의 호칭 뒤, 문장에서 제시성의 말 다음에 쓰여 다음 말을 이끈다.	同志们,朋友们:现在开会了。
着重号	드러냄표	．	문장의 강조할 부분의 글자 아래에 표시한다.	结婚是生活，不是梦想。
间隔号	간격부호	·	외국인이나 소수민족 인명의 성과 이름의 경계, 서명과 편명의 경계에 사용한다.	贝拉克·奥巴马美国总统。

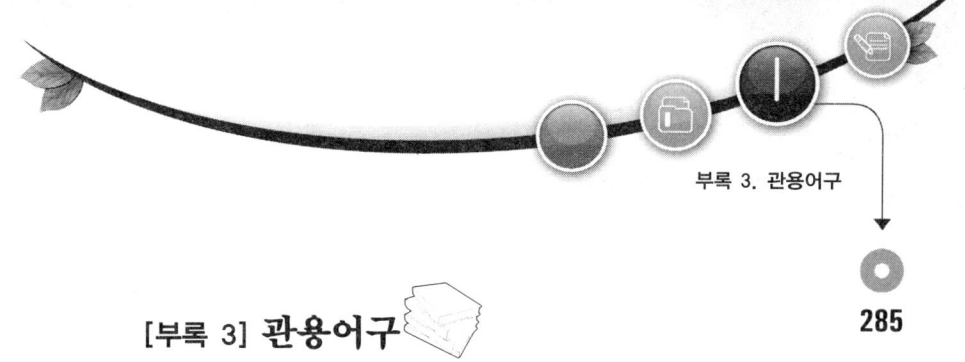

[부록 3] 관용어구

[A]

1. 按照(ànzhào) : ~에 따라서, ~대로

   按照预定的计划完成任务了。
   Ànzhào yùdìng de jìhuà wánchéng rènwu le.
   예정된 계획대로 임무를 완수하였다.

[B]

1. 比方(bǐfāng) : 예를 들면 = 举例子(jǔlìzi), 譬如(pìrú)

   把坚贞不屈的品德, 用松柏来比方。
   Bǎ jiānzhēn bùqū de pǐndé, yòng sōngbǎi lái bǐfāng.
   곧고 굳으며 굴할 줄 모르는 성품을 소나무에 비유한다.

2. 不但(bùdàn)~而且(érqiě) : ~일 뿐만 아니라 또한 ~도

   不但价钱便宜, 而且东西也很好。
   Búdàn jiàqián piányi, érqiě dōngxi yě hěn hǎo.
   가격이 쌀 뿐만 아니라, 물건도 아주 좋다.

3. 不是(bùshì)~就是(jiùshì) : ~가 아니면, 곧 ~이다

   明天我不是去看电影, 就是留在家。
   Míngtiān wǒ búshì qù kàn diànyǐng, jiùshì liú zài jiā.
   내일 나는 영화를 보러가거나, 아니면 집에 있을 것이다.

4. 不如(bùrú) : ~하는 것만 같지 못하다, ~하는 것이 낫다

   听的不如看的。
   Tīngde bùrú kànde.

듣는 것은 보는 것만 못하다.

5. **不在乎(búzàihū)** : 염두에 두지 않다, 문제 삼지 않다.

   他对这件事一点也不在乎。
   Tā duì zhèjiànshì yìdiǎn yě búzàihu.
   그는 이 일에 대해서 조금도 문제 삼지 않는다.

6. **不必(búbì)** : ~할 필요는 없다, 반드시 ~할 건 없다

   那不必了。
   Nà búbì le.
   그럴 필요없다.

7. **不得不(bùdebù)** : ~하지 않을 수 없다 =不可不(bùkěbù)=不能不(bùnéngbù)

   今天这个会很重要，我不得不去。
   Jīntiān zhège huì hěn zhòngyào, wǒ bùdebú qù.
   오늘 이 모임은 매우 중요해서 가지 않을 수 없다.

8. **不得了(bùdéliǎo)** : 굉장하다, 심하다, 큰일났다 =了不得(liǎobùdé)

   不得了，我忘记了他的名字。
   Bùdéliǎo, wǒ wàngjì le tā de míngzi.
   큰 일 났다, 나는 그의 이름을 잊어버렸다.

   他病得不得了。
   Tā bìngde bùdéliǎo.
   그의 병은 아주 심하다.

9. **不然(bùrán)** : 만약 그렇지 않으면 =否则(fǒuzé)

   现在就一定去，不然要误事。
   Xiànzài jiù yídìng qù bùrán yào wùshì.
   지금 바로 가야만 한다. 그렇지 않으면 일을 그르치게 된다.

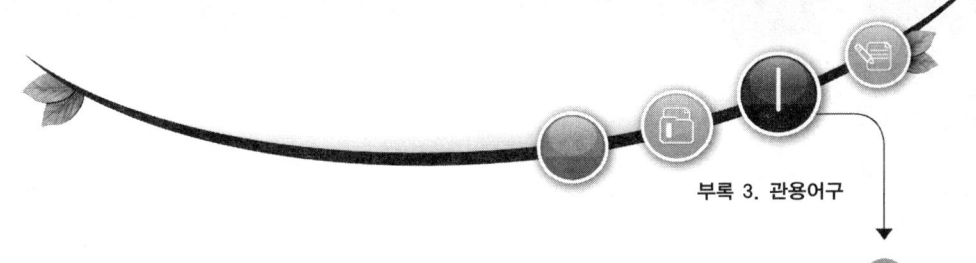

부록 3. 관용어구

10. 不算(búsuàn) : ~하지 않다, ~할 수 없다

   今年的夏天, 不算太热。
   Jjīnnián de xiàtiān búsuàn tài rè.
   올해 여름은 매우 덥다고는 할 수 없다.

11. 不见的(bújiànde) : 반드시~라고 할 수는 없다

   聪明的学生不见的都用功。
   Cōngming de xuésheng bújiànde dōu yònggōng.
   총명한 학생이라고 해서 반드시 공부를 열심히 하는 것은 아니다.

12. 不是(búshì)~就是(jiùshì)~要不然(yàoburán)就是(jiùshì) : ~아니면 ~이고, 그렇지 않으면 곧~이다

   冬天不是下雪, 就是下雨, 要不然就是阴天。
   Dōngtiān búshì xiàxuě jiùshì xiàyǔ yàoburán jiùshì yīntiān.
   겨울에는 눈 내리지 않으면 비가 오고, 그렇지 않으면 흐린 날씨이다.

13. bù(不)~bù(不) : ~지도 않고 ~지도 않다, ~지 않으면 ~할 수 없다

   今天天气不冷不热。
   Jīntiān tiānqì bùlěng búrè.
   오늘 날씨는 덥지도 춥지도 덥지도 않다.

14. ~比起来(bǐqǐlái) ······比较(bǐjiào)~ : ~는 ······에 비해 비교적 ~하다

   跟乡下比起来这儿的交通比较方便了。
   Gēn xiāngxià bǐqǐlái zhèr de jiāotōng bǐjiào fāngbiàn le.
   시골과 비교해 이곳의 교통은 편리한 편이다.

15. 不怎么(bùzěnme) : 별로, 그다지

   他唱的歌不怎么好听。
   Tā chàng de gē bùzěnme hǎotīng.

그가 부르는 노래는 그다지 듣기 좋지는 않다.

16. 不外乎(búwàihū)：다름이 아니라

商人的武器, 不外乎就是信用。
Shāngrén de wǔqì, búwàihū jiùshì xìnyòng.
상인의 무기는 다름이 아니라 곧 신용이다.

[C]

1. 差不多(chàbùduō)：별 차이 없다, 거의, 대략, 괜찮다

这两种颜色差不多。
Zhè liǎngzhǒng yánsè chàbuduō.
이 두 종류의 색은 거의 비슷하다.

2. 除了(chúle)~以外(yǐwài)：~을 제외하고는

除了德国以外, 都是亚洲的国家。
Chúle Déguó yǐwài, dōu shì Yàzhōu de guójiā.
독일을 제외하고는 모두 아시아의 국가들이다.

3. 总而言之(cōngéryánzhī)：요컨대, 한마디로 말하건대

他的成绩最近一直不好, 总而言之是不用功的缘故。
Tā de chéngjī zuìjìn yìzhí bùhǎo, zǒngéryánzhī shì búyònggōng de yuángù.
그의 성적은 최근 계속 좋지 않았는데, 요컨대 열심히 공부하지 않은 까닭이다.

4. 差一点儿(chàyìdiǎnr)：하마터면

他差一点儿死了。
Tā chàyìdiǎnr sǐ le.
그는 하마터면 죽을 뻔했다.

부록 3. 관용어구

5. 동사+出来(chulái) : ~해서 알아차리다

　　我从他的口音听出来他是外国人。
　　Wǒ cóng tā de kǒuyīn tīngchulái tā shì wàiguórén.
　　　　나는 그의 발음을 듣고 그가 외국인인 것을 알아차렸다.

　　我们看出来这个字错了。
　　Wǒmen kànchulái zhège zì cuò le.
　　　　우리는 이 글자가 틀렸다는 것을 알아차렸다.

6. 趁着(chènzhe) : ~을 이용하여, ~의 틈을 타서

　　趁着假期我要学习英文。
　　Chènzhe jiàqī wǒ yào xuéxí Yīngwén.
　　　　휴가기간을 이용하여 나는 영어 공부를 하려고 한다.

7. 朝着(cháozhe) : ~을 향하여, ~으로

　　妈妈总是朝着我笑。
　　Māmā zǒngshì cháozhe wǒ xiào.
　　　　엄마는 늘 나를 보고 웃으신다.

8. 从(cóng)~到(dào) : ~부터 ~까지

　　从北京到首尔，每天都有飞机。
　　Cóng běijīng dào Shǒu'ěr měitiān dōu yǒu fēijī.
　　　　베이징부터 서울까지는 매일 비행기(노선)가 있다.

9. 抽冷子(chōulěngzi) : 갑자기

　　从大门抽冷子进来了一条小狗。
　　Cóng dàmén chōu lěngzi jìnlái le yìtiáo xiǎogǒu.
　　　　대문에서 갑자기 강아지 한 마리가 들어왔다.

[D]

1. 打算(dǎsuàn) : ~하려고 한다

    我打算跟你回家。

    Wǒ dǎsuàn gēn nǐ huíjiā.

    나는 당신과 함께 집에 가려고 합니다.

2. 到底(dàodǐ) : 도대체, 끝까지, 결국

    到底怎么回事?

    Dàodǐ zěnme huíshì?

    도대체 어찌된 일이냐?

    在这次考试到底他考中了。

    Zài zhècì kǎoshì dàodǐ tā kǎozhòng le.

    그는 이번 시험에 결국엔 합격하였다.

3. 当然(dāngrán) : 당연히, 마땅히

    借的东西当然要还给人家。

    Jiè de dōngxi dāngrán yào huán gěi rénjiā.

    빌린 물건은 당연히 돌려주어야 한다.

4. 等於(děngyú) : ~와 같다, ~에 해당한다

    二加三等於五。

    Èr jiā sān děngyú wǔ.

    2 더하기 3은 5이다.

5. 打(dǎ)~起(qǐ)~为止(wèizhǐ) : ~로부터 시작하여 ~에서 그친다

    中秋节打十月五日起到十月九日为止。

    Zhōngqiūjié dǎ shíyuè wǔrì qǐ dào shíyuè jiǔrì wéizhǐ.

    중추절은 10월 5일부터 시작하여 10월 9일까지이다.

6. 大概(dàgài) : 아마도, 대략, 대개 =大约(dàyuē)

   他下月月底大概可以到。
   Tā xiàyuè yuèdǐ dàgài kěyǐ dào.
   그는 내달 말쯤 아마도 도착할 수 있을 것이다.

7. 打听(dǎtīng) : 문의하다, 알아보다

   我跟你打听一件事。
   Wǒ gēn nǐ dǎtīng yíjiàn shì.
   나는 당신에 한 가지 알아볼 것이 있다.

8. 动不动(dòngbudòng) : 걸핏하면

   动不动他就感冒。
   Dòngbudòng tā jiù gǎnmào.
   걸핏하면 그는 감기에 걸린다.

9. 得(děi)～才行(cáixíng) : ～하려면 ～해야만 ～할 수 있다

   要身体健康得多运动才行。
   Yào shēntǐ jiànkāng děi duō yùndòng cáixíng.
   신체가 건강하려면 운동을 많이 해야만 한다.

10. 等到(děngdào) : ～이 되면, ～하기를 기다려

    等到父亲回来再说吧。
    Děngdào fùqīn huílái zài shuō ba.
    아버지가 돌아오시거든 다시 이야기하자.

[E]

1. 非～不可(fēibùkě) : ～하지 않으면 안 된다, 꼭 해야 한다

   整天我没吃饭了，非吃饭不可。

　　　　　Zhěngtiān wǒ méi chīfàn le, fēi chīfàn bùkě.
　　　　　나는 온종일 밥을 먹지 못해서 밥을 먹어야 한다.

2. 反正(fǎnzheng) : 여하간에, 어쨌든, 결국
　　　不管你怎么说, 反正他不回答。
　　　Bùguǎn nǐ zěnme shuō, fǎnzhèng tā bù huídá.
　　　　　네가 어떻게 말하든지 간에, 결국 그는 대답을 하지 않는다.

3. 反而(fǎnér) : 반대로, 도리어
　　　风不但没停, 反而越来越大了。
　　　Fēng búdàn méitíng, fǎnér yuèláiyuè dà le
　　　　　바람은 멈추지 않을 뿐만 아니라, 도리어 갈수록 점점 거세졌다.

4. 分别(fēnbié) : 제각기, 각각
　　　各小组分别开了会。
　　　Gè xiǎozǔ fēnbié kāi le huì.
　　　　　각기 소그룹으로 나누어 회의를 열었다.

[G]

1. 更加(gēngjiā) : 더욱
　　　学习态度更加认真了。
　　　Xuéxí tàidù gēngjiā rènzhēn le.
　　　　　학습 태도가 더욱 진지해졌다.

2. 果然(guǒrán) : 과연, 생각한 대로
　　　他说要下雨, 果然下雨了。
　　　Tā shuō yào xiàyǔ, guǒrán xiàyǔ le.
　　　　　그가 비가 올 것이라고 하더니, 과연 비가 왔다.

3. 怪不得(guàibùde) : 어쩐지, 과연

　　他常常很用功，怪不得这回考中了。

　　Tā chángcháng hěn yònggōng, guàibùde zhèhuí kǎozhòng le.

　　　그는 늘 열심히 공부하더니, 어쩐지 이번 시험에 합격하였다.

4. 怪(guài)~的(de) : 정말 ~하다

　　这花怪好看的。

　　Zhè huā guài hǎokàn de.

　　　저 꽃은 정말 아름답다.

5. 乾脆(gāncuì) : 명쾌하다, 깨끗이, 기분좋게

　　他说话，做事都很乾脆。

　　Tā shuōhuà, zuòshì dōu hěn gāncuì.

　　　그는 말하는 것이나 일하는 것이 모두 아주 명쾌하다.

6. 格外(géwài) : 각별히

　　久别重逢，他们俩格外亲热。

　　Jiǔ bié chóngféng tāmen liǎ géwài qīnrè.

　　　오랜만에 다시 만나니 그 두 사람은 유달리 다정하다.

7. 刚才(gāngcái) : 지금, 막, 방금

　　他刚才上班了。

　　Tā gāngcái shàngbān le.

　　　그는 막 출근했다.

8. 固然(gùrán)~但是(dànshì) : 물론~지만, ~하기는 하지만

　　好固然好，可太贵了。

　　Hǎo gùrán hǎo, kě tài guì le.

　　　좋기는 좋은데 가격이 너무 비싸다.

9. 赶上(gǎnshàng)：쫓아가다, 시간에 맞게 대다

> 我中国话的水平赶不上他。
> Wǒ Zhōngguóhuà de shuǐpíng gǎnbushàng tā.
> 나의 중국어 실력은 그를 쫓아가지 못한다.

[H]

1. 好像(hǎoxiàng)~似的(shìde)：마치 ~과 같다 =仿佛(fǎngfú)~似的(shìde) =像似(xiàngsì)

> 看起来他好像两三天没睡觉似的。
> Kànqǐlái ta hǎoxiàng liǎng sān tiān méi shuìjiào shìde.
> 보기에 그는 2,3일 동안 잠을 자지 못한 것 같다.

2. 好好儿地(hǎohāorde)：잘, 신중하게

> 这件事，我得好好儿地想一想。
> Zhèjiàn, shì wǒ děi hǎohāorde xiǎngyìxiǎng.
> 이 일은 내가 잘 생각해 보아야만 한다.

3. 何必(hébì)：하필이면, ~할 필요가 무엇인가?

> 何必管人家的事呢。
> Hébì guǎn rénjiā de shì ne.
> 구태여 남의 일에 상관할 필요가 있겠느냐.

4. 好容易(hǎoróngyì)：간신히, 겨우

> 他整天不在家，我好容易才找到他。
> Tā zhěngtiān búzài jiā, wǒ hǎoróngyì cái zhǎodào tā.
> 그가 하루 종일 집에 없어서, 나는 가까스로 그를 찾아냈다.

5. 忽然(hūrán)：갑자기, 돌연

天气忽然阴起来了，恐怕要下雪。
Tiānqì hūrán yīnqǐlái le, kǒngpà yào xiàxuě.
날씨가 갑자기 어두워지니, 아마도 눈이 내릴 것 같다.

6. 还有(háiyǒu)～什么的(shénmede) : 그리고 ～등등이다

我去市场买牛奶，面包，还有水果什么的。
Wǒ qù shìcháng mǎi niúnǎi, miànbāo háiyǒu shuǐguǒ shénmede.
나는 시장에서 가서 우유, 빵, 그리고 과일 등등을 샀다.

7. 回头(huítóu) : 이따가, 뒤돌아 보다, 뉘우치다

您先休息，回头我再来看您。
Nín xiān xiūxi, huítóu wǒ zài lái kàn nín.
먼저 쉬시고, 이따가 제가 다시 와서 뵙겠습니다.

现在回头还不算晚。
Xiànzài huítóu hái búsuàn wǎn.
지금 뉘우쳐도 늦었다고 할 수 없다.

8. 好些(hǎoxiē) : 많은, 수많은

好些个同学已经毕业了。
Hǎoxiē ge tóngxué yǐjīng bìyè le.
많은 동기들은 이미 졸업을 했다.

[J]

1. 几乎(jīhū) : 거의, 대부분

今天到会的几乎有五千人。
Jjīntiān dàohuì de jīhū yǒu wǔqiānrén.
오늘 회의에 참석한 사람은 거의 5천명이 된다.

2. 究竟(jiūjìng) : 결국, 드디어, 마침내

　　他究竟经验丰富，让他负责这项工作最合适。
　　Tā jiūjìng jīngyàn fēngfù, ràng tā fùzé zhèxiàng gōngzuò zuì héshi.
　　　그는 결국 경험이 풍부하니 그에게 이 일을 맡기는 것이 가장 적합하다.

3. 居然(jūrán) : 뜻밖에도, 의외로

　　伟大的老师居然在这时候离开我们了。
　　Wěidà de lǎoshī jūrán zài zhèshíhou líkāi wǒmen le.
　　　훌륭하신 선생님께서 뜻밖에도 이때에 우리를 떠나가셨다.

4. 既然(jìrán) : 이미, 이왕 ~ 인 이상

　　事既然如此，不再谈论。
　　Shì jìrán rúcǐ, búzài tánlùn.
　　　일이 이미 이렇게 된 이상 다시 논의할 여지가 없다.

5. 仅仅(jǐnjǐn) : 겨우, 단지, 다만

　　这座大桥仅仅半年就完工了。
　　Zhè dàqiáo jǐnjǐn bànnián jiù wángōng le.
　　　이 대교는 겨우 반 년 만에 완공되었다.

6. 加劲儿的(jiājìnrde) : 정력을 쏟다, 온 힘을 다하여

　　你不要落心，加劲儿的做下吧!
　　Nǐ búyào luòxīn, jiājìnrde zuòxià baÁ
　　　낙심하지 마세요, 온 힘을 다해 해봅시다.

7. 简直(jiǎnzhí) : 그야말로, 전혀, 곧바로

　　她简直不会说法语。
　　Tā jiǎnzhí búhuì shuō Fǎyǔ.
　　　그녀는 불어를 전혀 할 줄 모른다.

[K]

1. 恐怕(kǒngpà) : 아마도

恐怕他不会同意。
Kǒngpà tā búhuì tóngyì.
그는 아마도 동의하지 않을 것이다.

2. 동사+看(kàn) : ~해보다

这个菜很好吃，您尝尝看。
Zhège cài hěn hǎochī, nín chángcháng kàn.
이 요리는 매우 맛있습니다, 한번 드셔보세요.

[L]

1. 连(lián)~都(dōu) : ~조차, ~까지 =连(lián)~也(yě)

他生病住院了，连水也不能喝。
Tā shēngbìng zhùyuàn le, lián shuǐ yě bùnéng hē.
그는 병이 나서 입원하여 물조차도 못 마신다.

2. 另外(lìngwài) : 따로, 별도로, 이밖에

我还要跟你谈另外一件事情。
Wǒ hái yào gēn nǐ tán lìngwài yíjiàn shìqing.
나는 또 너와 다른 일을 한 가지 이야기하려 한다.

3. 来着(láizhe) : ~하며 지내다, ~하고 있었다.

我整天看小说来着。
Wǒ zhěngtiān kàn xiǎoshuō láizhe.
나는 종일 소설을 보면서 지냈다.

4. 立刻(lìkè) : 당장, 즉각

   我请他同去，他立刻答应了。
   Wǒ qǐng tā tóngqù, tā lìkè dāyingle.
   나는 그에게 함께 가자고 했더니, 그는 즉각 수락했다.

[M]

1. 马上(mǎshǎng) : 곧, 얼마 안 있어

   电影马上就要开演了。
   Diànyǐng mǎshang jiù yào kāiyǎn le.
   영화가 곧 시작되려 한다.

2. 没想到(méixiǎngdào) : 미처 생각하지 못하다, 뜻밖에도

   没想到这次考试却非常容易。
   Méixiǎngdào zhècì kǎoshì què fēicháng róngyi.
   뜻밖에도 이번 시험은 오히려 매우 쉬웠다.

3. 没怎么(méizěnme)~就(jiù) : 별로 ~하지 않았는데, 곧 ~하다

   这枝笔，我没怎么用就坏了。
   Zhèzhī bǐ, wǒ méizěnme yòng jiù huài le.
   이 펜은 내가 별로 쓰지도 않았는데, 고장나버렸다.

4. 勉强(miǎnqiǎng) : 억지도, 무리해서

   如果你不愿意等我，就不必勉强等我。
   Rúguǒ nǐ bú yuànyì děng wǒ, jiù búbì miǎnqiǎng děng wǒ.
   만약 네가 나를 기다리고 싶지 않다면, 억지로 기다릴 필요는 없다.

5. 忙中有错(mángzhōngyǒucuò) : 서두르는 가운데 잘못이 생긴다

   忙中有错，请你慢慢地做吧。

Mángzhōngyǒucuò, qǐng nǐ mànmànde zuò ba.
서두르면 일을 그르치니, 천천히 하십시오.

6. 莫非(mòfēi) : 혹시 ~인건 아닐까

他三天没上班了, 莫非病了?
Tā sāntiān méi shàngbān le, mòfēi bìng le?
그는 삼일 동안 출근하지 않았는데, 혹시 병이 난 것이 아닐까

[N]

1. 难道(nándào)~吗(ma)? : 설마~이겠는가

难道我会偏你吗?
Nándào wǒ huì piān nǐ ma?
설마 내가 당신을 속이겠는가?

2. 难过(nánguò) : 괴롭다, 고생스럽다

听了这个不幸的消息, 我们心里都很难过。
Tīng le zhège búxìng de xiāoxi wǒmen xīnlǐ dōu hěn nánguò.
이런 불행한 소식을 들으니, 우리들은 마음은 매우 괴로웠다.

3. 难怪(nánguài) : 과연, 어쩐지, 그러길래

难怪他这么高兴, 原来今天就是他的生日呵!
Nánguài tā zhème gāoxìng, yuánlái jīntiān jiùshì tā de shēngrì a!
어쩐지 그가 저렇게 기뻐하더니, 오늘이 그이 생일이구나.

4. 宁可(nìngkě) : 차라리, ~일지언정

与其坐车, 宁可行走。
Yú qí zuòchē, nìngkě xíngzǒu.
차를 타느니 차라리 걸어가겠다.

[P]

1. 偏巧(piānqiǎo) : 공교롭게도, 때마침 =恰巧(qiàqiǎo)

    我们正在找他, 偏巧他来了。

    Wǒmen zhēngzài zhǎo tā, piānqiǎo tā lái le.

    우리들이 그를 찾고 있는데 때마침 그가 왔다.

[Q]

1. 起来(qǐlái) : ~하기 시작하다

    我的心禁不住哭起来了。

    Wǒ de xīn jīnbuzhù kūqǐlái le.

    나의 마음은 참을 수 없어 울기 시작했다.

2. 岂不(qǐbù) : 어찌~이 아닌가

    我们都做这样, 岂不一举两得。

    Wǒmen dōu zuò zhèyàng, qǐbù yìjǔliǎngdé.

    우리가 이렇게 하는 것이 어찌 일거양득이 아니겠는가?

3. 起码(qǐmǎ) : 최소한, 적어도

    我这次出差, 起码要一个月才能回来。

    Wǒ zhècì chūchāi, qǐmǎ yào yígeyuè cái néng huílái.

    나는 이번에 출장을 가면 최소한 1개월은 있어야 돌아올 수 있다.

[R]

1. 任凭(rènpíng) : ~라고 할지라도, ~이든 간에

    任凭什么困难也阻挡不住我们。

    Rènpíng shénme kùnnán yě zǔdǎng buzhù wǒmen.

    어떠한 어려움이든 간에 우리를 막을 수 없다.

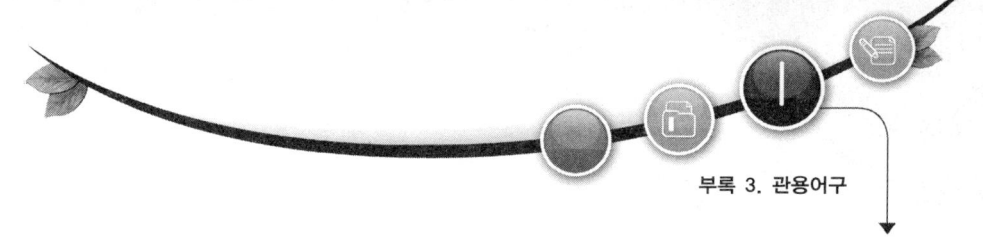

2. 仍然(réngrán) : 여전히 =仍旧(réngjiù), 依旧(yījiù), 照旧(zhàojiù)

　　许多爱国志士已经去世了，可是他们的精神仍然存在。

　　　　Xǔduō àiguó zhìshì yǐjīng qùshì le, kěshì tāmen de jīngshén réngrán cúnzài.

　　　　　　수많은 애국지사들은 이미 세상을 떠났지만, 그들의 정신은 여전히 남아있다.

3. 任何(rènhé) : 여하한, 어떠한

　　我们能够克服困难。

　　　　Wǒmen nénggòu kèfú kùnnan.

　　　　　　우리는 어떠한 어려움도 이겨낼 수 있다.

[S]

1. 随便(suíbiàn) : 마음대로, 멋대로, 자유로

　　请随便发表您的意见。

　　　　Qǐng suíbiàn fābiǎo nín de yìjiàn.

　　　　　　당신의 견해를 자유로이 말씀해주십시오.

2. 随时(suíshí) : 언제든지~하다

　　请随时来玩。

　　　　Qǐng suíshí lái wán.

　　　　　　언제든지 놀러 오십시요.

3. 顺便(shùnbiàn) : ~하는 김에 =就手儿(jiùshǒuér)

　　你上书店去，顺便给我买一本杂志来。

　　　　Nǐ shàng shūdiàn qù shùnbiàn gěi wǒ mǎi yìběn zázhì lái.

　　　　　　네가 서점에 가는 김에 나에게 잡지책 한 권을 사다 달라.

4. 索性(suǒxìng) : 차라리, 아예

　　既然已经做了，索性就把它做完！

Jìrán yǐjīng zuò le, suǒxìng jiù bǎ tā zuòwán!
이왕 이미 시작한 이상 아예 그것을 다 끝내자!

5. 时不常(shíbucháng) : 항상, 늘, 자주 =时不时(shíbùshí)=时常(shícháng)

她身体不健康, 时不常生病的。
Tā shēntǐ bújiànkāng, shíbucháng shēngbìng de.
그녀는 몸이 건강하지 않아서 늘 병에 걸린다.

6. 时而(shí'ér) : 때로, 이따금 =不时(bùshí)

时而他也来我家玩。
Shí'ér tā yě lái wǒ jiā wán.
이따금 그는 우리 집에 놀러오곤 했다.

7. 省得(shěngde) : ~하지 않도록 =免得(miǎnde)

早一点儿睡吧, 省得明天早上起不来。
Zǎo yìdiǎnr shuì ba, shěngde míngtiān zǎoshang qǐbulái.
내일 아침 못 일어나는 일이 없도록 조금 일찍 자거라.

8. 是为了(shìwéile) ~ 才(cái) ~的(de) : ~는 ~하기 위해서 ~한 것이다
   而(ér)

我是为了租房子而看广告的。
Wǒ shì wéile zū fángzi ér kàn guǎnggào de.
나는 방을 얻기 위해서 광고를 본 것이다.

9. 算是(suànshì) : ~라고 할 수 있다

这儿的交通, 算是非常方便。
Zhèr de jiāotōng suànshì fēicháng fāngbiàn.
이곳의 교통은 매우 편리하다고 할 수 있다.

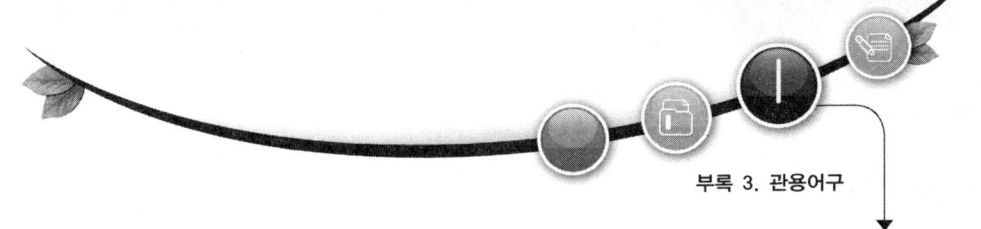

10. 说不定(shuōbudìng)：~일지도 모른다, 아마~일 것이다

　　说不定他真有病。

　　Shuōbudìng tā zhēn yǒu bìng.

　　　그가 정말 병을 잃고 있을지도 모른다.

[T]

1. 听说(tīngshuō)：듣자니, 듣건데

　　我听说他到上海去了。

　　Wǒ tīngshuō tā dào Shǎnghǎi qù le.

　　　듣자니 그는 상하이에 갔다고 한다.

2. 谈得来(tándelái)：말이 잘 통하다

　　他是我最谈得来的同学。

　　Tā shì wǒ zuì tándelái de tóngxué.

　　　그는 내가 가장 말이 잘 통하는 동기이다.

3. 特意(tèyì)：특히 =特地(tèdi)

　　特意拜访。

　　Tèyì bàifǎng

　　　특별히 방문하다.

[W]

1. 往(wǎng)~一(yī)~就(jiù)：~하기만 하면 곧 ~하다

　　往左边一转，就可以看到学校了。

　　Wǎng zuǒbian yìzhuǎn, jiù kěyǐ kàn dào xuéxiào le.

　　　좌측으로 돌아가기만 하면, 학교가 보일 것이다.

2. 无论是(wúlùnshì)~或是(huòshì)~都(dōu) : ~는 말할 것도 없고 ~까지도 모두 ~하다

　　他说的汉语无论是发音, 或是四声, 都很好。
　　Tā shuō de Hànyǔ wúlùn shì fāyīn, huòshì sìshēng, dōu hěn hǎo.
　　그는 중국어 발음은 물론이고 사성까지도 매우 좋다.

[X]

1. 幸亏(xìngkuī) : 다행히 =好在(hǎozài)

　　他的病幸亏早就给医生看的, 不然治不下去的。
　　Tā de bìng xìngkuī zǎo jiù gěi yīshēng kàn de, bùrán zhìbuxià qù de.
　　다행히 그의 병은 조기에 의사의 진찰을 받았기에 망정이지, 그렇지 않았다면 치료하지 못할 뻔했다.

[Y]

1. 要不然(yàoburán) : ~하지 않는다면

　　别看太多电视, 要不然会近视。
　　Bié kàn tàiduō diànshì, yàoburán huì jìnshì.
　　TV를 너무 많이 보지는 말아라, 그렇지 않으면 근시가 된다.

2. 一(yī)~就(jiù) : ~하자마자 곧

　　一回到家里就上床睡觉了。
　　Yìhuí dào jiāli jiù shàngchuáng shuìjiào le.
　　집에 돌아오자마자 곧 잠자리에 들었다.

3. 一边(yìbiān)~一边(yìbiān) : 한편으로는 ~하고 한편으로는 ~하다 = 一方面(yìfāngmiàn)~一方面(yìfāngmiàn)

　　一边喝茶, 一边聊天。

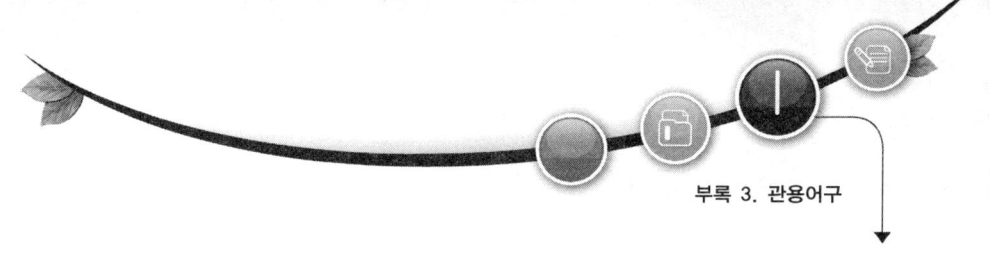

부록 3. 관용어구

Yìbiān hēchá, yìbiān liáotiān.
차를 마시면서 잡담을 한다.

4. 一(yī)+양사+比(bǐ)+一(yī)+양사: 모두

这些包裹，一个比一个重。
Zhèxiē bāoguǒ yíge bǐ yíge zhòng.
이 짐들은 하나하나가 모두 무겁다.

这次球赛，一场比一场精彩。
Zhècì qiúsài, yìchǎng bǐ yìchǎng jīngcǎi.
이번 축구 시합은 게임마다 모두 재미있다.

5. 也(yě)~也(yě)：~도 하고, ~도 하다 =又(yòu)~又(yòu)

我也不想听音乐，也不想看电影。
Wǒ yě bùxiǎng tīng yīnyuè, yě bùxiǎng kàn diànyǐng.
나는 음악도 듣기 싫고 영화도 보고 싶지 않다.

6. 也许(yěxǔ)：~일지도 모른다 =或者(huòzhě)

你仔细找一找，也许能找到。
Nǐ zǐxì zhǎoyizhǎo, yěxǔ néng zhǎo dào.
자세히 찾아보면, 혹시 찾을 수 있을지도 모른다.

7. 尤其(yóuqí)：더우기, 더구나

在公园里人很多，尤其是星期天就成为人山人海。
Zài gōngyuánli rén hěn duō, yóuqí shì xīngqītiān jiù chéngwèi rénshānrénhǎi.
공원에는 사람이 대단히 많다. 더욱이 일요일은 곧 인산인해를 이룬다.

8. 越(yuè)~越(yuè)：~하면 할수록 점점 더 ~한다 =愈(yù)~愈(yù)

这本小说越看越有兴趣。
Zhèběn xiǎoshuō yuè kàn yuè yǒu xìngqù.

이 소설은 보면 볼수록 점점 더 재미있어진다.

9. **与其(yúqí)~不如(bùrú) : ~하는 것보다는 차라리 ~하는 것이 낫다. ~하는 것은 ~하는 것만 같지 못하다**

　　与其忍辱而生，宁可斗争而死。
　　Yúqí rěnrǔ ér shēng, nìngkě dòuzhēng ér sǐ.
　　치욕스럽게 사느니 차라리 싸우다 죽는 게 낫다.

10. **一直(yìzhí) : 줄곧, 계속해서**

　　一直到现在，他中文水平没有什么进步。
　　Yìzhí dào xiànzài, tā Zhōngwén shuǐpíng méiyǒu shénme jìnbù.
　　줄곧 지금에 이르기까지 그의 중국어 실력은 어떠한 진보도 없었다.

11. **一共(yígòng) : 모두 합쳐서**

　　一年级一共有多少学生？
　　Yìniánjí yígòng yǒu duōshao xuésheng.
　　1학년에는 전부 몇 명의 학생이 있습니까?

12. **一会儿(yíhuìr) : 잠깐, 잠시**

　　等一会儿，公共汽车来了。
　　Děng yíhuìr, gōnggòng qìchē lái le.
　　잠깐만 기다리니 버스가 왔다.

13. **一来(yìlái)~二来(èrlái) : 첫째는 ~이고, 둘째는 ~이다**

　　一来是东西好，二来是价钱便宜。
　　Yìlái shì dōngxi hǎo, èrlái shì jiàqián piányi.
　　첫째는 물건이 좋고, 둘째는 가격이 싸다.

14. **一块儿(yíkuàir) : 함께, 같이**

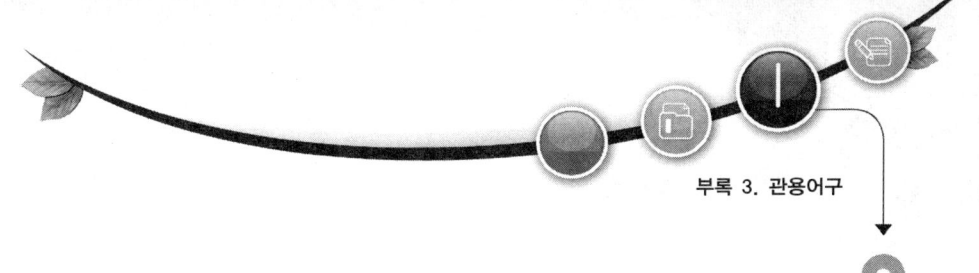

三个兄弟一块儿当兵去。
Sānge xiōngdì yíkuàir dāngbīng qù.
삼형제가 함께 입대한다.

15. 应该(yīnggāi) : ~하지 않으면 안 된다, 마땅히 ~해야 한다

我们应该注意感冒。
Wǒmen yīnggāi zhùyì gǎnmào.
우리는 감기에 주의하지 않으면 안 된다.

16. 以为(yǐwéi) : ~로 여기다

没想到他那么小气, 我以为大方。
Méixiǎngdào tā nàme xiǎoqì, wǒ yǐwéi dàfāng.
그가 그렇게 인색할 줄은 미처 생각하지 못했다. 나는 그가 관대한 줄로 여겼다.

17. 一转眼就(yìzhuǎnyǎnjiù)~了(le) : 눈깜짝할 새~이다(되다)

我来北京, 一转眼就半年了。
Wǒ lái běijīng, yìzhuǎnyǎn jiù bànnián le.
내가 베이징에 온지 눈 깜짝할 새 반년이 되었다.

[Z]

1. 再(zài)~不过了(búguòle) : 더할 나위 없이 ~하다

这双皮鞋够再便宜不过了。
Zhèshuāng píxié gòu zài piányi búguò le.
이 구두는 더할 나위 없이 저렴하다.

2. 只好(zhǐhǎo) : 부득이, 할 수 없이~하다, 하는 수밖에 없다 =只得(zhǐde)

河上没有桥, 我们只好涉水而过。
Héshàng méiyǒu qiáo, wǒmen zhǐhǎo shèshuǐ ér guò.

강에 다리가 없으니 우리는 부득이 물을 건널 수밖에 없다.

3. 只管(zhǐguǎn) : 얼마든지, 마음놓고 =尽管(jìnguǎn)

你有什么困难只管告诉我。
Nǐ yǒu shénme kùnnan zhǐguǎn gàosu wǒ.
무슨 애로사항이 있으시면 얼마든지 알려주십시오.

4. 只有(zhǐyǒu)~才(cái) : ~해야만 ~하다

只有下雨的时候, 才凉快一点儿。
Zhǐyǒu xiàyǔ de shíhou, cái liángkuài yìdiǎnr.
비가 와야만 좀 시원하다.

5. 只是(zhǐshì) : 다만, 단지, 그러나

我今天进城, 只是去看看朋友, 没有什么要紧的事。
Wǒ jīntiān jìnchéng, zhǐshì qù kànkan péngyou, méiyǒu shénme yàojǐn de shì.
내가 오늘 시내에 나가는 것은 친구를 좀 만나보려는 것뿐이지 별 다른 중요한 일은 없다.

本来今天想要散步, 只是天还没晴, 不能去。
Běnlái jīntiān xiǎng yào sànbù, zhǐshì tiān hái méiqíng, bùnéng qù.
원래 오늘은 산보를 가려고 했으나, 아직 날씨가 개이지 않아 갈 수가 없다.

6. 只要(zhǐyào) : ~하기만 하면, 오직~라면

只要虚心, 就会进步。
Zhǐyào xūxīn, jiù huì jìnbù.
마음을 비우기만 하면 발전이 있을 것이다.

只要不下大雨, 我也去。
Zhǐyào bú xià dàyǔ, wǒ yě qù.
큰 비만 오지 않는다면 나도 갈 것이다.

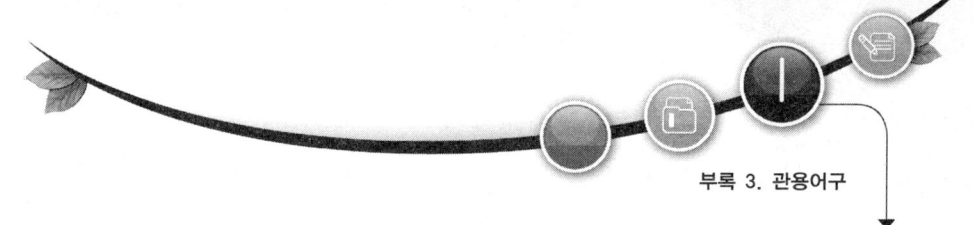

7. 只怕(zhǐpà) : 다만 ~만이 두렵다, 오직 ~만을 우려하다

    只怕这次考不上。

    Zhǐpà zhècì kǎobushàng.

        다만 이번 시험에 떨어질까 두렵다.

8. 挣扎(zhèngzhá) : 억지로 참고, 기를 쓰며

    我腿痛得要命, 挣扎不住了。

    wǒ tuǐ tòngde yàomìng, zhèngzhá buzhù le.

        나는 다리가 너무 아파 참을 수가 없었다.

9. 至於(zhìyú) : ~에 이르러서는, ~에 있어서는

    至於种花, 他是内行。

    Zhìyú zhǒnghuā, tā shì nèiháng.

        화초 재배에 관해서는 그가 전문가이다.

10. 值得(zhíde) : ~의 가치가 있다, ~할 가치가 있다

    他的行动值得表扬。

    Tā de xíngdòng zhíde biǎoyáng.

        그의 행동은 표창할 만하다.

11. 自从(zìcóng)~以来(yǐlái) : ~한 이후로

    自从上星期以来, 我就没见到他。

    Zìcóng shàngxīngqī yǐlái, wǒ jiù méijiàndào tā.

        지난 주 이후로 나는 그를 만나지 못했다.

12. 左右(zuǒyòu) : ~정도, 안팎

    他的薪水大概一万块钱左右。

    Tā de xīnshuǐ dàgài yíwàn kuàiqián zuǒyòu.

그의 월급은 대략 만원 안팎이다.

13. **总算(zǒngsuàn)** : 끝내, 결국은 =终於(zhōngyú)

    漫长的冬天总算过去了。

    Màncháng de dōngtiān zǒngsuàn guòqù le.

    기나긴 겨울이 끝내 지나갔다.

14. **暂且(zànqiě)** : 잠깐, 당분간

    您暂且在这儿等一等!

    Nín zànqiě zài zhèr děngyiděng.

    잠시만 여기서 기다리십시오.

15. **在(zài)~当中(dāngzhōng)** : ~중에서 ~하다

    在所有的学生当中, 最用功的是谁?

    Zài suǒyǒu de xuésheng dāngzhōng, zuì yònggōng de shì shéi?

    여기 있는 학생 중에서 가장 공부를 열심히 하는 사람은 누구입니까?

현대중국어어법

초판 인쇄 2012년 6월 1일
초판 발행 2012년 6월 8일

저   자 | 오경희
펴 낸 이 | 하운근
펴 낸 곳 | 學古房

주   소 | 서울시 은평구 대조동 213-5 우편번호 122-843
전   화 | (02)353-9907 편집부(02)353-9908
팩   스 | (02)386-8308
전자우편 | hakgobang@chol.com
등록번호 | 제311-1994-000001호

ISBN   978-89-6071-259-1 93720

값 : 19,000원

※ 파본은 교환해 드립니다.